林語堂的文化選擇

王兆勝

總 序

1992 年，兩岸開放探親後的第五年，我在埋首撰寫論文〈大陸的台灣文學研究概況〉過程中，驚覺對岸對於台灣文學研究的投入成果，並在種種因緣之下，開始關注對岸文學，一頭栽進大陸文學的研究與教學。

多年來，心中一直記掛著應該把台灣的大陸文學研究情況也整理出來。因為台灣和大陸是現代華文文學研究的兩大陣地，除了兩岸學界的本土文學研究之外，還須對照兩岸學界的彼岸文學研究，才能較完整地勾勒現代華文文學研究的樣貌。去年，我終於把這個想法，部分地呈現在〈台灣的「大陸當代文學研究」觀察〉一文中。但是，這個念頭的萌發到落實，竟已倏忽十年，而在這期間，仍有許多想做和該做的事，尚未完成，不禁令人感慨韶光的飛逝和個人力量的局限。

回顧過去半世紀以來的現代華文文學研究，兩岸都因政治環境和社會文化的變遷，日益開放多元；近年更因大量研究者的投入，產生豐盛的研究成果，帶起兩岸文學界更加密切的交流。兩岸的研究者，雖在不同的歷史背景下成長，但透過溝通理解、互動砥礪，時時激盪出許多令人讚嘆的火花。

「大陸學者叢書」的構想，便是在這樣的感慨和讚嘆中形成的。從文學研究的角度來看，成果的交流和智慧的傳遞，是兩岸文學界最有意義的雙贏；於是我想，應從立足台

灣開始，將對岸學者的文學研究引介來台，這是現階段能夠做也應該做的努力。但是理想與現實之間，常存在著難以克服的主客觀因素，台灣出版界的不景氣，更提高了出版學術著作的困難度。

感謝秀威資訊公司的總經理宋政坤先生，他以顛覆傳統的數位印製模式，導入數位出版作業系統，作為這套叢書背後的堅實後盾，支持我的想法和做法，使「大陸學者叢書」能以學術價值作為出版考量，不受庫存壓力的影響，讓台灣讀者有更多機會接觸到彼岸的優質學術論著。在兩岸的學術交流上，還有很多的事要做，也還有很長的路要走，我相信，這套叢書的出版，會是一個美好開端。

宋如珊

2004 年 9 月　於士林芝山岩

序　言

　　從昨天清晨開始，重新閱讀了一遍王兆勝先生關於林語堂的博士學位論文之後，確實感到是寫得相當扎實的一部學術著作。記得是在前年春天舉行的答辯會上，擔任答辯委員會主席的著名現代文學研究家嚴家炎教授，十分認真地指出這篇論文「標誌著林語堂研究一個新階段的到來」。他的這番話語在當時聽來，就感到是說得有根有據的，經過今天的再次閱讀和思考之後，我更感到他的這個判斷顯得多麼的準確與敏銳。

　　兆勝的這篇博士論文，對於林語堂的研究確實顯得系統而又全面，他是在相當深入地瞭解與分析這個課題研究現狀的基礎之上，胸有成竹地發表出自己不少新穎和獨特的見解，從林語堂對東西文化的觀點以及他自己整個的人生哲學，他有關女性的系統看法、有關都市與鄉村的完整見解，直至對他整個文化特徵的分析，從思想到藝術方面都提出了許多精闢的看法，因此可以說嚴家炎先生上述的評價確實是堪稱的論。

　　林語堂對於自己民族的傳統文化具有深刻的瞭解，對於西方文化也在日久天長的浸淫中知之甚多，其畢生的思考和寫作歷程誠如他自己所說的那樣，「兩腳踢東西文化，一心評宇宙文章」。他對於西方的基督教文化，以及自己故國的

儒家和道家思想，都在有了相當深入的理解之後，竭力想採取一種取長補短的態度，進行多元的整合，從而思索著如何建造融匯東西方文化中的各種優點的世界新文化。兆勝對此的掌握與理解顯得相當深切，從而就分析得頭頭是道，切中肯綮。在閱讀這部論著的學人中間，也許會有人並不同意他的此種看法，卻又不能不認同和讚賞他進行剖析的邏輯推理的本領，這就為林語堂的研究工作提供了極有價值的參考材料，為這一研究領域學術水平的不斷提高作出了很有意義的貢獻。

關於林語堂的人生哲學，以前的許多研究者都是偏重於採取貶抑的態度，稱之為「輕巧」或「膚淺」，此種看法並不是毫無道理的，的確有著事實的依據，這就是當整個民族面對災難和痛苦的時候，林語堂卻過多地強調著人生應該歡快、瀟灑和享受，他的幽默觀也常趨於插科打諢似的油滑，與自己所處的時代氛圍顯得極不協調。兆勝在明確地指出了這一點之後，就致力於分析他大量存在著的另外一個側面，即他貼近人生的本相與靈性時，確實還存在著悲劇的生命體驗，不過他並不往這方面深入地傾斜下去，卻依舊強調著閒適和有趣的人生境界，這是因為人類本來就應該歡樂地生存和搏鬥下去。兆勝挖掘出他這種「反抗絕望，善處人生」的人生哲學，具有合理的因素，並且深入地分析他此種主張來自所接受的某些東西方文化的影響，是闡述得相當具有說服力的。

兆勝對於林語堂女性崇拜的全部分析，也是說得充滿了令人信服的情趣，論文對於林語堂此種思想形成的原因，作

出了相當深入的解剖，關於此種見解與西方女權主義者許多
看法的重大差別，更是說得可以讓閱讀者獲得不少的啟發，
這正是論著寫得成功的地方。在此所展開的論述中間，還跟
魯迅等一批現代文學作家進行了比較性的研究，視野顯得相
當開闊，不過在論述中間認為魯迅等一些現代作家讓女性
「沈默」的看法，似乎也還是可以商榷的，問題不在於魯迅
要讓女性沈默，而是企圖深刻地顯示出殘酷的專制主義制度
迫使女性只能痛苦地沈默著。

　　兆勝在論述林語堂對於「都市」與「鄉村」文化之間所
進行的內心抉擇時，則是於更大的規模之上展開比較性的研
究，論述了魯迅、巴金、廢名、沈從文、張愛玲等現代作家
在這方面的思想與情感傾向。他認為林語堂既留戀現代化的
都市生活，也更鍾情於純樸自然的鄉村文化，還分析了這對
於克服都市的「異化」和鄉村的「封閉」，都具有不可或缺
的意義。這些見解可以說是在無意之間超越了文學的範疇，
而進入了文化學的領域，對於思索當今人類生存的問題也具
有啟迪性的意義。

　　關於林語堂整個文學創作的文體特徵，兆勝一言以蔽之
地稱它們為「閒談」，這也許是很有道理的，因為他的作品
往往都表現為從容自在地與讀者傾心交談，從這樣的角度來
觀察林語堂的作品，確實可以抓住它的內在特點，自然這還
有待於展開具體的分析，譬如說此種特點表現於散文、小說
或傳記文學這些不同的文學體裁中間，究竟又有何種細緻的
差異，多麼希望兆勝在今後的學術研究中能夠給予有趣的解
答。

　　兆勝在攻讀博士學位這三年的讀書生涯中，表現得非常的勤奮與刻苦，他涉獵得廣泛，思索得深入，牢牢地掌握了整個現代文學領域發展變化的細緻脈絡和內在規律，對於許多重要作家的藝術風格也分辯和闡述得十分的清晰，還從這兒出發梳理清楚了它與自己民族傳統的密切關係，以及所接受的外國藝術與文化的種種影響。看著他不斷成長的飛速的過程，我心裏是非常高興的。他原來準備撰寫關於魯迅的論文，我們也都幾次詳細地交換過意見。當時我的另一位博士蕭立先生也已擬定了自己的論文題目，準備深入地分析《野草》的思想與審美特徵，我覺得這樣可以聚集在一起來交換意見，在三個人之間展開對話，大家都可以獲得更多的觸發，思想的鋒芒肯定會更活躍和深入下去的。正打算像這樣進行座談的時候，兆勝又提出要改變題目，想撰寫有關林語堂的研究論文，並且拿出了剛草擬成的提綱，井井有條地敘述著自己不少頗有新意的見解，我當時就覺得他會有把握完成自己的這個任務，自然是欣喜地同意了他的要求。

　　兆勝這部分析細緻、邏輯嚴密、立論中肯和語言活潑的學術論著，是他孜孜不倦學習和思索的結晶，多麼希望這部論稿在出版之後，能夠推動林語堂研究的向前邁進。更希望兆勝在取得了初步成功的基礎上，繼續兢兢業業地埋頭治學，為提高自己民族的思想文化素質而終生不懈地奮鬥。

林　非

1998 年 2 月 5 日於北京靜淑苑

目　次

緒論　靈魂的貼近

── 我對林語堂的認知過程

一、我選擇了林語堂

　　人的一生不論長短，就其思想和心靈來說，它或多或少或深或淺都會受過某些人的影響，我也是如此。但就文學、文化影響我的靈魂而言，有兩位現代人最應該銘記，他們是魯迅和林語堂。魯迅的魅力不僅在於他學識淵博，在於他偉大的人格與意志，更在於他懷疑一切的思維方式。正是用懷疑的眼光，魯迅穿透了複雜而深厚的歷史文化板塊，發現了我們民族的局限，尤其是國民的劣根性。不僅如此，魯迅還把目光投向世界，倡導「立人」等與中國新文化建設息息相關的命題，為中國新文化的建設指引迷津。讀魯迅的作品，眼界容易開闊，目光容易深刻，情感容易深沈。但不容諱言，魯迅及其作品總有一種沈重、一種陰暗、一種窒人的氣息，久而久之沈溺其間，也極容易受到感染，內心感到苦不堪言。比如，凡事認真，意識感太強，心情偏暗，心靈衝突激烈。隨著商品經濟在中國迅速發展，我愈來愈感到難以承受社會和文化的弊端在心靈上的重荷，在驚異於魯迅深刻和富有遠見卓識的同時，也常感到難以從「苦難感」中自拔。當接觸林語堂的大部分作品，我驚喜地發現林語堂與眾不同的

另一格調，而這正可醫療魯迅給我帶來的內心不平衡感和陰冷感。應該說，林語堂遠沒有魯迅深刻、執著、無私、無畏，但他卻有獨特處：林語堂不像魯迅對中國傳統文化主要採取否定態度，而是在批判時多有肯定；林語堂雖認為世界的悲劇性，但他對它並不悲觀，而是以達觀的方式笑對世界和人生；林語堂對生命非常珍視，一面努力工作，另一面盡情享受；林語堂以和諧作為美學理想，追求自然、雍容、通脫、平和與瀟灑。讀林語堂的作品，在悲惋的同時，總有一股熱流、暖意與輕鬆將你包裹，使你有道家的逍遙之感。

　　我選擇林語堂作為研究題目，主要有如下原因。一是林語堂與魯迅一樣非常複雜，是個「謎」、「說不盡」；二是林語堂所富足的可能是自「五四」文學和文化啟蒙以來所欠缺的；三是林語堂給我提供了認識自身、剖析靈魂的參照；四是林語堂在半個多世紀裏一直處在被誤解、誤讀的尷尬境地。雖然近些年國內出現了一定程度的「林語堂熱」，但這種「熱」具有明顯的表面性，人們對林語堂的認識並未有根本性的變化。尤其與中國現代其他作家相比，林語堂研究還非常落後。可以說，儘管有幾位「先驅」（如萬平近和施建偉）在林語堂研究領域取得眾人矚目的成績，但由於各種原因，他們還未能對林語堂的複雜性、規律性及價值意義與不足做出令人信服的解答。至今的林語堂研究史顯然是簡單、粗糙、散亂而又保守。這與林語堂豐富的內蘊與獨特的個性極不相稱。

　　長期以來，我們對魯迅給以極高的評價，認為他是中國文化、文學的旗幟。因此，魯迅成為我們衡量事物尤其是文

化和文學的標尺，即以魯迅之以為「是」為「是」，以魯迅之以為「非」為「非」，這種判斷標準顯然是有局限的，因為一個人再正確也不可能完全正確，有的結論也因時代和環境的變化而變化。比如，林語堂與魯迅的恩怨，以往研究者總以魯迅的眼光闡釋林語堂，近年來有人開始用較為平等的眼光探討二人的關係（如陳漱渝），　這說明林語堂研究開始解凍。問題在於，我們不能簡單的用一種理論去概括像林語堂這樣一個活生生的作家，而應該不抱成見地分析他的形成過程及成因，分析他的複雜性，透視他的特殊性，公正評判他的是非功過、優劣得失。

二、林語堂的研究現狀

　　要對林語堂進行富有成效的研究，首先必須對林語堂研究的歷史尤其近些年的狀況有充分的認識，只有這樣，我們的研究才有針對性，才有可能對迄今的林語堂研究有所突破。因為任何研究都不可能平空杜撰，而必須站在前人的肩頭。

　　林語堂研究經歷了一個漫長的過程，但概括起來可分為 90 年代前和 90 年代至今兩個階段。首先是 90 年代前的狀況。這一階段的林語堂研究有一條線索，縱而觀之，它可分為三個時期。

　　1、濫觴期。這裏指林語堂自二十年代創作開始到四十年代回國考察這段時間對他的評價。這時期一方面肯定林語堂的為人與創作成就，另一方面否定批駁他的局限性和消極

意義。比較典型的評論者是胡風、郁達夫、魯迅和郭沫若。這時期的研究有如下特點：一是感性直覺式評斷，缺乏理性邏輯推論；二是階級性成為評價者最根本的標尺，顯示出單一性；三是使林語堂研究出現一個熱點，產生較大的轟動效果；四是對林語堂的否定傾向為主流，壓倒對他的讚譽。可以說，自本時期始，林語堂的形象被定格，成為反面形象的一個典型，尤其是魯迅對林語堂的批評給以後學界產生了長久而深刻的影響。

2、沈寂期。這是指 1936 年林語堂出國，尤指林語堂 1944 年再度離開大陸後到 1979 年三十多年林語堂的研究情況·在這段時間，很少有人關注林語堂，似乎他在大陸銷聲匿迹了，包括他的作品在大陸也少印行，即使在《中國現代文學史》裏林語堂也只是被偶爾提及，並被說成一個反面人物。尤其對幾十年林語堂在國外巨大的創作成就，更是鮮為人知，這在中國現當代文學、文化史上是一個奇異現象。

3、復蘇發展期。與中國現代文學研究的整體突破一樣，林語堂研究出現新的景觀是從 1979 年開始的。這時，研究林語堂的論文逐漸增多，這種局面延續到八十年代末。這一時期，林語堂研究有如下特點：一是突破禁區，尋求林語堂的積極價值意義；二是注重發掘鈞沈有關林語堂的研究資料；三是多微觀研究，對林語堂的某部作品，某個問題進行探討。而此時期被關注的熱點是「論語派」、「幽默」以及林語堂與魯迅的關係等問題。在這十年裏，用力最勤，研究成果最豐，成就最著的是萬平近與施建偉。萬平近注重林語堂的生活道路和作品評析，尤其《林語堂論》是林語堂研究

的第一本專著，為林語堂研究提供了大量史料和諸多有參考價值的見解。施建偉的興趣在於考察林語堂的幽默，他撰寫了多篇探討林語堂幽默的文章。當然，本時期還出現一些具有一定理論深度，眼界比較開闊的文章，如萬平近的《從文化視角看林語堂》和陳平原的《林語堂的審美觀與東西文化》，但對比本時期的大量文章，這又顯得鶴立雞群。當然，上面兩篇文章還有著很大的局限性，對林語堂的分析還不能說真正站在文化立場上。如萬平近認為：「林語堂的知識涵養中包含了鄉土文化、西洋文化和傳統文化。這三種文化在林語堂身上溶合在一起，……使他產生種種矛盾和困惑。」這種看法當然不錯，不過，「鄉土文化」和「中國傳統文化」恐怕就不好分，更何況這三種文化並非林語堂所獨有，魯迅等很多現代作家都離不開中西文化（當然包括鄉土文化）的複雜影響，顯然從文化角度考察林語堂的獨特性更有價值。當然，對比同時期的許多文章，萬平近和陳平原這兩篇文章的意義是深遠的。

綜而觀之，1990 年前的林語堂研究存在極大的局限，一是研究隊伍單薄和鬆散。這既表現在研究林語堂的人數不多；也表現在專心關注林語堂的人更少；還表現在研究者整體理論素養的欠弱，這使得林語堂研究多年沒有質的突破，仍停留在相當低的層面上。倘若與許多中國現代作家的研究隊伍相比，林語堂的研究隊伍最不令人滿意。二是政治視角成為影響林語堂研究取得突破性進展的主要障礙。如萬平近《林語堂論》一書的中心標尺即是用「階級的觀點」研究林語堂，他認為：「林語堂畢竟走進中國反動資產階級的房間

裏成為反動階級在文化界的代表人物之一。」因此，萬平近非常簡單化地認為：「林語堂在文學翻譯上是能手，而在文學創作上未能寫出膾炙人口的優秀作品，在中國新文學史上並不占重要地位。」再如，許多研究者探討「論語派」、「幽默」，也難以避開「政治視點」的硬性制約，都是預定林語堂思想的保守和落後，再肯定其藝術風格上的積極意義。

其次是 90 年代林語堂研究概況。代表中國現代文學研究最高成就的魯迅研究自新時期以來獲得長足的進展。在這個過程中，八十年代中後期至九十年代初期是魯迅研究的最高峰。近兩年，卻沒有決定性的突破，只是在平穩中深化。而林語堂研究則不同，它未曾出現魯迅那樣的研究高峰，即使到了九十年代也是如此。但是，九十年代的林語堂研究與之前卻有所不同，它緩慢而又悄悄地發生著某些變化，甚至是「質」變。如何看待這些變動？最突出者表現在哪些方面呢？

1、宏闊的視域。1990 年前的林語堂研究也出現幾篇宏觀論文，但總起來說，大部分或絕大部分是微觀的，注重林語堂的某個側面某個點或某部作品之探討。進入九十年代這種狀況有所改變，偏重宏觀的文章增多，展示了林語堂研究的豐富性、整體性和歷史性。第一，林語堂的研究領域得到進一步拓展。前面提到，1990 年前林語堂研究主要集中在他的生活道路、幽默、論語派及他與魯迅關係等問題的探討上，本時期除了繼續深化這些問題，研究者又有新發展。一是偏於探討林語堂的散文創作，探討林語堂散文創作的規律和個性，充分肯定林語堂作為一個散文家、文學家的價值。

比較突出的是沈栖的《林語堂散文創作簡論》（《上海師範大學學報》1991 年第 2 期）；何惺的《淺論林語堂的小品文》（《外交學院學報》1992 年第 2 期）；以及王利芬的《林梁周散文熱之透視》（《文學自由談》1993 年第 2 期）和蔣心煥、吳秀亮的《試論閒適派散文 ── 兼及周作人、林語堂、梁實秋散文之比較》（《聊城師範學院學報》1993 年第 2 期）。這些文章不僅豐富了林語堂的研究領域，而且提供了林語堂研究較為廣闊的眼光。二是從一個全新角度考察林語堂，這主要指施建偉的《林語堂在海外》（《百花文藝出版社》1992 年 8 月版）。雖然施建偉在這之前曾寫過《林語堂出國以後》一文，但《林語堂在海外》一書的出版無疑是個很大的突破，它不僅為我們提供了更宏闊的背景天地，而且對林語堂在國外幾十年的生活、思想、創作等做了既全面、細緻又中肯深化的敘述研究，書中雖多是對林語堂的生活道路進行敘述，但對其文學創作的剖析很有意義。還值得一提的是施建偉的《林語堂研究綜述》（《福建論壇》1990 年第 1 期），程金城、李曉虹的《近幾年國內林語堂研究綜述》（《遼寧教育學院學報》（瀋陽）1992 年第 1 期），這是較全面探討林語堂研究的文章，雖然文章顯得匆促、單薄些，但無論從資料還是從眼界都給人宏闊的啟示。第二，對林語堂某個側面的研究本時期也多從整體角度把握。比較突出的有王才忠的《林語堂愛國思想研究》（《湖北大學學報》1991 年第 3 期）；鄭淑慧的《林語堂的幽默創造論》（《東疆學刊》（延吉）1992 年第 4 期；施建偉的《林語堂和幽默》（《華僑大學學報》（泉州）1993 年

張頤武、陳漱渝的文章。從文化比從政治角度觀照林語堂有如下優點：一是可以克服政治偏見，使見解更公允更令人信服。比如，以往研究者站在「階級」立場得出的結論是：林語堂站在魯迅的對立面攻擊「左聯」以及無產階級革命，是一個反動的文人，而陳漱渝則超越了單純的「政治」、「階級」視角，用文化立場分析林語堂與魯迅的「相得」與「疏離」，他對兩人的分離這樣解釋：「魯迅勸林語堂譯名著，目的是要他放棄無聊的小品文。然而魯迅眼中的『無聊之作』在林語堂看來也許並不『無聊』。」作者還做出文化判斷，「中國現代史上的「五四」時代，是一個新舊文化轉換的時代，是一個文化多元並存、多維發展的時代，也是一個需要巨人而且產生巨人的時代。魯迅和林語堂就是「五四」新文化運動中兩位很有代表性的作家，為中國文學的現代化做出過各自的貢獻。他們的『相得』與『疏離』，反映了『語絲派』的集結與分裂，以及新文化陣營內部不同作家各不相同的人生追求和文化抉擇」。可見，作者用文化的平等、理解、寬容和廣博的眼光得出不含偏見的結論。二是富有歷史感和文化感。林語堂現象當然有其自身的獨立性，但它又不是孤立的，它同中國傳統與西方文化具有複雜關係。只有用文化眼光才能辯析林語堂現象形成的諸多因素及各因素構成的複雜性。比如，楊義把林語堂與道家文化相聯，雖然顯得不夠全面，有簡單化之感，但也確是指出深潛於林語堂骨裏的一個根本，從而顯明林語堂與中國傳統文化歷史的血脈依聯。再如張頤武將「閒適文化」不是簡單地指摘為資產階級的低級趣味，而是將其與中國傳統文化的審美追求相聯，他

方法的使用是近年林語堂研究方法的一個突出變化。這不僅表現在用比較進行研究，也表現在這種比較的跨幅增大，還表現在比較雙方或多方「獨立」性地位的確立。如將林語堂與克羅齊比較就是如此。再如將周作人、林語堂和梁實秋的散文進行比較分析，作者不是從一個角色出發而是將三作家看成三個獨立的角色比較他們的發展嬗變、不同樣式和共同特徵。還如，許多研究林語堂與魯迅關係的文章多站在魯迅單方立場看取、評判林語堂，表現了對比較方法理解的表面化和庸俗化，而陳漱渝則將魯迅和林語堂放在兩個不同的文化語境中審視，顯示了對平行比較研究方法的深刻理解。應該說，在中國現代其他作家的研究中比較方法運用已司空見慣，而在林語堂研究領域它無疑具有重要意義。第二，「敘事話語」理論和「中心－邊緣」理論方法的運用，為林語堂研究提供了全新的方法論意義。在《閒適文化潮批判》中，張頤武認為，「所謂『現代性』按法國思想家利奧塔的說法，乃是一種『元話語』，是對『偉大敘事』的不間斷的尋求」，「而中國散文中的『閒適』也正是在『現代性』的啟蒙設計中的『個人主體』意識的覺醒的神話般背景下構築自身的，於是『閒適』被重寫為一種『表現論』的模式」。「閒適話語從來不是消費的產品，也不是優雅的文人消遣之品，而是『現代性』話語的一個不可或缺的部分，是知識份子的啟蒙欲望和『代言』欲望的一種表徵。由於『閒適』本身有自身極其複雜的話語運作模式及其發展脈絡，因之，它需要經過長期的文化浸潤和訓練才可能達到，『閒適』也是知識份子在『現代性』文化中自我識別的方式之一，知識份子在『現

代性』話語中的權威位置，也依賴於他們對『閒適』性把握
能力的加以確認。」值得注意，林語堂研究出現以上三點變
化並不是絕對自 90 年代才開始，事實上，在 80 年代中後期
研究者已開始擺脫單純的政治視角，嘗試向宏觀的文化的林
語堂研究方向轉變，只是那時略見端倪，並未呈現明顯趨向
而已。並且，真正產生「質」變的林語堂研究文章還是近兩
年出現的。

三、超越與深化

　　近幾年林語堂研究確實出現良好的徵候，也發生某些內
在而深刻的「質」變，但也應該看到，它仍存有太多的問題。
比如，90 年代至今林語堂研究論文僅有 50 篇左右，論著 1
種，並且這些研究有不少停留在微觀分析和資料積累層面，
即使有份量的文章也難以達到全面深透把握林語堂豐富而
複雜的文化內蘊的高度。籠統說來，每年魯迅研究的論文和
著作在數量上恐怕都會比林語堂數十年研究文章還要多，在
質量上後者與前者更不可同日而語。又如，真正從事林語堂
研究的人少得可憐！恐怕是從事魯迅研究人員的百分、千
分、萬分之一？顯然這與林語堂豐富複雜的文化內蘊及他對
中國新文學和新文化的巨大貢獻很不相稱。要使林語堂研究
出現根本的飛躍，使之可與魯迅、巴金、老舍、郭沫若等作
家的研究比肩，除了發展壯大研究隊伍，除了資料的發掘、
拓展與辯偽，我提出如下幾點建議：
　　1、拓展深化林語堂的研究領域。林語堂是個多面手，

他既是作家，又是翻譯家，還是思想家和文化人。單就作家而言，林語堂既是散文大家，又是小說大家，還是雜論大家。林語堂偏重形象和審美思維，但對機械、技術、符碼等非常擅長和著迷，曾費十年之久，耗盡十萬美金研製發明中文打字機。林語堂一生生活在「象牙」的「伊甸園」，喜歡浪漫的沈思與神遊，但他又對生活和現實有獨特的理解和成功的實踐。站在這一角度審視近年來的林語堂研究，我們感到論者涉足之領域十分有限，許多領域幾近空白，許多問題還未被觸及。第一是空白地帶。比如，林語堂三十多年在美國大多作品用英文寫成，將之譯成中文就是一項艱辛的工作，除了有些作品至今未見譯本需要翻譯外，許多譯本也還需要修訂甚至重譯。沒有高質量的譯本，要使林語堂研究達到較高的水準是不可能的。另外，大陸林語堂的著作現時十分混亂，許多盜印版質量相當粗劣，與林語堂原作出入極大。高健於 1994 年第 4 期《山西大學學報》發表了《近年來林語堂作品重刊本中的編選文本及其他問題》，文章對此進行了較詳盡的梳理。顯然，辯偽林語堂作品是一項費力但卻有益的工作。再如，林語堂作為翻譯大家，他的翻譯有何特性，與魯迅等有何不同，其翻譯現時有何價值？林語堂用中文和英文創作二者有何異同？這對他的文學創作風格有何影響？還有，林語堂的批評觀、家庭觀、思想觀、藝術觀、文學、文化觀、倫理觀、人生觀、政治觀以及婦女觀有何獨特性，這都是未被探討的領域。第二是深度問題。林語堂許多領域的研究還有待進一步深化，不能僅停留在表面的個別分析研究上。如林語堂的小說創作，雖已有人開始關注，但基

本停留在對個別作品的評判上，至今還沒有人對林語堂的長篇小說創作進行整體考察，當然也就難以展示林語堂長篇小說的文化心理機制、豐富的內涵和它在中國現當代文學史上的獨特價值意義。並且，至今對林語堂的小說研究未能真正擺脫「政治」、「社會」因素的制約，存在一葉障目的傾向。例如，萬平近曾評論林語堂的《紅牡丹》是香豔小說，對《京華煙雲》他評價說：「內容上有一些積極可取的東西，藝術上也有一些長處，然而，從反映現代中國的生活來說，《京華煙雲》卻不是一部的成功的作品。」顯然，萬平近簡單地用社會學視角看取林語堂這部巨作，忽略了其中隱含的豐富的文化內容。再如，對林語堂的幽默，多年來一直是人們關注研究的中心，這是對的，因為「幽默」是林語堂的重要概念，但至今我們仍感到研究者多停留在表層，沒有足夠的深度。其實，林語堂的幽默不僅是藝術風格，也不僅是人生觀，還是文化的本根問題，這裏包含著心理學、人類學、文化學等諸多內容，關涉到中華民族啟蒙的問題。林語堂的幽默與中國傳統的幽默與西方尤其是英國的幽默有何複雜關係，至今還缺乏令人信服的論證。還有林語堂的宗教思想，雖有人看到林語堂深受道家思想文化的熏染，但林語堂宗教思想顯然要複雜得多，他既受益於道家又受益於儒教還受到佛教、基督教等的影響。那麼林語堂是如何接受這些宗教的影響，在林語堂的文化思想中，各種宗教因素是如何構合的，林語堂是用一種什麼眼光、心態去吸收、融化這些宗教的？這些領域都有待於進一步開展與深入下去。

　　2、將林語堂研究引入文化學範疇。我們在承認有的論

者注意用文化眼光考察林語堂時，也應看到存在的不足，即這些研究者往往多是側面籠統甚至泛泛地進行探討，缺乏對林語堂文化個性進行整體具體深透地理解和剖析。要實現林語堂研究的根本性飛躍，最重要的是將林語堂放在文化的透鏡下觀照、透視。第一，將林語堂放在世界文化座標中，通過中西文化在林語堂身上的衝突、融匯與整合來分析林語堂的文化選擇。長期以來，在這個問題上，雖然研究者視點不同，但觀點基本一致，即認為林語堂在中西文化融合上是失敗的。如陳平原認為：「不管是對中國人講外國文化，還是對外國人講中國文化，林語堂都力圖從東西互補的角度進行文化綜合。這種綜合是一種探索，但也產生過消極影響，是失敗多於成就的。」施建偉認為林語堂「把西方資本主義世界的物質文明和東方士大夫階級的悠閒的隱士式的精神生活的結合，當作拯救人類靈魂的靈丹妙方，顯然是不合時宜的。」持這種觀點的論者認為，林語堂片面理解中西文化，肢解中西文化，把兩個內涵迥異的文化強性進行綜合。其實，林語堂是特殊的。與國粹派不同，林語堂不僅看中了西方物質文明，也讚美其精神的平等、自由、民主、博愛等現代特徵；與歐化派不同，林語堂對中國傳統文化的美好是肯定而保留的。所以，林語堂的文化融會觀是站在世界文化的背景，肯定文化的多元形態，肯定不同的文化可以取長補短，主張中國文化必須注入「現代性」，而西洋文化必須注入「審美性」。林語堂從理論上努力倡行，而且塑造了許多人物形象倡導中西文化融會。如《京華煙雲》中塑造了既有現代意識又有東方從容審美情趣的女性形象木蘭。另外，林

語堂與中國傳統文化的內在關係，以及與西方文化的關係都
需作深入考察。比如，林語堂曾說：「我更愛海涅，除了詩
篇，尤其欣賞他的政論作品。」顯然，林語堂受海涅的影響
是深遠的。再如，林語堂小說中有個特點，即以人物「行蹤」
為線索結構全篇，像《京華煙雲》、《風聲鶴唳》、《紅牡
丹》等都如此，這既表明作者受中西「遊記作品」的影響，
也表明他愛好旅行的本性，喜愛家鄉山水文化和酷愛大自然
的本色與生命個性，更表明林語堂追求「自由」的現代文化
傾向。林語堂不像許多中國現當代作家長期生活在東方文化
氛圍中，而是幾十年留居美國，這樣，林語堂就更容易體味
出西方文化與中國文化的精髓與不足。所以，不立足中西文
化背景，林語堂研究就難有根本超越。第二，發掘林語堂豐
厚的心靈世界和精神世界。林語堂並不像有人理解的是個純
樂觀的幽默大師，他的內心有其另一面，這包括孤獨、悲涼、
絕望等因素。就像他自己說的是「一捆矛盾」。林語堂的內
心世界是廣大深幽，清晰綿密，堅韌纖細的，深入研究林語
堂的心靈世界中理智、情感、情緒、感覺、直覺等複雜性將
是把林語堂研究引入文化學範疇的另一重要方面。比如，在
林語堂的內心常有一種「悲劇情結」，或說「死亡情結」，
他寫秋天，寫人物，常常寫到死亡，只不過林語堂筆下死亡
悲劇呈現一種審美意味罷了。再如，林語堂可能是中國現當
代作家中寫女性最出色的作家之一，他筆下的女性木蘭、牡
丹、丹妮等都有著豐富複雜而又纖如髮絲的心靈，這同時也
映照了林語堂心靈世界的真實情景。當然，這個工作異常艱
難，它需要對林語堂靈魂的切近與把握，但這是深化林語堂

第一章　冥冥的天地主宰

── 林語堂東西文化融合的支點

　　某種意義上說，世界近現代文化史即是各民族文化亦即東西文化互為融匯的歷史。不過，在這個過程中，人們面臨著極大的困境：如何取捨東西文化，到底以何種文化為參照，文化選擇的立足點在哪里？總體而言，以魯迅為代表的中國現代作家多是以西方文化為參照，以無神論的姿態徹底批判中國傳統文化之弊端，呼籲被封建專制主義異化的「人性」、「人」的真正解放，表現了較強的批評意識和戰鬥精神。林語堂有些不同，他有著濃郁的宗教色彩，以「兩腳踏東西文化，一心評宇宙文章」為座右銘，偏愛和諧、自然的美學理想。對林語堂東西文化融合觀，長期以來，學界基本持否定態度，一是引用林語堂的話說，他本身就是一團矛盾，進而提出林語堂的宗教信仰十分混亂；二是否認林語堂東西文化融合的成就，認為其效果不大，是失敗的。我們認為，任何一個複雜體都有其內在邏輯與合理性，林語堂的東西文化思想也是如此。表面看來似乎矛盾複雜，其實它自有其支點。儘管不能說學界對林語堂東西文化融合的看法毫無可取之處，但總體而言是有問題的，至少未能從整體上，用文化的眼光審視其複雜性及內在依據。如果明晰了林語堂東

西文化融合的支點，那麼，林語堂的許多問題都可應刃而解。

一、　冥冥天地一主宰

　　林語堂是一位崇信物質、現實，注重日常生活，偏愛人生享受的作家，同時又是一個極富奇思妙想，注重精神生活的人。更有意味的是，林語堂是一個宗教感較強的作家，他一直在追問宇宙、人生的謎底，一直在探詢冥冥天地的支點。

　　深潛林語堂文本的一個核心母題，即是對宇宙天地間「主宰」的深切關注。在林語堂看來，茫茫世界，芸芸眾生並非盲目、無序地變演著的，而是有一個「神」——「至高無上的神」主宰著。林語堂認為：「我總不能設想一個無神的世界。我只是覺得如果上帝不存在，整個宇宙將至徹底崩潰，而特別是人類的生命。」[1] 這裏的「主宰」、「上帝」高高在上，具有人類未知的神秘性，它是無所不能，又具有正義感的。因為有了神與主宰，人類才得以生存、發展、延續。天地宇宙萬事萬物才能興亡變化。而一旦違背了天地主宰的意志，那麼「神」就會警告人們。在《朱門》中杜范林父子最後葬身洪水，死於非命，在此，雖然讓我們感到作者的某些主觀隨意性，但這是符合林語堂的上帝主宰觀念的。杜氏父子罪惡滔天，那必然會受到上帝的懲罰。在《武則天傳》中，林語堂寫皇帝「封泰山」，「封禪」，「其中具有

---

[1]　林語堂：《林語堂自傳》，劉志學主編，河北人民出版社 1994 年，第25 頁。

神秘之義，聖靈之旨，借此使凡世之君王與宇宙之神祇，得以相接，得以相通。」林語堂還把彗星燦爛說成是「神已經說了話。」[2] 可見，林語堂對「主宰」的信賴與敬畏之情。難怪他曾自信道，如果上帝有他母親一半痛愛他，也決不會送他下地獄；難怪他把中國文化看成人文主義又是神秘性的。即使在科學主義目光下，原來的宗教世界倒塌了，像地獄、天堂、罪惡等，但林語堂仍相信上帝的存在。他認為：「我已失去對信仰的確信，但仍固執地抓住對上帝父性的信仰。」[3] 當然，這並不是說林語堂從未對上帝產生疑問，事實上，他心目中的「上帝」遠沒有基督徒心的「上帝」那麼「神聖」和「絕對」。大學畢業後，他曾產生過剪斷與「上帝」聯繫的念頭，認為靠「天上的一位第三者」來「愛人」是不真誠的。後來，他在巴黎聽到獨裁者希特勒野心勃勃的狂言，還憤怒地喊道：「世界是沒有上帝的！假使是有，應當使希特勒在演說中間停止其心臟的跳躍，以挽救世界的和平。」[4] 這裏表明林語堂的一腔憤激之情，其中隱含著對「上帝」有無之疑問。

林語堂「上帝觀念」的第二個特點是上帝的「人性」色彩。在基督教徒看來，「上帝」是遠離塵俗的，他對人世有著至高無上的權威意志。他讓人世受盡苦難，並以專橫的「命

---

[2] 林語堂：《武則天傳》，張振玉譯，《林語堂名著全集》12 卷，東北師範大學出版社 1995 年，第 67、110 頁。

[3] 《林語堂自傳》，河北人民出版社 1994 年，第 100 頁。

[4] 林語堂：《八十自敘》，北京寶文堂書店 1990 年，第 129 頁。

令式」對待宇宙萬物。林語堂則認為上帝應該同情人類的生存境遇，他是偏愛人類正義、善良與美好的。林語堂說：「宗教最使我不滿的一端便是它的著重罪惡。」「我深信上帝也同樣近情與明鑒。」[5] 這樣，林語堂就為上帝賦予了濃郁的人性內容。不僅如此，林語堂還與虔誠基督徒憎惡人間、立足來世不同，而是立足人間、否定來世，認為「上帝」是為了人類的幸福存在的，而非相反。他說：「大概宗教為求升天，求永生，必自人世沈淪為出發點。凡宗教多半有以此生為來生之預備觀念，重在來世，必視今世為不足重輕。……那時天主教中的冉森主義派（Jensenist）論調，與耶穌教的加爾文主義相近，總是人世混濁，人性全惡 ，必不能自拯拔，一切命中注定，得救也是天定，上帝定你升天，你就逃不出神力等等荒謬的話。」[6] 林語堂堅信，人類的幸福在地上而非天 上，在人間而非什麼來世、天堂。因此，林語堂讓人們抓住此生的人生幸福和快樂。

　　那麼，林語堂怎樣形成了這種「上帝觀念」呢？

　　首先，高山對林語堂的啟示作用。眾所周知，中國現當代文學中「童年」、「故土」、「山水」等成為諸多作家創作的母題 ，魯迅《故鄉》、《社戲》、《從百草園到三味書屋》等寄寓了作者童年故鄉山水的美妙夢境；沈從文《邊城》、《龍朱》、《柏子》反映了湘西自然山水對作者的內在影響；還有蕭紅《生死場》、《呼蘭河傳》也透出童年家

---

[5]　林語堂：《我的信仰》，《林語堂名著全集》18 卷，第 339 頁。
[6]　林語堂：《論西洋理學》，《林語堂名著全集》16 卷，第 8-9 頁。

鄉山水對她的深刻影響。林語堂也不例外，但不同的是，他
可能比其他作家更明顯受到「山」的影響，而且「高山」成
為林語堂靈魂中的意象。林語堂的家鄉是福建龍溪坂仔，這
裏四面環山，中間是個盆地，因之被稱為「銅壺」。坂仔南
面是十尖山，遠山綿亘，無論晴雨，皆掩映於雲霧間，極目
遙望，山峰在雲霞中忽隱忽現。古代曾將這雲山峰疊的地方
命名為雲霧縣。北面是石起山，它犬牙交錯，峭壁陡立，危
崖高懸，塞天蔽日。在《八十自敘》林語堂這樣引新洛的話：
「我們那兒的山令人敬，令人怕，令人感動，能夠誘惑人。
山峰外有山峰，重重疊疊，神秘不測，龐大之至，簡直無法
捉摸」。「你若生在山裏，山就會改變你的看法，山就好像
進入你的血液一樣……山的力量巨大的不可抵抗。」[7] 高山
在林語堂心中並非只是一種自然景觀，更重要的是宗教信
仰。它作為一種象徵，一個符號，一種宗教符碼內化在林語
堂的心靈深處，影響了林語堂的一生。在林語堂的宗教信仰
尤其是「上帝觀念」確立之前，「高山」具有準宗教或前宗
教的意味，它立足大地，遙指天宇，它高不限量，難以企及。
在《回憶童年》中，林語堂進一步闡發對高山的信仰：「生
長在高山，怎能看得起城市中的高樓大廈？如紐約的摩天大
樓，說他『摩天』，才是不知天高地厚，哪里配得上？」「要
明察人類的渺小，須先看宇宙的壯觀。」[8] 高山是最早進入

---

[7] 《林語堂自傳》，河北人民出版社 1994 年，第 49 頁。
[8] 轉引自施建偉《林語堂在大陸》，北京十月文藝出版社 1991 年，第 4
頁。

林語堂靈魂的宗教意象，它以非常直觀的形式啟發了林語堂，成為他「上帝觀念」形成的最早源頭。

其次，基督教上帝觀念對林語堂的影響。林語堂與其他作家不同的是，他出身於基督教文化極為濃郁的家庭。父親是基督教牧師，母親是虔誠的基督徒，他們全家都信教，林語堂這樣回憶基督教的家庭氛圍：「晚上我們（指全家兄弟姐妹，筆者注）輪流讀《聖經》，轉過頭來，跪在凳子上祈禱。有時候弟弟睡著了，大姐就罵他『撒旦』或『撒旦的兒子』。」[9] 當然，基督教文化對林語堂影響至大至深者當是「上帝」的存在。這個上帝主宰世間的一切。林語堂青少年時就確立了這一觀念：「當我祈禱之時，我常想像上帝必在我的頂上逼近頭髮即如其遠在天上一般，蓋以人言上帝無所不在故也。」[10] 另外，林語堂在聖約翰大學讀書，直接接受基督教文化教育。在漫長的一生中，林語堂一直未能拋棄基督教的影響，其中很重要的原因是基督教「上帝」在內心的根深蒂固。林語堂還通過西方一些信奉基督教文化的哲人表述了自己的「上帝觀念」。他認為萊布尼茲與福祿特爾「他們兩位都相信上帝」，「福祿特爾相信：『就是沒有上帝，也得假設一個上帝出來』。」[11] 林語堂還談到他與湯恩比的會面，因湯恩比攜帶了「中古時代聖奧古斯丁的《上帝之城》

---

[9]　林語堂：《八十自敘》，第 15 頁。
[10]　《林語堂自傳》，河北人民出版社 1994 年，第 6 頁。
[11]　林語堂：《說福祿特爾與中國迷》，《林語堂名著全集》16 卷，第 420 頁。

及巴斯葛的《思想》（Biaise Pascalrs Pennsees）二書。這使
我異常興奮」，「湯恩比的宗教感甚深，書中到處都是。……
他的看法，略與莊生之『必有真宰』（《齊物論》）『以天
為父』，『與天為徒』不『與人為徒』（《大宗師》）之
境界差不多。」[12] 看來，基督教文化尤其它的「上帝」思想
直接促成林語堂「上帝觀念」的形成。它作為理性自覺點燃
了林語堂童年對「高山」的那份宗教情懷。

　　再次，老莊道家文化對林語堂「上帝觀念」的形成也起
了巨大作用。道家文化對林語堂的影響是多方面的，但「道」
的影響尤著。老子曾在《道德經》中說：「有物混成，先天
地生，寂兮寥兮，獨立不改，固行而不始，可以為天下母。
吾不知其名，字之曰道。強為之名曰大，大曰逝，逝曰遠，
遠曰反。」林語堂著《老子的智慧》一書，對老子之「道」
十分關注。在《道山的高峰》中林語堂承認：「老子思想的
中心大旨當然是『道』。老子的道是一切現象背後活動的大
原理，……道是沈默的，彌漫一切的，」「道是不可見的，
不可聞的，且不可觸摸的。」[13] 有時，林語堂乾脆把「道」
與「上帝」、「主宰」等同起來：「道教提倡一種對那虛幻、
無名，不可捉摸而卻無所不在的『道』的崇敬，而這『道』
就是天地主宰，他的法則神秘地和必然地管轄著宇宙。」[14] 林

---

[12] 林語堂：《說湯恩比教授》，《林語堂名著全集》16 卷，第 416 頁。
[13] 林語堂：《從異教徒到基督徒》，《林語堂名著全集》10 卷，第 132-133
頁。
[14] 《林語堂自傳》，河北人民出版社 1994 年，第 171 頁。

語堂對「道」與「上帝」、「主宰」之間的區別不去深究，而感興趣它們的關聯。林語堂憑直感把「道」與「主宰」看成是「二而一」的東西。

再再次，孔孟儒家文化也是林語堂「上帝觀念」確立的原因。林語堂非常重視儒家文化思想，尤對孔孟更為推崇。雖然儒家文化思想內蘊豐厚，包羅萬象，但其最具深度的模式是「天—君—民」，「君」馭民，「民順君」；「君順天」，「天」高高在上，「天」是神秘神聖的。雖然「君」自稱是「天」「神」代言人，但「君」對「天」是敬畏崇拜的，所以歷代統治者都有祭天的風俗，他們選擇遙指天宇的「高山」設壇以便對冥冥中的主宰「天」施行祭祀。林語堂非常重視「天」這一概念，他常感到天地間有一種自然秩序和命數。他甚至把「天」與「上帝」合二為一，看成名異實同的「主宰」。在《孔子的堂奧》中林語堂認為：「孔子假定上帝是高高在上的，用神秘微妙的方法來領導人事進行，他對《易經》的興趣顯示他深信命運。他一生的歷史研究注意古代宗教祭祀的方式。我們必須假定宗教祭祀這個主題曾對他有很大的魔力。」「孔子信天和天命。他說自己五十歲的時候已知天命，且說：『君子居易以待命。』上帝或天，如孔子所瞭解，是嚴格獨一的神。」[15] 林語堂也喜愛《易經》，曾作《「五十以學〈易〉」辯》一文，中有「抑系論欲言儒必通《易》，願與國人治學者及想闡明儒家哲學者互相勸勉之

---

[15] 林語堂：《從異教徒到基督徒》，《林語堂名著全集》10 卷，第 94 頁。

意」。[16] 在林語堂看來，「天」、「命」並不能完全歸入迷信，在許多方面它符合自然規律的變化，有一定的科學性。林語堂說：「如醫道，以西洋愛克斯光與中國陰陽五行之說相較，自然西醫歸入科學，中醫歸入迷信，與『卜星相』合為一門，理甚相宜。然一味不察，只詈其迷信，亦非所宜。倘加以深究，其中自有是非可言。若水火相克之說，肝火生則壓以水，胃土積滯則疏其氣，說法雖乖，功效實同。」[17] 林語堂還在許多作品中闡述了「天」、「命」觀念，如《京華煙雲》中傅先生談人的五種命型，而木蘭與蓀亞，莫愁與立夫的婚事就是根據命相合配的。

　　最後，印度文化中的「上帝」對林語堂的影響。林語堂一向反對佛教，認為印度教及佛教思想反對物質主義，反對武力抵抗，反對現世人生，把人類的幸福寄望於來世的虛無飄渺。但林語堂卻贊同除佛教以外的印度文化，認為印度文化具有高度的創造力，它產生了豐富奇特的哲學和文學。更重要的是，林語堂認為「上帝」是印度哲學的核心，他說：「印度哲學和上帝的知識正像中國哲學和道德問題一樣不可分割。」[18]

　　總之，林語堂給人的表面印象是多神論者，他既信基督教；又信道教；還信儒教；好像他的宗教信仰是矛盾混亂的。

---

[16] 《林語堂名著全集》第 18 卷，第 400 頁。
[17] 林語堂：《今文八弊》，《林語堂名著全集》18 卷，第 121 頁。
[18] 林語堂：《〈印度的智慧〉序》，《林語堂名著全集》18 卷，第 354 頁。

陳平原認為：「三十年代林語堂有時自稱異教徒，有時自稱
『無政府主義者，或道家』，二十年後回顧，他又聲稱當年
信仰的『唯一宗教乃是人文主義』。1936 年移居國外後，
林語堂一直在尋其信仰，1939 年在《我的信仰》中，林語
堂認為孔子、摩西都不大適合現代社會，倒是老子那種廣義
的神秘主義更有魅力。五十年後他又不滿足道家信仰，批評
『它那回復自然和拒絕進步的本質對於解決現代人的問題
不會有什麼貢獻』，主張『從人文主義回到基督信仰，』到
了逝世那一年在《八十自敘》中又說『他以道家老莊門徒自
許』，一會兒又說『他把自己描寫成一個異教徒』，其實他
在內心卻是個基督徒」。[19] 其實，林語堂雖然熱愛儒、道及
基督教文化，但都算不上虔誠的教徒，甚至對其許多方面持
有保留和批評態度。如果硬要說林語堂有宗教信仰的話，那
麼他信奉的是「冥冥中的天地主宰」，這主宰在基督教中是
「上帝」、「天主」，在道教中是「道」，在儒教中則是「天」，
只不過林語堂把這些概念混為一談，都籠統地稱「主宰」、
「上帝」而已。從這個意義上說，林語堂的宗教信仰表面矛
盾、混亂，而實際是統一清晰的，他以「天地主宰」為支點，
把各種宗教融為一體，也把東西方不同的文化融為一體。雖
然林語堂一生宗教信仰較多，且時有變化，但都沒有離開「主
宰」、「上帝」這一座標。當然，或許林語堂也未能清晰認
識到「主宰」與「上帝」在其宗教信仰的支點地位，也未能

---

[19] 陳平原：《林語堂與東西文化》，《在東西文化碰撞中》，浙江文藝
出版社 1987 年，第 52-53 頁。

自覺洞察自身宗教信仰矛盾性後面的統一背景，但這確是林語堂文本的一個客觀存在。

　　林語堂把各種內蘊不同的文化、宗教用「主宰」、「上帝」統一起來，從而實現了自己的內在邏輯。那麼，為什麼林語堂會將「上帝」、「主宰」、「天」、「道」、「神」等概念等同起來呢？是什麼因素導致了他的這一觀念呢？首先是天主、上帝、道、天、主宰的內在規定性有某些相似處。它們都具有神秘的權威，是超越人力之上的一種「存在」；它們都具有形而上的哲學意蘊，也具有一種原初性和本原性；它們都成為控馭人類的無形的精神力量，成為人類精神和潛意識敬畏的偶像。其次是「上帝」、「天主」等概念並不是基督教文化的專用詞，在中國傳統文化中早有使用。我們知道，基督教的「聖父」而天主教譯為「天主」，即天地萬物的創造者、主宰者。而新教則譯為「上帝」，被稱為「耶和華上帝」也被稱為「天父」。《尼西亞聖經》稱之為「獨一無二的，無所不能的上帝，創造有形，無形的上帝」。一般人認為，只有基督教等西方宗教才有「天父」、「上帝」之稱，其實不然，在中國傳統文化中早就有「上帝」和「天主」的稱謂。如朱鳳瀚認為：「商人之『上帝』在殷墟卜辭中稱作『帝』，稱為『上帝』的僅有少數幾條卜辭，但是證『上帝』之稱的存在。『上帝』在天上，為天神之意。」[20] 1935 年美國學者顧立雅（H‧G‧Greel）在統計了《詩經》、

---

[20] 朱鳳瀚：《商周時期的天神崇拜》，《中國社會科學》1993 年第 4 期。

《尚書》中西周作品和金文中的「天」、「帝」出現的次數
後指出，上帝是商之部落神，天為周人部落神，至殷周二民
族接觸後，天帝乃成為神之異名。[21] 外國傳教士利瑪竇在其
回憶錄中也認為：「在我們歐洲熟悉的所有異教民族中，我
不知道有任何民族比上古時代的中國具有更少的與宗教事
務相反的錯誤了。事實上，我在他們的書籍中發現，他們始
終崇拜最高的神，他們稱之為『天主』或『天地』（因為他
們可能覺得天和地是一種有生命的東西）。」[22] 不僅如此，
明末清初也常出現將「上帝」與「天主」視而為一的情況，
如康熙帝對外國傳教士說：「你們為什麼不像我們一樣講『上
帝』呢？那樣大家就不會如此強烈地反對你們的宗教了。你
們稱之為天主，我們稱之為上帝。它們難道不相同嗎？」[23] 作
為信奉儒教文化的康熙在這裏當然用「上帝」指稱「天」的。
另外，據法國學者謝和耐說，在中國文化中，「上帝」一詞
有時又被指稱道教的神主玉皇大帝，他說：「『上帝』一詞
除了難以符合一種與基督教徒的造物主觀念非常不同的另
一種觀念之外，還具有指道教之神主玉皇大帝（昊天金闕至
尊玉皇大帝）的常用名稱之一的意義。這一尊號是由於
147-168 年執政的漢桓帝正式敕封的。」[24] 可見，林語堂把

---

[21] （美）顧立雅（H·G·Gree）：《釋天》，《燕京學報》1935 年版。
[22] （意）利瑪竇：《論與我教相反的中國各種教派》，《利瑪竇全集》1
　　卷，第 108-109 頁。
[23] 李明：《中國現勢新志》2 卷，致布雍（Bouillon）紅衣主教的書簡，
　　巴黎 1696-1700 年，第 186 頁。
[24] 謝和耐：《中國與基督教》，上海古籍出版社 1991 年，第 114 頁。

基督教的「上帝」與儒教的「天」及道家的「道」統稱為「上
帝」、「主宰」，是與中國傳統文化中的「上帝」等觀念有
關。對此，林語堂似乎有所自覺，他說：「對上帝的膜拜可
以追溯到中國歷史的開端。」[25] 再次，西方傳教士為了傳教
需要也有意將「上帝」、「天主」與中國文化牽扯在一起。
林語堂的家鄉福建泉州早在唐代即為對外貿易的重要港
口，後來曾同亞力山大港並稱世界兩大貿易港。據施建偉
說，宋元時代，「僑居泉州一帶的外國商人、傳教士、旅遊
者數以萬計。」[26] 到十六、十七世紀，以利瑪竇為代表的傳
教士到中國傳教就是以南方為根據，漸次向北延伸的，而林
語堂的家鄉福建廈門、泉州一帶深受傳教士文化的影響，以
至於林語堂到了晚年還念念不忘教會、傳教士對他的影響。
范禮文博士夫婦，林樂知及父親林至誠都是林語堂的啟蒙老
師。利瑪竇等傳教士開始潛心研究中國文化，並採取基督教
與儒教、道教互相解釋的方法，以期得到中國教徒的認可。
有人解釋利瑪竇的《天主實義》時寫道：「知儒教之不可攻，
則附會六經中上帝之說，以合於天主，而特攻釋氏以求勝。
然天堂地獄說與輪迴之說相去無幾，特小變程氏之說，而本
原則一耳。」[27] 謝和耐也認為：「耶穌會士們希望把中國人
的天和上帝與《聖經》中的天主相結合，並試圖把一些互不

[25] 林語堂：《輝煌的北京》，《林語堂名著全集》25 卷，第 167 頁。
[26] 施建偉：《林語堂在大陸》，北京十月文藝出版社 1991 年，第 20 頁。
[27] 參見《四庫全書總目提要》卷 125，有關利瑪竇《天主實義》的提要。

調和的觀念統一起來。」[28] 顯然，長期生活於被基督教文化
薰染的泉州，而又入教會學校數年，傳教士們的「主宰一統
說」是如此重要，林語堂不可能不受其影響。當然，林語堂
的「上帝融會」也與他自身重直覺、重感悟而忽視邏輯、推
理的審美思維方式有關。

　　嚴格意義上說，林語堂並不是虔誠的宗教徒，他對基督
教、道教、儒教等都保持相當大的距離，不論是觀念還是情
感，甚至有許多地方相去甚遠，這可能是許多論者認為林語
堂宗教上矛盾、混亂的原因。但這並不等於說，林語堂是一
個宗教感薄弱的作家，他是從精神血脈體味到諸教的共通性
即「主宰」的存在，在此意義上林語堂把諸教統一起來了。
換言之，林語堂是廣義上的宗教徒，看似表面混亂的宗教信
抑，其實自有其內在的「主宰」信仰。

二、　多元整合的思維方式

　　既然在林語堂心靈的天空總有一個「主宰」或「上帝」，
那麼，他的思想、情感、心態、感覺就有許多獨特之處。對
待東西文化當然也是這樣，林語堂視域寬闊，根基扎實，立
論深刻，在東西文化的融合上有許多有價值的內容。最突出
者是多元整合的思維方式。

　　確立了對宇宙萬物冥冥「主宰」的地位，林語堂形成了
看取世界統一和一體化的眼光。對待中國文化，林語堂不像

---

[28] 謝和耐：《中國與基督教》，上海古籍出版社 1991 年，第 283 頁。

有人那樣簡單取捨，而是兼收並蓄。他既肯定以孔孟為代表的儒家文化的優秀成分，又喜愛以老莊為代表的道家文化的精華，即使對他不太喜歡的佛教文化也不是完全否定，如對禪宗重直覺、頓悟等林語堂也十分推崇。他認為，中國文化是儒家、道家的雙流合成，缺一不可。儒家文化是現實主義，而道家文化是浪漫主義的，正是二者的互補才使中國文化既腳踏實地又富奇思妙想。林語堂的文化思想也如此，他的人生哲學、文學觀念及價值理想都離不開儒、道文化的影響。但長期以來，學界比較一致的意見是，林語堂以道家思想為文化核心，陳平原還認為林語堂要以道家文化拯救世界，他說：「中國現代史上，著眼於東西文化綜合，努力於以東方文化拯救人類，在西方產生一定影響的『東方哲人』，一是以儒家救世界的辜鴻銘，一是以佛教救世界的梁漱溟，再就是以道家救世界的林語堂。」[29] 我們認為，說林語堂文化思想中有濃郁的道家色彩，或進一步說，道家文化是林語堂文化思想甚至是靈魂和主脈都不錯，但把道家文化看成林語堂唯一的思想，看成林語堂救國救世的靈丹妙藥，那有失公允。如果認識到林語堂在「上帝」、「主宰」之下的多元整合思維，就不難理解他對中國文化的態度，也會明瞭儒、道何以在林語堂身上水乳交融地發生作用。不僅如此，林語堂在東西文化融合上也體現了其多元整合的思維方式。一是在肯定中國傳統文化優秀成分時，對中國文化又並非盲目接

---

[29] 陳平原：《在東西文化的碰撞中》，第 53 頁。

受，一概肯定，而是也看到了其弊害，如國民的惰性，狡猾、世故、明哲保身；如缺乏法制觀念，沒有多少自由意識；如理性的肆虐，假道學的猖行；如虛偽、奴性的泛濫，真情難覓等等。在《吾國與吾民》及《京華煙雲》中，林語堂對傳統文化的局限性作過多方面批評。正是在此意義上，「1961年1月16日，林語堂應美國國會圖書館邀請，到華盛頓作了《五四以來的中國文學》的講演時，高度評價魯迅的地位和作用。他說：『魯迅在打倒舊中國方面是個主將，』並且是『最好的小說家之一』。」[30] 可見，林語堂對中國文化並非全盤接受，對其痼疾頭腦還是清醒的。對老莊道家文化也多有批評，認為它太超逸太高遠，不能解決現實生活的許多矛盾。當然，林語堂對東方其他文化也採取類似的態度，即肯定其優長時並非全盤接受。二是對待西方文化也是既否定又肯定。總體而言，林語堂否定西方文化的理性、邏輯、分析的過分膨脹，認為它相對忽略感性、情感、綜合等的價值意義，從而帶來了人的價值貶值和人性的異化。他指出：「西方人生而『有刀在他們腦裏』。邏輯的武器太利，差不多能把一切和它接觸的東西都切開，而冒犯了真理。因為真理常是整個的。」[31] 所以，林語堂反對理性、邏輯決定論，倡導整體、統一觀。在分析抗日戰爭勝負時，早在1938年林語堂就表示中國必勝，其至為重要的原因之一是「人」和「人

---

[30]　林語堂:《八十自敘》，第149頁。
[31]　林語堂：《從異教徒到基督徒》，《林語堂名著全集》10卷，第118頁。

的精神」。他說，假若依西方的邏輯、推理，中國早該投降，根本不該向日本宣戰，因為用邏輯推論的結果中國必敗。然而，事實上中國勝利了。可見，許多東西不是邏輯可以解決的。另一方面，林語堂又盛讚西方文化的巨大成就，這既表現在創造了豐富的物質財富和發展了現代化的生產力；又表現在自由、民主、法制、科學上取得的進步；還表現在對道德、人性的重視。比如，林語堂在《抵美印象》中盛讚美國，「美國物質方面，足使人們快樂一生」，「我素深信德模克拉西精神乃屬美國人之天性，而我又信改造世事亦必有賴於天性」，「你們得承認美國在日常生活方面，在日常所作之事方面，在社會觀念方面，在對待兒童與動物的態度方面，在為人屹然自立方面，在待人接物的禮貌方面，等等都比我們強。」[32] 林語堂還呼籲法制社會的到來，他借柳夫人的話說：「儒也好，法也好，我只知道，欲行儒道，必先行法。欲國家有禮義廉恥，必將不禮不義不廉不恥者下獄槍斃。單講仁義道德是無用的」，「西人是相信韓非的話，不期使人為善，只期使人不敢為惡。我想這就夠了」；「西方遇了貪官污吏，給他送入監牢，而遇了清官廉吏，卻不給他豎立牌坊。這是法家與儒家之不同，也是人治與法制之不同。」[33] 因此，林語堂對西方文化的優劣長短非常清楚。更為重要的是，他對東西文化融合的態度。他以世界文化一體化的眼

---

[32] 林語堂：《抵美印象》，《拾遺集》（下），《林語堂名著全集》第 18 卷，第 276-279 頁。
[33] 林語堂：《談螺絲釘》，《林語堂名著全集》第 18 卷，第 174-176 頁。

光，以平等的觀念，以宏闊的胸懷以及豐富的想像力將東西文化合二為一，希冀這兩種文化能達到接觸、理解、貫通及融匯。他說：「我最喜歡在思想界的大陸上馳騁奔騰。我偶爾想到有一宗開心事，即是把兩千年前的老子與美國福特氏（汽車大王）拉在一個房間之內，讓他們暢談心曲；共同討論貨幣的價值和人生的價值。或者要辜鴻銘導引孔子在麥唐納（前英國內閣總理）之家中而看著他們相視而笑，默默無言，而在杯酒之間得完全瞭解。這樣發掘一中一西之元始的思想而作根本上的比較。」[34] 這裏，林語堂打破時空界限，把東西方不同時期的代表人物請到一起，雖異想天開，但反映了其東西文化融合的方式 。實際上，林語堂是把東西文化看成兩個文化境遇的「元素」，但它們又都是世界文化不可或缺的組成部分。與此相關的是，對文學、意識形態林語堂也倡導多元整合的思維方式。比如，他倡導言論自由，文學風格多元化，提倡幽默、閒適，都與多元整合的思維方式有關。

那麼，林語堂如何把東西文化整合起來的呢？

一是「求同」的眼光，即尋求東西文化的相通點。我們知道，以魯迅、胡適為代表的中國現代先驅對待東西文化主要採取「求異」的眼光，努力尋找二者相異的部分，以求達到對國民劣根性的批判、改造，實現自由、平等的西方現代文化思想的追求目標。因之，魯迅等人主要從挖掘國民劣根

---

[34] 《林語堂自傳》，河北人民出版社 1994 年，第 32 頁。

性的視點審視中國傳統文化。林語堂則不同，他多從「同質」視角看取東西文化，在雙方的相互印證中獲得結論。比如，對自由，林語堂看到中國傳統文化中的自由精神，這主要表現在道家文化中，同時他又認為惠特曼、薩特等人是西方文化自由精神的傑出代表，對幽默、快樂人生等林語堂也都在東西文化中相互印證。即是說，林語堂偏於尋求東西文化中相同或相似的部分，從而確認與人類息息相通的共性存在。值得注意，這種「同質」文化的認同，林語堂是以「生命價值」作為衡定標尺的，是以人和人性的健康發展為前提的。從這個意義上說，林語堂對中國傳統文化的許多優質方面進行充分肯定就容易理解了，因為多元整合的思維方式要求林語堂採取「求同」的視角。論者一般總認為林語堂是對東方文化的全面復歸，其實不然，他既未完全肯定中國文化，又沒有徹底否定西方文化，而是以「求同」的眼光看取東西方文化的。因為他堅信：「大凡天理一也，古今中外，學理盡處相同，只要有膽識有見解，自然有東西相通之理。」[35]

　　二是「求異」的眼光，即探究東西文化的不同點。東西文化畢竟是兩種不同的文化，在許多方面它們都各有特點。林語堂曾專門著文《論東西文化與心理建設》等探究東西文化的差異。他認為西方文化最突出的特點之一是重理智、分析與推論，而「中國文化向來拙於理智，而富於情感，弱於分析，而強於綜合，故中國之科學析理，移物致知，卑之無

---

[35] 林語堂：《說瀟灑》，《林語堂名著全集》18 卷，第 375 頁。

甚高論，而獨於美術則擅長創造，登峰造極。」[36] 既然東西文化各有短長，那麼二者必須相互取長補短，以期使兩種文化趨於完善，因為他清醒地認識到：「實在文化接觸，貴在互相吸收。」[37] 對英國文化林語堂也情有獨鍾，認為中英兩種文化各有短長，應該相互取長補短：「我深信中國人若能從英人學點制度的信仰與組織的能力，而英人若從華人學點及時行樂的決心與賞玩山水的雅趣，兩方都可獲益不淺。」[38] 可見，林語堂對東西文化的理解是深透的，他站在世界文化一體化的高度來看取東西文化的差異。有論者說：「林語堂用中國士大夫的眼睛看西方文化，所以英語水平雖高卻往往看不到其最先進，最優秀，最具生命力的部分。」[39] 這種結論是武斷的，反映了論者對林語堂文化思想的隔膜。應該注意，林語堂非常強調在擇取東西文化時的態度。他既反對西方文化優勢說，又反對國粹派，更反對崇洋媚外，林語堂概括道：「今日大家思想仿效西洋，自然比庚子拳民進步，但是還未能做到東西文化真正批評之地步。一面妄自菲薄，一面盲目崇拜西洋，這是瞭解東西文化的精神上的障礙。」另外，林語堂批評那些對西方文化不求甚解的盲目崇拜者，認為他們瞭解西洋，只限於書本和道聽途說，沒有親身在西洋文化中耳聞目染，難免隔膜。林語堂將這些人概括為「洋

---

[36] 林語堂：《藝術的帝國主義》，《林語堂名著全集》18卷，第234頁。
[37] 林語堂：《藝術的帝國主義》，《林語堂名著全集》18卷，第234頁。
[38] 林語堂：《中國文化之精神》，《林語堂名著全集》13卷，第150頁。
[39] 林繼中：《文化對撞中的林語堂》，《上海文化》1996年第1期。

場惡少」，認為他們對東方思想根本不取確定態度，只取攻訐吐棄態度：「一方面對西洋文化也無認識，因為左派中人大都留日，並非留英留美，對英美及普通歐西文化尚隔閡，說起西洋文化，未免如小兒聽說外祖母家故事，惟有興奮，未有瞭解，所以這一派對於歐西文化，便像《穆天子傳》演說西王母的神話意味，到了西洋便是上西天極樂世界。」[40] 雖不能說沒去過西洋就不真正瞭解西洋文化，但卻仍然堅信不到西洋而能真正理解其文化是相當困難的，尤其對那些文化水準低，國學根基淺薄，不學無術的人來說更是如此。值得注意的是，中國現代許多作家多留學日本，這不能不影響他們對西方文化的接收，因為間接吸收確有其不足，就如有論者說的：「留學在日本的啟蒙思想家如梁啟超等人，大多以日本為視窗，或通過日本對西方文化的選擇根據中國社會的需要，進行一次再選擇，或直接接受已溶合西方文化的日本文化的直接影響，從而眼界受日本的限制。」[41] 林語堂在西方生活三十多年，對西方文化頗有感悟，所以他的座右銘是「兩腳踏東西文化，一心評宇宙文章」，表達了以世界文化眼光，對東西文化採取不偏不倚的態度。林語堂也自信地表示多年的西方社會生活對他的巨大影響，「西方觀念令我自海外歸來後，對於我們自己的文明之欣賞和批評能有客觀的，局外觀察的態度。自我反觀，我相信我的頭腦是西洋的

---

[40] 林語堂：《論月亮與臭蟲》，《林語堂名著全集》18 卷，第 395 頁。
[41] 何德功：《中日啟蒙文學論》，東方出版社 1995 年，第 53 頁。

產品，而我的心卻是中國的。」[42] 應該說，林語堂學貫中西，深得中西文化三昧，因之，他的文化選擇就顯得視野廣闊，態度溫和，心境平和，立論明確。如果把林語堂多元整合的思維方式放在中國現代文學史上觀照，而自然有不可忽視的作用。

綜而觀之，中國現代作家在對待東西文化的選擇上有兩種主要傾向，一是歐化，一是中國化。前者以李金髮為代表，後者以趙樹理為代表。如果將此作為一條線的兩極，那麼中國現代其他作家也都在這條線上，只是他們或偏於歐化，或偏於中國化。有些作家雖然也不完全否棄中國傳統文化（甚至對其優質多有褒揚），但總體而言，他們對中國傳統文化尤其對其劣質文化採取徹底的決絕的批判態度，而對西方文化較為嚮往，像魯迅、胡適、陳獨秀、巴金、老舍都屬此列。如魯迅深感中國傳統文化痼疾之深重，號召青年說：「我以為至少 ── 或者竟不 ── 看中國書，多看外國書」。[43] 魯迅還通過《采薇》、《出關》、《起死》等作品對儒道兩大體系進行考察 ，指出其內在的荒謬、虛偽，從而不無悲哀地宣示中國傳統人生哲學的終結。魯迅說：「與其崇拜孔丘關羽，還不如崇拜達爾文、易卜生；與其犧牲於瘟將軍五道神，還不如犧牲於 Apollo。」[44] 李大釗則認為：「中國文明之疾

---

[42]　《林語堂自傳》，河北人民出版社 1994 年，第 22 頁。

[43]　魯迅：《青年必讀書》，《魯迅全集》第 3 卷，人民文學出版社 1981 年，第 12 頁。

[44]　魯迅：《魯迅全集》第 1 卷，人民文學出版社 1981 年，第 39 頁。

病已達炎熱臻最高之度，中國民族之命運已臻奄奄垂死之期」，他疾呼，對於「從來之靜止觀念怠惰文明之態」必實行「根本掃蕩」。[45] 陳獨秀乾脆將中華民族列為「劣等民族」之列[46]。胡適更進一步說中國是「一分像人，九分像鬼的不長進民族」。顯然，魯迅等人傾向於向西方「優秀」文化看齊的。還有一些作家雖也從西方文化汲取精華，但更傾向於中國傳統文化，傾向於富有東方情調的文化，如葉紹鈞、冰心、王統照、沈從文、孫犁都屬此例。回顧中國近代史，有洋務與守舊、革命與立憲之爭，後來又出現「東西文化」的新舊、優劣之爭。應該說魯迅等現代先驅還未擺脫「東西文化」優劣的視點，因之，在文化選擇上仍存在「一元化」的傾向。林語堂則不同，他站在東西文化「鏈條」的中間進行審視。我們較少看到林語堂非常偏激地否定哪一種文化，也難看到，他全力以赴讚美哪種文化，他總是站在世界文化一體化的多元整合視角評判東西文化。長期以來學界對林語堂東西文化選擇之評價總是矛盾，甚至結論迥異：有人說他回歸了中國傳統文化，也有人說他簡直就是英國紳士，美國闊佬。之所以出現這種情況，大概與林語堂站在東西文化「鏈條」中間來審視、選擇東西文化有關。還有，林語堂倡導「語錄體」，即文言和白話融合，因此，林語堂的諸多散文隨筆都是用精美的「語錄體」寫成。五四新文化運動使文言已成

---

[45] 李大釗：《東西文明根本之異點》，載《新青年》第 5 卷，第 1 號。
[46] 陳獨秀：《東西民族根本思想之差異》，《獨秀文存》，安徽人民出版社 1996 年。

死去的語言，而林語堂又重新在白話中融入文言，也表明他
試圖將東西文化打通的文化選擇。當然，林語堂也並非對東
西文化不偏不倚，他在情感和審美上還是傾向中國傳統文
化，這就是為什麼對「生活的藝術」林語堂大寫特寫，而對
西方的科學、民主則並沒有全力倡導。但不論怎麼說，林語
堂在中國現代作家中，是較為健全地對待東西文化的一位，
即使在今天新儒學盛行之時，林語堂的東西文化多元整合也
很有意義。文化是整體和人類的，也是人性的，不論東方還
是西方文化，它們都是部分，都是可以吸收的成分，簡單地
說哪種文化先進或落後恐怕失之簡單。因之，林語堂的文化
理想是：「我們必須建立一個新世界，而東方與西方必須合
作起來建造它。」[47] 從這個意義上說，有論者對林語堂的判
斷就值得商榷，如陳平原說：「在建立世界文化理想上，林
語堂的東西綜合是失敗的。」[48] 這表明論者對林語堂東西文
化融合的立足點缺乏足夠的認識。

三、 和諧的美學思想

在林語堂看來，既然有冥冥「上帝」、「主宰」的統馭，
一切有章有法，合情合理，那麼作為生存其中的「人類」就
不能違背「上帝」或「主宰」的意志而自行其事。人類既要

---

[47] 林語堂：《〈中國的智慧〉序》，《林語堂名著全集》18 卷，第 360
頁。

[48] 陳平原：《林語堂與東西方文化》，《在東西方文化碰撞中》，第 34
頁。

追求與大自然、宇宙的和諧；又要追求人與人之間的和諧，還要追求人與自身的和諧，這是林語堂文化思想的重要方面，林語堂東西文化的融合也是建立在這一立足點上。

首先，林語堂闡明「和諧」是一種美，是文化的最高境界。他曾高度評價一位佚名藝術家畫的《秋林群鹿圖軸》，說它「精妙地傳達了天人合一的精神，中國人歷來都是以此為最高境界的。」[49]對天壇，林語堂也格外佩服，認為它是用色彩、形狀、線條和氛圍構成的一件美的藝術，是單個的中國藝術珍品美之極致。何以言之？林語堂的理論支點即是「和諧」，他說：「天壇對人們情感的震動，除了它的壯麗雄偉外，還來自其建築本身的比例合度，其色彩的完美及其與蒼天的渾然一體。」林語堂借朱麗葉‧布萊頓的話說：「只有此時此刻，你才能領悟到這樹叢與建築象徵了智慧、愛心、敬畏與無所不在的寧靜。神用這些啟示教育混沌無知的人類。」[50]對儒家文化，尤其對「仁」的理解，林語堂也以「和諧」為基礎。他說：「『仁』或真人性，在道德感的形勢上，是以人的內心和外在的宇宙的道德相和諧為基礎。當這個『真義』實現時，使『天地位焉，萬物育焉』。這就是儒家的哲學基礎。」[51]林語堂甚至直截了當地說：「我想文化之極峰沒有什麼，就是使人生達到水連天碧一切調和境地

[49] 林語堂：《輝煌的北京》，《林語堂名著全集》25 卷，第 259 頁。
[50] 林語堂：《輝煌的北京》，《林語堂名著全集》25 卷，第 165-166 頁。
[51] 林語堂：《從異教徒到基督徒》，《林語堂名著全集》10 卷，第 102 頁。

而已。」[52] 林語堂對和諧美學理想的追求自覺清醒,「和諧」
成為他衡定文化、歷史、人生及文學、藝術的重要甚至最高
標準。由此,我們就容易理解林語堂作品的審美風格,即人
與自然的諧和,人與人的諧和,人的內心世界的諧和。不論
天地自然如何變化,人生社會如何變故,林語堂筆下的「人
物」總是處亂不驚,自得其樂,安命知足,保持著心靈的寧
靜與達觀。

其次,對無視「上帝」、「主宰」旨意而任意妄為者,
林語堂是否定也是擔憂的。他認為:「跟自然鬥爭是愚蠢的。
甚至大炮也不能跟自然鬥爭。」[53] 因為大自然自有其內在規
律,自有其「主宰」存在。人只能順應自然、宇宙的變化規
律,並利用它為人類服務。像《京華煙雲》中的姚木蘭,她
對傅先生命算的婚姻是順應,不作抗爭的,因為木蘭深知天
地宇宙有其不可違抗性。當然,林語堂並非認為人必須聽命
於「上帝」或「主宰」的安排,成為被驅使的奴隸,而是可
以改造自然、社會的,只是不可違天逆命而已。他說:「或
以逆天為言,然制天非逆天。洪水亦是天,災旱亦是天,然
開浚河道,多種樹林,以制旱災,未必便是逆天。霍亂亦是
天,鼠疫亦是天,不飲冷水防霍亂,種牛痘防天花,未必便
是逆天。人類文明之進化,在於以人制天。」[54] 林語堂還注
重從生物學視點理解人類文化,認為「人」首先是動物,他

---

[52] 林語堂:《今文八弊》,《林語堂名著全集》18 卷,第 115 頁。
[53] 林語堂:《中國人與日本人》,《林語堂名著全集》15 卷,第 34 頁。
[54] 林語堂:《節育問題常識》,《林語堂名著全集》18 卷,第 246 頁。

必須與其他動物（甚至生物）一樣遵循自然的生存、變化和發展秩序，而不能違背人的生物機能任意妄為。如對美國女權主義極端化的發展，尤其對美國許多男人在科學主義之下代女性懷胎生子一事，林語堂認為是違反人性，違反陰陽諧和的自然天理的。看來，林語堂倡導的是尊重天地間的自然秩序，一切聽任於自然宇宙的變化規律，聽任「上帝」的無聲命令，而個人必須融化到這大自然的秩序中，同時又要發揮自身的主觀能動性。

林語堂強調冥冥天地「主宰」下的「和諧」，並不否認矛盾衝突，相反，他強調「矛盾」的正當性與必要性，承認世界、自然、人生處處充滿矛盾，並認為假若一個人本身不存在矛盾，那麼這個人就沒有研究的價值，也沒有多少深刻性可言。「矛盾著」才是事物的真實面貌，才是魅力之所在。問題是如何對待和解決這些矛盾。林語堂不像有些中國現代作家試圖用「革命」、「暴力」來解決，而是認為極少數的矛盾需用外力解決，更多的要靠人自身解決，換言之，靠自身的心靈去調劑和安妥。人必須有一個能產生「和諧」的心靈，然後方能在萬象繁複的矛盾衝突中求得「寧靜」與「平和」，以達到與宇宙萬物及自身的融合。以往我們有兩種出入很大的意見：一，林語堂是一個沒有煩憂，沒有衝突，自得其樂的作家，二，林語堂是一個處處充滿矛盾，思想混亂的作家，而且論者對林語堂多採取批判的態度。如果從微觀說，這兩種意見是有道理的，但整體地審察，我們認為這兩種意見將整體的林語堂分割開了。其實，林語堂具有兩面性，一是矛盾與複雜性，二又是和諧與寧靜，或者說，林語

堂是在承認矛盾的合理性和價值定義基礎上尋求和諧的。比如，林語堂讓孔子與福特氏會晤，一個是人文主義者，一個是科學技術主義者，二人確有矛盾，但林語堂相信二人可以在杯酒之間相視而笑，和諧相處。所以，不能因為林語堂存在諸多矛盾而否認其統一性與和諧性，也不能因林語堂的和諧寧靜而忽視其矛盾性前提，否則就很難理解林語堂的深刻性，也很難理解林語堂快樂感和幸福感產生的基礎。林語堂如一個嫻熟的船夫，雖身處汪洋，但他理解大海的習性，因之，小船能夠安全地漂泊，天、海、船、人構成一幅水連天碧的和諧圖景。

　　林語堂和諧的美學理想在中國現代文學史上是少見的，值得充分注意。總體而言，中國現代作家處於中西文化撞擊的夾縫中，大多數作家都有著強烈的外部矛盾和內心衝突，他們以救國啟蒙為己任，有著濃郁的焦慮情結。尤其是許多作家在科學思想的指導下，破除迷信和偶像崇拜，把視點定在「人」這個根本點，從而產生了中國現代新文學。但應該承認，他們在把偶像打倒時，也把心靈的和諧與平靜拋卻了。魯迅是個無神論者，也是個宗教感較淡的作家，他反對偶像崇拜，倡行科學、民主、個性，但他一生卻處在心靈的矛盾、焦慮狀態，難尋一處平靜的港灣。郭沫若雖生長在峨嵋山下，早年也推崇過老莊，並倡導泛神論思想，但他卻是個「自我」主義者，他反對偶像，否認上帝的存在。他說：

「我崇拜偶像破壞者，崇拜我！」⁵⁵「藝術家不應該做自然的孫子，也不應該做自然的兒子！是應該做自然的老子！」⁵⁶郭沫若強調說：「上帝即我」，「我即上帝」。周揚在評判郭沫若的《女神》時認為：「這個自我佔據了宇宙的中心，不，簡直就是宇宙，宇宙的真宰」。「這個我應用最大號的字來寫，最高的聲音來歌唱。」⁵⁷應該說，在反對迷信與偶像崇拜時，呼籲「個性」與「自我」是非常必要的，這是肯定人，張揚人性的關鍵所在。但是，郭沫若因為「自我」、「個性」的放大，卻又忽略了「和諧」與「寧靜」，忽略了「人」與天地自然的某些依存與敬畏。郭沫若靈魂的震顫，情感的一瀉無餘，抒情節奏的急峻，文筆的粗獷都與此相關吧？當然，在中國現代文學史上還有一些作家追求「和諧」的，沈從文、孫犁、周作人、豐子愷、許地山可屬此例，甚至許地山與豐子愷屬於宗教感較強的作家，但他們不像林語堂那樣「上帝」、「主宰」的觀念異常強烈，充滿自覺的理性認識，尤其缺乏林語堂的多教融化思想，因之也就缺乏宏闊性與明朗性，其「和諧」審美思想也就缺乏某些神聖感與清晰度。

「和諧」是一種清明透徹和天地一鏡的境界，羅曼・羅蘭把它視為畢生追求的夢。在中國傳統文化中它以「天人

⁵⁵ 郭沫若：《我是個偶象崇拜者》，《郭沫若選集》2 卷，四川人民出版社 1980 年，第 70 頁。
⁵⁶ 郭沫若：《自然與藝術》《郭沫若全集》15 卷，第 215 頁。
⁵⁷ 周揚：《郭沫若和他的〈女神〉》，《郭沫若研究資料》（中），中國社會科學出版社 1986 年，第 208-209 頁。

合一」為基礎，在西方文化中以基督教「上帝」觀念為前提。「和諧」是一種崇高的美，尤其對文學家與藝術家更是如此，世界許多文學大師都以強烈的宗教感追求「和諧」，雨果、華茲華斯、托爾斯泰都是如此。聽從「上帝」的旨意，在紛紜世事中尋得和諧與安寧，使人類享受福祉，這是林語堂和諧美學理想對中國現代文學的重大貢獻。

　　林語堂的「上帝觀念」和「東西文化融合觀」並非盡善盡美，它也有不少局限性。一是不顧時代、社會與政治環境，一味倡導他的文化理想。如果從文學、藝術、宗教和文化的立場，尤其從林語堂自身的文化觀來看，「上帝」與「主宰」及「和諧」自有其重大意義。但 20 世紀前半期的中國社會現實畢竟如魯迅所言：「風沙撲面，狼虎成群。」當時國內外戰爭頻仍，黎民百姓流離失所，人們的生命尚朝不保夕，要奢談「和諧」、「上帝」、「主宰」確實有點不識時務，甚至與時代脫節。難怪以魯迅為代表的中國激進作家對林語堂口誅筆伐。而林語堂卻不顧這些，執拗地宣稱他只論是非，不看時代。這裏，我們既要理解林語堂的獨特視角和觀念，肯定其價值意義，又要看到其時代感，社會意識，尤其是階級意識的淡漠。二是過分強調「人」的生物性而忽視「人」的社會、文化能動性。肯定「上帝」主宰下的自然法則是對的，但如果把人的生物本能誇大就有失偏頗了。比如，林語堂認為女性首先是「女」性，它要以成婚、生育、家務為前提，儘管有的女性可與男子一樣成為名人、偉人，但大多數女子要以其「女」性為立足點。基於此，林語堂認為「生育」對女子尤為重要，一個女子不婚、不育（指主觀意願上），

那她就違背自然天理，這是有道理的。問題是林語堂進一步引伸說，一個結婚而不要孩子的女子是不道德的，而一個未婚女子作了母親卻是神聖的。林語堂還說，女性知識的豐富當然是向理想女性的靠近，「但我敢打賭，我們不會有（正如我們不曾有）世界著名的女鋼琴家和女畫家。我確信，她燒的高湯比她寫的詩歌味道更好。她真正的巨著是個臉蛋圓圓的小男孩。」[58] 這裏，林語堂忽略了社會、文化的作用而過分誇大生物本性和自然法則的威力。即使世界未出現女鋼琴家和畫家（何況這是值得商榷的），那也主要是因為文化的男權中心主義，而不是女性的性別角色所致。三是把「唯心」放在「唯物」前面。林語堂是個非常重視「物質」、「科學」的作家，但他更重視「精神」、「情感」、「心靈」、「直覺」，這與他的「上帝」宗教情懷相關。問題是有時他過分強調「心」的力量，而無視「邏輯」、「推理」的價值。如林語堂較少讚美西方的嚴密邏輯、推論對科學技術的巨大作用，對人類文明的偉大功績，相反，他每每批評、指斥西方邏輯的弊端，極力推崇東方文化的「感悟」與「直覺」。林語堂曾這樣描寫和推崇女性的直覺：「女子的理智思想比男人實在。她們適應環境，當機立斷的能力也比我們好。也許她們的主張說不出理由，但是她們的直覺是不會錯的。」[59] 這種看法自有其道理，但也有誇大女性直覺的不足。

---

[58] 林語堂：《女子教育》，《中國人》，浙江人民出版社1988年，第131頁。
[59] 林語堂：《我喜歡同女人講話》，《林語堂名著全集》15卷，第129頁。

第二章 探尋人的本體意義

── 林語堂的人生哲學

　　人類在其發展過程中一直沒有停止對人生與世界的探求，但因諸多因素的差異，其人生哲學也表現出不同的形式，大致說來，可分為神學人生哲學、思辯人生哲學和現實人生哲學。所謂神學人生哲學，主要指在處理「神」、「人」關係時，將「神」視為「中心」，而將「人」視為依附，從而寄望天國的富華與幸福，否定人生現實的價值與美好；所謂思辯人生哲學是指在現實人生之外，構築一個集真、善、美為一體的抽象的精神世界，從而否認現實世界的本體地位與意義存在；而現實人生哲學則否認將人類幸福建立在天上或精神的抽象中，而是著眼於現世生活與「人」本身。隨著時代的發展，人們越來越傾向於現實人生哲學，把目光投諸到「現實」與「人生」中來。「五四」開始的中國新文學就是在這一背景發現「人」和現實的「人生」，魯迅等先驅都不遺餘力倡導人的解放，追求人的價值與意義的真正的實現，因之，「為人生」曾一度成為「五四」新文學和新文化的主旋律。

　　林語堂作為中國現代新文學中不可或缺的作家、思想家和文化人之一，他和其他先驅一樣全力倡導現實的人生哲

學，思考著人類的美好、幸福、快樂的價值意義，只是對比
魯迅等人，林語堂的現實人生哲學與眾不同而已。簡言之，
林語堂的人生哲學有如下特點：一是投諸了更多時間、精
力、感情與心血，他的小說、散文和雜論總離不開他的人生
哲學視點，他畢生都在思考人類如何快樂和幸福的問題，尤
其是林語堂用《吾國與吾民》和《生活的藝術》兩本著作集
中論及人生哲學更值得注意。二是思考問題的視角與興趣中
心不在政治、經濟、思想及理想等，而是貼近生活、生命和
真美善等，尤其直逼人的快樂、幸福這一本源問題。從中可
以理解林語堂對世界與人生的獨特觀照方式和美學價值取
向。

一、生命的悲劇底色

　　C‧P‧斯諾曾說過：「我認識的科學家多半認識到，我
們每個人的個人處境都是悲劇性的。我們每個人都是孤單
的，有時我們通過愛情或感情或創造性要素來逃避孤獨，但
生命的喜悅只是我們給自己造成的聚光點，道路的邊緣依舊
漆黑一團，我們每個人都將孤零零死去。」[1]作為對生命有
著更敏銳感悟的作家、思想家更是如此。遠的不說，以魯迅、
周作人、巴金、曹禺、馮至為代表的中國現代作家都有著對
生命尤其是悲劇性生命的深切感悟與表達。某種意義上說，
正是生命的悲劇底色成為這些作家乃至其作品價值、意義的

---

[1]　C‧P‧斯諾《兩種文化》，見《中國文化》第 1 輯。

深刻根源。作為其中的一員，林語堂對生命的悲劇性質也有著清醒、充分而深刻的認識。透過詩化的語言，歡快的情調和健朗的心緒，我們分明感到林語堂骨裏的悲劇生命體驗，就如同傾聽一曲山鄉牧歌，即使是清明的河水，鮮美的花朵和悠悠的白雲也包裹不住那絲絲縷縷的悲涼與憂傷。然而，長期以來，學界卻不做如是觀。人們普遍認為，林語堂與深刻、厚實無緣，在肯定他介紹翻譯中西文化的嘗試之功和其作品的某些藝術價值外，差不多把林語堂與「輕巧」、「小氣」，甚至「淺薄」與「庸俗」等字眼相聯。陳平原認為：「林語堂作品顯得過分輕巧 —— 一種對歷史文化的隔膜而產生的『淺』與對現實人生的冷淡而產生的『薄』。」從而「使他沒有達到應有的思想深度。」[2]顯然，這與林語堂的真實人生境遇及作品的豐厚內蘊極不相符，反映了學界與林語堂的隔膜和對他的誤讀。

　　生命像一條河，它在每個人的體內流淌，儘管它如血液般無聲無息。某種程度上說，文學是寫人的，當然也是寫人的生命的。林語堂一生重視生命，愛惜生命，並把「生命」作為自己思考問題的關鍵，林語堂這樣看待生命的價值意義：「其實說得淺近點，科學無非是對於生命的好奇心，宗教是對於生命的崇敬心，文學是對於生命的歡賞，藝術是對於生命的欣賞。」[3]林語堂本人一生即是用自己的生命、文學和文化事業譜寫了一曲動人的生命之歌。而且，這首生命

---

[2]　陳平原：《在東西文化碰撞中》，浙江文藝出版社，第 81、33 頁。
[3]　林語堂：《我的信仰》，《林語堂名著全集》18 卷，第 336 頁。

之歌有著對生命的悲劇性體驗與理解，反映了作家內心深處對世界和人生的深刻洞察。在林語堂看來，社會、人生、現實是悲劇式的：「人生是殘酷的，政治是污濁的，而商業是卑鄙的。」[4]而且，林語堂更多的是將生命的悲劇性視為一種天然的，本質的存在。概括說來，林語堂的悲劇生命體驗主要表現在三個方面：一是「死亡情結」；二是人生的戲劇化；三是感傷的抒情基調。

　　「死亡」作為人生的完成式在人的一生中有著十分重要的地位，換言之，從一個人對死亡的態度和其死亡方式上我們亦可見出他的思想、觀念、價值、心態及情感諸方面的內容。尤其偉大的作家對「死亡」都有自己的理解，即使像孔子在談「未知生，焉知死？」時，也表明了他的人生觀，即對「生」的執著和對「死」的無知與畏懼。林語堂對孔子的「死亡」觀念顯然並不滿足，而是對「死亡」表現出一種勇敢、達觀與探究的態度。在眾多作品中，林語堂並不避及「死亡」字眼，相反，通過對「死亡「的思考與追問既表達了他對死亡的看法，也表達了他的生命意識與人生哲學。有趣的是，林語堂在他的十多部小說中，幾乎篇篇涉及「死亡」問題。作品中寫到的死亡人物有：馮紅玉、姚太太、姚體仁、銀屏、阿滿、曾平亞、孫曼娘（《京華煙雲》）；博雅、陳三媽（《風聲鶴唳》）；杜忠、杜范林、杜祖仁（《朱門》）；保羅（《奇島》）；費庭炎、金竹（《紅牡丹》）；甘才（《賴

4　林語堂：《吾國與吾民》，《林語堂名著全集》20卷，第310頁。

柏英》）；……。初看起來，這些人物在作品中多是次要角色，對故事和意義並未起到決定性作用，因之，長期以來極少有人注意這個問題。其實，綜合考察林語堂作品中的許多「死亡」人物，尤其將之與林語堂的死亡觀念相參照，我們會發現上面提及的人物具有不可低估的價值意義。「死亡」在林語堂的文化本文中是一個「情結」，它既在作品中影響結構關係和抒情基調，也反映了作者的生命底色及文化觀念。可以說，「死亡情結」是潛隱於林語堂文化觀念、人生哲學中的一股潛流。並且，通過對「死亡」的充分理解，林語堂對人生的認識更加深切內在。

　　首先，死亡使得生命更為匆促、短暫。綜而觀之，林語堂筆下的「死亡」人物幾乎都不是善終的，他們大多是夭亡或未婚而終，甚至還未成年即撒手人間的人物占絕大多數。馮紅玉、姚體仁、銀屏、阿滿、平亞、保羅都是這樣，他們尚未享受到人生的諸多歡樂與悲傷，還未把自己的愛戀與生命奉獻給人們，就像一枚花的蓓蕾，尚未來得及開放就凋落在一陣秋風裏。另外，像博雅、杜祖仁、費庭炎、金竹、甘才這些人雖已經結婚，但他們年富力強，正當生命當年，萬事萬物才剛剛開始，理想之光還在前面閃耀，他們多數人還未享受作人父的光榮就匆匆離世。即使年長的亡者像姚太太、孫曼娘、杜范林、杜忠和陳三媽，他們多也不壽，年紀僅在五十上下。指出林語堂筆下亡者形象的「短命」特徵非常重要，但更重要的是透過這一現象我們可以體會林語堂的死亡觀念，即人生的短暫，生命的有限以及歲月的珍貴。林語堂對此有清醒的認識，他說：「我想顯示一些異教徒世界

的美，顯示一個明知此生有涯，但是短短生命未始沒有它的尊嚴的民族所看到的人生悲哀、美麗、恐懼和喜樂。」⁵可以說，林語堂用他的文學方式感知生命的無常與短促，在形象而生動地表達了中國文化「人生易老，天難老」的母題時，又有著自己的獨到視點，即人生的異常虛幻，生命的極其脆弱，它像一絲灰網，稍有風吹就會煙雲俱散。這是一種對人生、生命更細膩更敏銳的悲劇感受。

其次，死亡映襯了生命是何等廉價和空乏！林語堂筆下人物的死亡多是平淡無奇的，具有很大的偶然性，即使死而有因也缺乏豐富的政治、社會、歷史、思想和文化內容。比如魯迅筆下的祥林嫂、子君，曹禺筆下的四鳳、周萍，巴金筆下的鳴鳳、瑞珏、汪文宣等形象之死亡就寓存著政治、經濟、社會、思想、歷史和文化的深厚內蘊，從中我們可以看出封建思想文化的深遠背景。林語堂往往從自殺、疾病、天災人禍三個角度來描繪人物的死亡。馮紅玉、銀屏、博雅、孫曼娘屬自殺，他們或為愛情，或為自尊（金竹雖是病死，但也為失戀抑鬱所致）；姚太太、曾平亞、陳三媽、杜忠、費庭炎則因疾病而死，他們多是具有偶然性；姚體仁、杜范林、杜祖仁、甘才、保羅、阿滿或死得偶然或被殺，他們的死亡都帶有某些滑稽性。如體仁騎馬遇難，杜范林父子落水而死，保羅因與島民誤會而身亡；甘才因執拗而被散兵擊斃。可以說，林語堂筆下的人物死得真有點不明不白，無崇

5　林語堂:《生活的藝術・自序》，北方文藝出版社 1987 年，第 1-2 頁。

高感，也沒有深刻性可言，更看不出含了階級、歷史、文化
的意義。在林語堂看來，偶然的衝動，熱烈的情意，疾病襲
擊，甚至誤會和疏忽，都可能造成死亡，一個活生生的生命
也就宣告終結。在林語堂看來，生命的壽終與自然死亡倒是
正常的，甚至是快慰的，但夭折卻是不幸的，反映了人的生
命多麼廉價！另外，林語堂筆下人物的死亡並不具有普遍的
悲劇意味，除了博雅和阿滿的死有某些悲感和崇高外，其他
人的死多是微不足道的。保羅被奇島居民殺死後，很快在人
們中消失了，甚至連他的同行（又是戀人）尤瑞黛也很快把
他從記憶中抹去了。島上的風光綺麗絢爛，重新相戀的激情
如火如荼，保羅就像未曾來這個世界走一遭一樣。杜范林父
子一是市長，一是才華橫溢的留學生，曾幾何時，他們威風
赫赫，舉重若輕，享盡人間豪華，但一次失足落水竟命歸西
天，而祖仁的妻子很快就另有他愛了。還有甘才，這個老實、
巴腳、木訥而又勤勞的農民只因不順從散兵意願就被打死
了。作為敘述人和作者林語堂對甘才的死有些漫不經心，而
甘才妻子賴柏英也是如此。這裏並不是指摘林語堂與賴柏英
及敘事人過於冷酷無情，而是指出林語堂的「死亡」觀念：
「生命」與「死亡」在現實世界是那樣微不足道！人的生命
就如路邊的一棵小草，一朵野花，一隻蟻蟲，它們隨時都可
能被無情地踐踏、毀滅，這又有什麼大驚小怪的？林語堂曾
對魯迅之死如此感慨：「夫人生在世，所為何事？碌碌終日，
而一旦瞑目，所可傳者極渺。若投石擊水，皺起一池春水，
及其波靜浪過，復平如鏡，了無痕迹。惟聖賢傳言，豪傑傳
事，然究其可傳之事之言，亦不過聖賢豪傑所言所為之萬

冀，她多麼捨不得離開這個世界，同樣是「死亡」，但它已不顯得多麼可怕了。林語堂在暮年黃昏也常常心事重重，面帶憂傷，這並非是他對死的畏懼，相反，他對死是通達的：「我的筆寫出了我胸中的話。我的話說完了。我就要告辭。」[8]但林語堂捨不下人生，捨不下曾給他帶來諸多歡欣和苦痛的這個人世。此時，他變得常常流淚，尤其遇上風和日麗的天氣，聽到山中的鳥鳴，手握曾經遍覽的書卷，他總是禁不住流淚。林語堂曾感歎：「生命，這個寶貴的生命太美了，我們恨不得長生不老。」[9]正是對「死亡」的感知，才使林語堂理解到生命之短暫，因之，每個人必須緊緊地抓住屬你自己的生命之光。

　　舞臺小世界，世界大舞臺。人生對其個人來說，或許會呈現很大的差異，有著這樣和那樣的色調，但本質而言，它都是「舞臺」，每個人都在其間扮演著一個角色。因之，人生、世界只不過是一場戲一場鬧劇而已。這是林語堂生命悲劇底色的又一表徵。明代屠隆在為自己的劇作《曇花記》作序時寫道：「世間萬物皆假，戲文假中之假也。從假中之假而悟諸緣皆假，則戲有益無損。」此言雖未必全對，但從中可見「世間」、「人生」與「戲劇」的某些內在關聯。之所以人們將二者聯繫起來，可能是「世界」和「人生」確實表現出某些戲劇特色。一是荒誕的主題。戲劇總體而言，多表達了一些令人驚奇，甚至荒誕不經的事情，而人生中的諸多

---

[8]　林太乙：《林語堂傳》，中國戲劇出版社 1994 年，第 286 頁。
[9]　林語堂：《八十自敘》，第 71 頁。

內容也是如此。比如生與死，工作與睡眠，說話與行走都讓
我們難以說出其中的原因與奧妙，好像是上帝有意捉弄人；
二是舞臺性。人生與戲劇舞臺一樣，為每個人提供了表現自
己的場所，如日本首相走馬燈似的更換誰能說不是他們在人
生的舞臺上依次亮相呢？三是扮演性。戲劇角色是暫時的，
而一旦卸裝演員就回到生活中了，而人生角色也是如此，每
個人都是一個角色，日本首相下臺後不是又回到生活中了
嗎？從這個意義上說，屠隆的關於「世間」與「戲文」的微
妙關係就容易理解了。林語堂正是站在這個角度將人生看成
一場滑稽的戲劇：「大概世事看得排脫的人，觀覽萬象，總
覺得人生太滑稽，不覺失聲而笑。」[10]基於人生的滑稽與荒
唐，林語堂倡導一種冷眼看世界，凡事不可過於認真、執著
的人生態度，否則就是糊塗，就是不明人生真味的俗人。他
說：「人生比如一出滑稽劇。有時還是做一個旁觀者，靜觀
而微笑，勝於自身參與一分子。」[11]這顯然與「貴在參與」
等人生觀不同，從中可見林語堂一生與「社會」、「黨派」、
「團體」相疏離，而且身居內室，著書立說，成為一個自由
文人的深層動因。因此，林語堂有著十分清醒、達觀的人生
態度：「他在那人生舞臺閉幕時，也應該可以心滿意足地由
座位立起來，說一聲『這是一齣好戲』而走開吧。」[12]「宇
宙是無知，人生是笑話，是無意義的。但是要靠你自己的選

---

[10] 林語堂：《會心的微笑》，《林語堂名著全集》14 卷，第 156 頁。
[11] 林語堂：《吾國與吾民》，《林語堂名著全集》20 卷，第 334 頁。
[12] 林語堂：《生活的藝術》，北方文藝出版社 1987 年，第 29 頁。

擇，『造出』人生的意義。」[13]林語堂還把「戲劇人生觀」
作為觀察人、事的標尺，這樣，有些荒唐之事則變得非常必
要與合理了，而另一些事情看去非常「正確」實則是荒謬和
違反人性的。如對西方一年一度的「愚人節」，林語堂進行
了哲學意義的思考與理解：「老子言『大智若愚』，袁中郎
作《拙效傳》，皆未道及此層要理。若夫謂世界一大戲場，
生死一場把戲，則西洋曲家薩士比亞及中國小說家早已言
之，其理解與此較近。苟知世界一大戲場，則一年一次互相
愚弄以歸真返璞，復何憾焉？狂歡之『玄秘意義』在此。」
[14]這種解說頗有新意。對葬禮和婚禮，林語堂也獨具隻眼，
他說：「葬禮有如婚禮，只應喧嘩鋪張，沒有理由認為非嚴
肅不可。肅穆的成分在浮誇的衣袍裏已有蘊含，其餘皆為形
式 ── 鬧劇。我至今分辨不出葬禮與婚禮儀式之不同，直到
我看到一口棺材或一頂花轎。」[15]倘使將這兩種相去霄壤的
民俗形式用「人生戲劇」的生命體驗去觀察，林語堂的看法
既不可笑，也非危言聳聽，而是意味深長的，就好似曹雪芹
在《紅樓夢》那首《了字歌》給人的啟迪一樣。林語堂還曾
對忽必烈入主中原後禁賭的法令不以為然，認為與忽必烈不
瞭解中國文化有關。他說，忽必烈「這種反常態度與一個發

---

[13] 林語堂:《從辜鴻銘說起薩爾忒》，《林語堂名著全集》16 卷，第 430
　　頁。

[14] 林語堂:《跋眾愚節〔字林西報〕社論》，《林語堂名著全集》17 卷，
　　第 157 頁。

[15] 林語堂:《幽默》，《中國人》，郝志東、沈益洪譯，學林出版社 2001
　　年，第 80 頁。

明了紙牌、骨牌、象棋、麻將的民族的精神氣質格格不入。
對賭博之偏見基於一種對生命，特別是對人生的無知。忽必
烈可能根本不明白這種人生哲學，他沒有認識到生命本身就
包含許許多多意想不到的把戲，以為事情總以人的意志為轉
移。」[16]這一見解籠統講有些荒唐，但站在林語堂的人生哲
學角度看又是順理成章，多有深意。試想，人生的諸多作為，
如事業的選擇，戀愛婚姻的決斷等，在林語堂看來，又有哪
一種不是具有「賭博」性質？在此，賭博已非貶意，而是一
種人生本相了。魯迅曾批駁中國文化的劣根性與腐朽性，指
出其虛妄的本質，以增強青年人的分辨能力。而林語堂則指
出人生、世界以及意義的荒唐與虛妄，希望青年人對社會、
黨派、團體、人生、理想等不要盲從、狂熱，以避免成為傀
儡和工具。在此，我們並不試圖對林語堂的「戲劇化」人生
觀進行功過得失評價，只想指出林語堂生命悲劇底色的「人
生是一場戲」這一命題，並認為林語堂這一觀點自有其合理
性。

　　林語堂生命悲劇還有一個特點，即憂傷的抒情基調。如
果說魯迅、巴金、曹禺、郁達夫、沈從文、艾青、許地山、
蕭紅等是孤獨感較強的中國現代作家，恐怕無人提出異議。
可是對林語堂人們並不這麼看，認為林語堂的生活及創作都
呈現明朗的樂觀情調。如陳平原說過：「中國古代閒適並不
是純然閒適，而是其中有苦有憂有愁的，而林語堂顯然沒有

---

[16] 林語堂：《輝煌的北京》，《林語堂名著全集》25卷，第218頁。

認識到這一點。」[17]這是對林語堂的誤讀。林語堂的樂觀與明澈僅是一方面，甚至不是主要的，統一他人生與文學創作始終的主調是憂傷，只是這感傷的抒情基調與眾不同罷了。

首先，林語堂的抒情具有複調性質，就是說歡樂與悲傷共在，歡樂形於外，而憂傷質於內。這表現在如下方面。一是在看似歡樂的格調下潛隱著憂傷。林語堂的許多作品看似歡樂和積極進取，但其中隱含著深在的悲感。在《詩樣的人生》中，林語堂寫道：「正常的人生是會保持著一種嚴肅的動作和行列，朝著正常的目標前進。在我們許多人之中，有時震音或激越之音太多。因此聽來甚覺刺耳；我們也許應該有一些以恒河般偉大的音律和雄壯的音波，慢慢地永遠地向著大海流去。」[18]在自信與堅定中寓存著豪邁與悲壯。二是歡樂與憂傷相合，歡樂中滲合憂傷，感傷中洋溢達觀快樂。林語堂寫秋天，寫秋天的成熟與美，而同時又感懷生命的易逝與死亡的逼近：「很快便到了晚秋，名目繁多得無以復加的菊花在隆福寺和廠甸同時上市，正陽樓的螃蟹又肥又香。草木已變得枝葉乾爽鬆脆，正像歲月在老人身上帶來的變化一樣。」[19]這裏，秋天的豐盛、成熟與老人生命的消損相混雜，「枝葉乾爽鬆脆」與老人生命之間仿佛架起一座橋梁，一股悲感油然而生。這裏豐獲與失去也仿佛一身二物，從而

---

[17] 陳平原：《林語堂與東西文化》，《在東西文化碰撞中》，第 46-47 頁。
[18] 林語堂：《詩化的人生》，《生活的藝術》，北方文藝出版社 1987 年，第 39 頁。
[19] 林語堂：《輝煌的北京》，《林語堂名著全集》25 卷，第 25 頁。

將喜悅與悲感相融合。三是悲感明顯佔據著主調。在《悼魯迅》中林語堂直抒胸臆，在頌揚魯迅偉大戰鬥的一生時，又表達了生命的悲劇感受。因此，林語堂多是將快樂與悲傷混合來寫，在一種相互對照與補充中表明對生活、生命的複雜感受。總之，林語堂的歡樂中包裹著用水也難以洗去的悲哀底色。

其次，林語堂的憂傷非常淡雅，其表達方式也是採取曲曲的渲染方式，具有徐徐緩緩的特點。我們知道，魯迅、巴金、郁達夫、艾青、徐志摩的感傷在作品中表現相當濃烈，甚至濃得化不開，其抒情方式也是直抒胸臆，一泄千里式的。像魯迅的《傷逝》開首即寫涓生的懺悔、傷感之情：「如果我能夠，我一定寫盡我的悔恨和悲哀，為子君為自己。」艾青對大堰河保姆的抒情中那份感傷不可抑止，還有徐志摩的《別康橋》也是如此。應該承認，魯迅等作家這種感傷方式具有真摯、熱烈、明快而簡凝的審美效果，而林語堂則不同，他的感傷方式在內在的底蘊中有著從容的韻致和細膩的體味。林語堂曾寫道：「我們的生命總有一日會滅絕的，這種省悟，使那些深愛人生的人，在感覺上增添了悲哀的詩意情調，然而這種悲哀卻反使中國的學者更熱切深刻地去領略人生的樂趣；這看來是很奇怪的。我們的塵世人生因為只有一個，所以我們必須趁人生還未消逝的時候，盡情地把它享受。如果我們有一種永生的渺茫希望，那麼我們對於這塵世

生活的樂趣便不能盡情領略了。」[20]可見，林語堂的悲感與
魯迅等人的痛快淋漓不同，它如同水綿綿密密地滲透。所
以，讀林語堂的作品沒有輕鬆、淺薄之感，相反，它那貫通
一體的感傷情調深深敲打著靈魂，於是，讀者可以在甜美歡
樂裏細細品味孤獨苦澀的心靈。在《吾國與吾民》結尾，林
語堂引辛棄疾的詞表達心境道：「少年不識愁滋味，愛上層
樓，愛上層樓，為賦新詞強說愁。而今說盡愁滋味，欲說還
休，欲說還休，卻道天涼好個秋。」是的，「欲說還休，欲
說還休」，這是林語堂難以言說的內心世界。

　　通過以上的分析，人們或許再也不會簡單給林語堂貼上
這樣的標籤：他只是一位「只有快樂、閒適而顯得輕巧與淺
薄」的作家。實際上，林語堂不僅有異常強烈的生命意識，
而且對生命的體悟有濃郁的悲劇意味。那麼，林語堂怎樣產
生了生命的悲劇意識呢？

　　首先，林語堂個人的經驗性體會有某些悲劇意味，這是
他悲劇生命底色產生的基礎。林語堂生在 1895 年，他的大
部分時光都處在舊中國內憂外患的悲劇情境中，所以民族的
苦難對林語堂是有相當大的影響。但與魯迅等作家不同的
是，林語堂較少談到「民族苦難」對他的深刻影響，倒有幾
件事對他影響頗大。一是家鄉山水。林語堂的家鄉四面有高
山環繞，小時候，他常攀上高山，俯瞰山下村莊和人群，他
驚異於人們看上去那麼小，像螞蟻一樣在山下方寸之地移

---

[20] 林語堂:《生活的藝術》，《林語堂名著全集》21 卷，第 160 頁。

動。這幅情景讓他敬畏山之高大和人之渺小:「成年後,每當他看到人們在奔忙、爭奪時,兒時登高山俯看螞蟻的情景又浮現於他的眼前。」[21]這可能是最早影響林語堂生命意識和人生哲學的童年意象,從而在他幼小的心靈種下一枚悲劇人生觀的嫩芽。二是二姐的早逝。林語堂家中兄妹甚多,而他與二姐美宮最投合,感情也最深。二姐是他心靈中美好的偶像,是他童年時光快樂的源泉,也是他理想與追求的動力。可是二姐卻英年早逝,竟死於一次鼠疫。當時她已有身孕八個月。林語堂說:「我青年時所流的眼淚,是為她(指二姐,筆者加)流的,」「這件事給我的印象太深,永遠不能忘記。」[22]在林語堂的生命和文學創作中,常有二姐影子在;常懷有對二姐的滿腔摯情;常有二姐早逝給他留下的生命的悲感。三是戀人陳錦端。陳錦端是林語堂與廖翠鳳結婚前熱戀的女子,因陳家父親反對,最後林、陳未能結為眷屬,這曲愛情悲劇對林語堂產生至深的影響。

其次,老莊道家哲學對他的深廣影響。在老莊看來,「道」是世界萬物的本源,是萬物之始。它無邊無際,浩瀚無垠,而「人」則是宇宙中一個極小的微粒。顯然以有限來認識無限是具有悲劇意味的。林語堂曾把十七世紀巴斯葛(Biaise)與莊子進行比較,認為:「他們兩位同樣對於人生有涯,知也無涯,不能以有涯治無涯,發出深痛的哀鳴。」[23]可見,

---

[21] 施建偉:《林語堂在大陸》,北京十月文藝出版社 1991 年,第 3 頁。
[22] 林語堂:《八十自敘》,《林語堂名著全集》10 卷,第 261 頁。
[23] 林語堂:《說湯因比教授》,《林語堂名著全集》16 卷,第 416 頁。

莊子在人與宇宙形成的強烈對比中看到了人的悲劇性，這對林語堂有明顯影響。二是老莊的生命意識與死亡情結對林語堂的影響。應該說，對生命的真正思索始於老莊。「道」的內核即生命，「道」即生命的原始，亦即永恒的生命，所以「道」的本體論亦即生命的本體論。老子在《道德經》開篇即寫：「無，名天地之始；有，名萬物之母」，其中以母為生命本體。在《道德經》第 50 章中，老子開始探討生死因素的比例及轉化問題：「生之徒，十有三；死之徒十有三；人之生，動之於死地，亦十有三，夫何故？以其生存之厚。」莊子在《大宗師》中也提出他的「惡生悅死」的生死觀：「以生為附贅懸疣，以死為絕疣潰癰。」對此，林語堂深有所悟，他說：「老子思想的中心大旨當然是『道』。老子的道是一切現象背後活動的大原理。是使各種形式的生命（著重號為筆者加）興起的、抽象的大原理。……它是物的原始，同時也是一切生命所顯示的形式最後還原的原理。」「因此老子想到生命的短暫形式時（著重號為筆者加），達到了一切相對消滅的結論。」林語堂進一步說：「莊子說及死這個問題時，常有些十分高妙的文章。」[24] 如果說林語堂童年在高山上俯瞰山下人群時獲得的悲感是朦朧的，直感的；那麼，通過老莊哲學他獲得的悲感則是清晰、自覺和理性的。

再次，西方文化中的悲劇精神也值得注意。上面提到十七世紀的巴斯葛，他是林語堂十分喜歡的哲學家，林語堂多

---

[24] 林語堂：《道山的高峰》，《林語堂名著全集》10 卷，第 132、134-135、152 頁。

次談到他，總將他與莊生比照，從中可見巴斯葛的生命悲劇觀對林語堂的影響。林語堂曾這樣描述說：「莊子像巴斯葛一樣，以探究生命之道開始，而感到有點失望。沒有人比他更能感到應為一切變遷所擺佈的人生是何等可悲，那是在一個短暫的存在中天天被磨損，為憂愁及恐怖所籠罩的辛酸。」[25] 將二人相互認證，可見林語堂對巴斯葛之重視。哈代是英國著名作家，他有著悲觀厭世的色彩，林語堂對此頗感興趣，相反，對泰戈爾則不以為然，認為泰氏太歡快，缺乏生命的悲劇感。另外，希臘文化中的死亡觀念對林語堂也產生過影響，他認為：「希臘人都承認凡是人類都免不了要死亡，並且有時還必須受殘酷命運的支配。」[26]這裏似乎與基督教文化中的人生悲劇性質相聯繫。林語堂自小接受基督教文化的熏陶，晚年仍堅信不疑，可以說，基督教文化是對林語堂影響最大。而基督教文化中的「原罪」、「苦難」和「悲劇」情結作為一種精神滲透在林語堂的靈魂中。雖然林語堂不像基督徒那樣相信人的「原罪」，但仍然覺得冥冥中有一真宰讓人類受苦受難，以至不能盡如人意。所以，林語堂好像把「苦難」與「悲劇」看成上天給人類的賜予，是與「幸福」一起賜予的。這樣，對上帝難以超越的悲感就成為林語堂悲劇人生觀的來源之一。莎士比亞是飲譽世界的戲劇大師，在他以後的文學家少有未受其影響者。林語堂也是這樣，「戲劇」、「人生」以及「悲劇」等概念對林語堂富有極大的啟

---

[25] 林語堂:《道山的高峰》，《林語堂名著全集》10 卷，第 146 頁。
[26] 林語堂:《生活的藝術》，北方文藝出版社 1987 年，第 22 頁。

迪作用，至少在莎士比亞那裏，林語堂看到了自己追求的價值意義。他讚歎莎士比亞說：「他的文字中也充滿著一種現代文字所缺少的人類悲劇意味和堂皇的氣概。」[27] 當然，林語堂所受西方悲劇精神之影響十分複雜，比如，存在主義哲學尤其是尼采和薩特對林語堂人生觀肯定不是可有可無。林語堂曾作《譯尼采〈走過去〉：送魯迅先生離廈門大學》一文對薩拉士斯脫拉十分稱道，並表現出悲鬱的情調；林語堂也曾專門介紹薩特，並說薩特的「著作中，充滿『幻滅』、『絕望』、『苦痛』、『悲哀』這些字面。」[28]再如，林語堂說莫差特的「音樂是那樣細膩纏綿，是含淚而笑的那種」[29]。綜而言之，林語堂的生命悲劇底色的形成取決於多方面的因素，既有現實的人生感受，又有歷史文化的積澱；既受中國老莊道家文化的影響，又受西方悲劇生命精神的啟迪，從而顯示了林語堂背後那廣大而深遠的歷史文化背景。

　　如果把林語堂與其作品看成一個「本文」，那麼，「生命的悲劇底色」則是這一「本文」的核心部分，其他方面都是由此開始推演的。對此，林語堂本人似乎較為清楚，他表示：人們「必須先感到人生的悲哀，然後感到人生的快樂，這樣才可能稱為智慧的人類。因為我們必須先有哭，才有歡笑，有悲哀，而後有醒覺，有醒覺而後有哲學的歡笑，另外，

---

[27] 林語堂：《生活的藝術》，北方文藝出版社 1987 年，第 224 頁。
[28] 林語堂：《從辜鴻銘說起薩爾忒》，《林語堂名著全集》16 卷，第 429 頁。
[29] 林語堂：《雜談奧國》，《林語堂名著全集》16 卷，第 457 頁。

再加上美與寬容。」[30] 明白了這一點，在解讀林語堂時，就不會僅停留在他表面的歡快上，卻把深層的更富本質意義的悲劇感遺落了。

二、緊緊貼近人生本相

在林語堂看來，既然生命如此短暫，人生如此富有戲劇色彩，我們就不能遠離人生去作關於天堂、天國等彼岸世界的玄邈沈思，也不能背離人生的根本而奢談理想、價值等形而上的東西。從這個意義上說，林語堂認為我們的哲學、文學、文化都發生了偏誤，即離人生本相太遙遠，總讓人有撲朔迷離之感。他說：「今天我們所有的哲學是一種遠離人生的哲學，它差不多已經自認為沒有教導我們人生的意義和生活的智慧的意旨，這種哲學實在早已喪失了我們所認為是哲學精英的對人生的切己感受對生活的知悉。」[31]因此，林語堂倡導回到人生上來，尤其緊緊貼近人生本相即生活本身。他甚至誇張地說：「我並不讀哲學而只直接拿人生當作課本。」[32]「人生的目的就是為了生活，這是多麼明顯的事實，我們簡直從未想到過。」[33]這裏，林語堂把人生、世界的複雜性還原為一個簡單道理：既然「日常生活」離人最近也最

---

[30] 林語堂：《生活的藝術》，北方文藝出版社 1987 年，第 16 頁。

[31] 林語堂：《生活的藝術》，北方文藝出版社 1987 年，第 224 頁。

[32] 林語堂：《生活的藝術‧自序》，北方文藝出版社 1987 年，第 3 頁。

[33] 林語堂：《真正的威脅 —— 觀念，而不是炸彈》，《林語堂名著全集》15 卷，第 189 頁。

普遍，那麼，它就必須成為關注的「中心」，換言之，對人的衡量標尺首要也是最重要的即是他的「生活狀態」如何？他的「生活觀念」怎樣？林語堂正是用這樣的態度對待生活、世界和人生，並對世界文化作出自己的價值判斷與選擇。

關注衣、食、住、行、性等各種偏於物質行為的日常生活是林語堂的一個重要視點。

首先是衣飾問題。林語堂曾在《生活的藝術》中專論《西裝的不合人性》，文中雖沒有一概否認西裝的價值，但對不分老幼，不分男女，不分體型，不分場合，均套上西裝的現象給予了批評，認為這既不科學，又不衛生，也不舒服，更不自由；相反，林語堂認為中國的服裝是合乎人性的。在《論天足》中，林語堂不僅批評古代中國女子纏足的落後風俗，也嘲笑西方現代女子穿高跟鞋的非自然現象，二者均是違反人性的。林語堂認為穿高跟鞋是「思想上纏足運動正在開展下去，甚為得勢。弓鞋思想，雖已打倒，而高跟思想相繼之而起。高跟思想，雖屬舶來革履，以之笑弓鞋思想之國貨，為理亦未甚平。」[34]在《吾國與吾民》中，林語堂寫了《日常的娛樂》，熱情關注女子與衣飾的關係問題。作者引李笠翁《閒情偶記‧聲容部》，讚賞李氏的觀點：「婦人之衣，不貴精而貴潔，不貴麗而貴雅，不貴與家相稱而貴與貌相宜。」不僅如此，林語堂在小說也非常注重衣飾，在《奇島》中甚至說「衣服就是文明」，「我無法想像，一個文明社會

---

[34] 林語堂:《談天足》，《林語堂名著全集》18卷，第76頁。

中女人會不想美化自己。」「女人打扮的本能完全是自然的。」[35]因之，我們看到林語堂非常注重對女性形象「衣飾」的細緻描繪，注重人物與衣飾的諧和。

　　二是飲食問題。林語堂涉及的飲食包括許多方面，飯、菜、煙、酒、茶等都屬於飲食問題，但概言之，　或屬於吃，或屬於喝。林語堂作品涉及飲食問題的更是不勝枚舉。《輝煌的北京》第九章《民眾生活》寫到北京的著名的餐館，像東興樓、正陽樓、宜坊店、砂鍋居，從而介紹了芙蓉雞片、烤羊肉片、烹蟹、烤雞、豬雜碎等美味佳肴。像《生活的藝術》中《茶與交友》、《淡巴菇和香》、《酒令》、《食品和藥物》裏，林語堂極其詳盡談到茶、煙、酒等的獨特效用及其價值意義，它們在人生中是不可或缺的。它們不僅滿足人們的生理需求，對人的性格、興趣及心境都有積極作用。林語堂甚至將之與歷史上重大的發明相比較：「我以為從人類文化和快樂的觀點論起來，人類歷史中的傑出新發明，其能直接有力的有助於我們的享受空閒、友誼、社交和談天者，莫過於吸煙、飲酒、飲茶的發明。」[36]「吃」是林語堂特別傾心的，因為食物在中國已不僅能供人熱量與體力，而且它也是藥品，可以用之健身、治病，並且食物又不像西藥那樣有副作用。在西方，餅類點心花樣繁多，而菜肴卻過於單調，林語堂認為這是對人生對生活缺乏了知有關。所以林語堂倡導樹立「吃」的人生觀：「人世間倘有任何事情值得

---

[35]　林語堂:《奇島》，上海書店 1989 年版，第 202-203 頁。
[36]　林語堂:《茶與交友》，《林語堂名著全集》21 卷，第 222 頁。

吾人的慎重將事者，那不是宗教，也不是學問而是『吃』。
吾們曾公開宣稱『吃』為人生少數樂事之一。這個態度頗關
重要，因為吾們倘非竭誠注重食事，吾人將永不能把『吃』
和烹調演成藝術。」[37]在作品中林語堂經常寫到飲食這一人
生重大問題。在《奇島》中作者高度讚美煙、酒、茶、美食
等的意義，讚美美食廚師喬凡尼高超的烹調藝術。作者借島
上哲學家勞思的話說：「若沒有廚師和音樂家，生活也就不
值得過了。勞思很用心尋找廚子，以維持島上優良的烹調傳
統。這可不是一個隨隨便便的專案；美酒、歌唱、美食和美
女構成了舒適生活十分之九的條件。」[38]毫不誇張地說，林
語堂系統展示了「飲食文化」的方方面面，使我們看到中華
民族「飲食文化」的民俗圖景，有著親切真實的感受。

　　三是居住休臥問題。林語堂在許多地方談到住宅庭院的
結構，即除了住宅外，有院、有園、有地，在這裏既可以種
樹、種菜，也可以安置假山，還可以種草、養魚。而這種複
合式庭院結構具有曲徑通幽的特點。在這樣的地方居住，人
的心性可以得到自然發展，在與自然美景的融合中使心靈安
然平和。相反，現代許多人的住宅變得象鴿棚一樣，其中雖
裝有電話、電鍵、衣櫥、橡皮墊子、鑰孔等設置，但人身處
其間漸與外界與大自然隔絕了。在《京華煙雲》中，作者寫
到姚家的王府花園，也寫搬家前的姚家舊宅。寫大花園可見
其細微處，而寫舊宅可見其廣博，且虛實相映，各成天趣。

---

[37] 林語堂：《吾國與吾民》，《林語堂名著全集》20 卷，第 324-325 頁。
[38] 林語堂：《奇島》，上海書店 1989 年，第 58 頁。

林語堂還把住宅庭院的設置與人的性格聯繫起來，他曾借曼娘的視角描繪說：「曼娘這時才開始瞭解木蘭之卓然不群與堅定自信的風度，是由於家庭氣氛所養成，如天花板，屋子木造部分，窗子帷帳，床罩被褥，古玩陳設架子，字畫條幅，矮腳硬木桌子，帶有老樹瘤子的花几花架，以及其他細小精美的，也可說過度精美小什件，件件是以證明他們生活的舒適安樂。」[39]林語堂還曾表示說，住室應該七分整潔三分零亂，這樣，人們生活其間才能覺得自然安逸。另外，對臥床林語堂也十分重視。既然人們每天都要睡眠，並且睡眠占去相當多的時間，那麼，臥床就應該認真對待了。林語堂說：「事實上，躺在床上偏偏是人生之一部，而且人生七十歲，躺床三十五。」因之，林語堂非常講究睡床的樣式、結構，更講究臥床時的姿式、角度、心境，以便達到放鬆、自由、安靜與沈思的效果，因為「人生真正享福的事無多，而蹺起足彎臥在床上居其一。」[40]

四是「行」的問題。林語堂一生喜歡散步和旅遊，他曾著文談及二者的含義與樂趣。《旅行在享受》提出三種虛假旅行：或求心胸的改進；或為談話資料；或預定旅行遊覽程序。林語堂認為這些都不明白旅遊真義。針對這種虛假，他提出真正的旅遊應是：忘其身之所在，忘懷一切；旅行家應成為一個流浪者，享受流浪的快樂、誘惑和探險欲念；不為

[39] 林語堂:《京華煙雲》（上），《林語堂名著全集》1卷，第254頁。
[40] 林語堂：《論躺在床上》，《林語堂名著全集》第18卷，第223、224頁。

看什麼事物，只為看松鼠、雲和樹，甚至看虛無。林語堂小說有個特點，即結構的「記遊」性質，就是說，以某人某些人的「行蹤」為線索來構築全篇。《京華煙雲》以木蘭等人的逃難為線索；《風聲鶴唳》以老彭、丹妮、博雅等的旅程為線索；《紅牡丹》從紅牡丹送丈夫靈柩回鄉到與孟嘉進京構成作品主要線索；還有《朱門》、《蘇東坡傳》、《奇島》等都是如此。雖然這些作品中的「旅行」未能達到林語堂關於「旅行」的真義，但顯然反映了林語堂對「行」的重視。

五是「性」的問題。林語堂說：「但是我所見之聲色，『取之無禁，用之不竭，是造物者之無盡藏，而吾與子所共適。』林子亦願與東坡共適之。」[41]在他看來，「性」與其他事物一樣是天然的，是大自然的賜予，人有享受它的權力，所以，林語堂筆下的人物往往都是貞操觀念淡漠。如《紅牡丹》裏的紅牡丹、金竹、孟嘉、德年、南濤，《朱門》中的柔安、若水等都是這樣。當然，林語堂並不認為性是純物質的感官刺激，它是高尚的精神活動，所以他反對《金瓶梅》而贊同勞倫斯的性描寫。林語堂在《談勞倫斯》一文中借朱先生的話說：「《金瓶梅》以淫為淫，勞倫斯不以淫為淫，」「《金瓶梅》描寫性交只當性交，勞倫斯描寫性交卻是另一回事，把人的心靈全解剖了，這在於他靈與肉合而為一。」[42]林語堂小說中的性描寫自然、真實而又理性，他既寫出了性的本然性、正當性，又寫出了性的情感性和精神性。

---

[41] 林語堂：《論色即是空》，《林語堂名著全集》16卷，第5頁。
[42] 林語堂：《談勞倫斯》，《林語堂名著全集》18卷，第83頁。

　　除此，林語堂還寫過工作、讀書、購物等與日常生活緊密相關的事情，這些顯然是與人生本相分不開的。

　　日常生活要講求情理，這是林語堂貼近人生本相的又一特徵。如果說衣、食、住、行、性等主要屬日常生活的物質形式，那麼情理主要屬日常生活的精神內容，因為情、理都具有天然的性質，是人生的根柢所在。林語堂這樣解釋情與理：「Reasonableness 這個字，中文譯做『情理』，其中包括著『人情』和『天理』兩個原素。『情』代表著可以海運的人性原素，而『理』則代表著宇宙之萬古不移的定律。」[43]可見，林語堂把情、理放在人生的本根地位，換言之，一個人不懂情理即不懂人生也遠離了人生。

　　首先，林語堂強調「情」的重要性，他說：「張潮有言：『情之一字，維持宇宙；才之一字，粉飾乾坤。』曰維持宇宙，則人生一切，非情不可，否則，宇宙就要垮下來。」[44]然而，人們往往忽視「情」扼殺「情」，其表現方式一是靠禮教，二是靠邏輯。前者主要指中國的道學家程伊川之流，後者主要指西方邏輯推論、分解者康得、黑格爾等人。林語堂曾批評程伊川只知道學問，而不曉得人生、人情，就連他的學生也紛紛離他而去，剩下兩位，又都逃禪。所以，林語堂認為程伊川這樣冷酷的學問是無用之物，程伊川也不懂孟子性善的要領。林語堂對那些凡事必與救國相連，不允許人們談生活，談玩樂的人大為反感，認為他們有濃郁的方巾氣和

---

[43]　林語堂：《思想的藝術》，《林語堂名著全集》21 卷，第 397 頁。
[44]　林語堂：《論情》，《林語堂名著全集》16 卷，第 32 頁。

豬肉氣，是不近人情的人。林語堂還站在「人情」角度對西方亞里斯多德開始重分析重邏輯推論的學院派哲學進行嚴肅批評，認為那是遠離人生的專門學問，是擾亂人們思想和吞沒人們情感的根源。所以，林語堂急切呼籲「人情」，呼籲人們回到人生上來。一是要肯定人性善，即「人之初，性本善。」林語堂認為：「只有孟子能發揮性善之說，言孔子所未言，又能推廣仁義之本意，說出仁義本於天性。」[45]但由於後天的污染，人們就難保完美。林語堂又認為「不完美」方是合乎情理的。從這個意義上說，我們就容易理解林語堂筆下人物形象的獨特性：他們大多「性善」，是較完美而未被嚴重異化的。在《唐人街》中，林語堂指出，人沒有絕對壞的人，只是比較壞而已。二是發揮人性善，即「愛」與「合情」。林語堂曾談到唐太宗痛愛小女兒，又放死囚回家見父母，待秋期回來受刑。他還讚美陶淵明看重「人情」，認為陶淵明曾囑咐兒子善待僕童，「善待之，亦人子也」是極近人情的話。在作品中林語堂是把「合情」與「愛」作為母題展示的，比如木蘭、老彭、丹妮、博雅等都是如此，他們都有博愛之心，去理解、體察世道人心，去愛護、關注同類的苦樂與生死，這顯然與林語堂「人情」和「愛心」觀念一致。他曾說過：「人生何為？還不是於衣食溫飽為外，求幾位知心朋友。一個和樂的家庭，得了人情體會慰安，在未必有溫情的大社會裏，選了一個溫暖互相體諒的小天地。這樣擴而

---

[45] 林語堂：《孟子說才志氣欲》，《林語堂名著全集》16 卷，第 42-43 頁。

充之,便成孔子『老者安之少者懷之』,有溫情寄託的社會」。
[46] 三是非邏輯的詩意表達方式。在林語堂看來,邏輯是不可
靠的,尤其成為十分完備的系統更喪失了真理性,因為其依
據是,「我是完全對的,而你則是完全錯誤的」。而直覺、
想像等則具有常識的可靠性。林語堂認為一個女性判斷某人
某事好壞主要憑直覺,而這往往都是對的;在《奇島》中作
者強調幻像的作用說:「人生少不了幻像,幻像使人生變得
可以忍受。把世界剝奪了幻像,我們就失去生存的目標。」
[47] 所以,我們如果用詩意的方式把握人生本相,我們就會在
常識、良知的幫助下,達到整體的感知與理解而非邏輯的肢
解。看來,林語堂確是把「人情」放在「核心」地位,而比
較之下,學問、邏輯、階級、思想、觀念等都顯得不那麼重
要了。

　　其次,「理」也是林語堂十分看重的。林語堂借一位在
中國居 30 年的美國人的話說:「中國的一切社會生活乃是
以『講理』為基礎的。在中國人的爭論之間,……最嚴重的、
最平常的斥責之詞就是:這個是『不講理』的。」[48] 既然「理」
代表「宇宙之萬古不移的定律」,那麼作為「人」在日常生
活中該享有的自然屬性都屬於「理」的範疇,除了衣、食、
住、行、性等屬「天理」外,人的個性、自由也屬「天理」
了。就像盧梭所言,「人是生而自由的」。林語堂是個性意

---

[46] 林語堂:《溫情主義》,《林語堂名著全集》16 卷,第 50 頁。
[47] 林語堂:《奇島》,上海書店 1987 年,第 125 頁。
[48] 林語堂:《思想的藝術》,《林語堂名著全集》21 卷,第 397 頁。

識較強的作家，他曾宣稱一個人必有偏見，沒有偏見此人就沒有存世的必要和意義。林語堂這樣重視個人的作用：「哲學以個人為開端，亦以個人為依歸。個人便是人生的最後事實。他自己本身即是目的，而絕不是人類心智造物的工具。」[49]對自由，林語堂也十分執著：「我認為此次作戰的唯一的目標，乃是維護大好的老自由：世界上各民族的自由。這一點不容含糊。至於維護個人的自由，也不容含糊。」[50]林語堂的個性與自由追求表現在許多方面：一是他的一生即是自由自在的一生，他不參加任何黨派團體，不受任何階級規範，甚至沒有固定的工作，他以一個自由文化人的身份寫作、翻譯、辦報，而且言己所思，寫己所欲，從不說違心話做違心事。二是他在許多文章中倡導個性與自由，對有形與無形的束縛林語堂都不以為然，從中可見他淡化功利的文學、文藝觀，即反對文學成為工具，也反對文學為時而作，主張文學的恒定性與藝術生命的長久性。當然，林語堂對個性與自由的倡導不是絕對的，而是建立在不違反法律和集體利益的前提。一個明理人是自己追求自由，同時也決不干預別人的自由與個性。應指出的是，林語堂也不是完全讚美中國人的「情理」精神，而認為它也「產生了同等不良的效果，那就是中華民族整個的不相信任何法制紀律，因為法制紀律，即為一種機械，總是不近人情的，而中華民族厭惡一切

---

[49] 林語堂：《生活的藝術》，北方文藝出版社 1987 年，第 66 頁。
[50] 林語堂：《當代之品質》，選自梅青蘋等編《林語堂人生哲語精選》，第 41 頁。

不近人情的東西，」「致使憲法政府之實現為不可能」。因之，林語堂既贊成中國之情理，又欣賞西方之德莫克拉西精神，但比較而言，林語堂仍偏愛中國人文精神：「兩種制度都有不可免的缺點，但以人為標準的制度總是對於中國人的人文主義，中國人的個人主義和愛好自由，是較合脾胃的。」[51]

　　把個體的「快樂」和「幸福」追求當成目的，這是林語堂緊緊貼近人生本相的又一表現。一般而言，追求個體的「快樂」和「幸福」是人的普遍願望，但將之看成「根本」和「目的」就少有人贊同了。從此意義上說，是否把個體的快樂和幸福看成人生目的，是衡量每個人是否貼近人生本相，有什麼樣的人生觀的關鍵。林語堂一生始終把個體的快樂和幸福追求當成目的，而且非常自覺，他說：「人生是多麼不確定，吾們倘知道了甚麼是以滿足吾們，便緊緊把握住它，有如暴風雨的黑夜，慈母之緊緊抱住她的愛子。」[52]對人生的快樂林語堂指出：「所謂人生的快樂者不過為官能、飲食、男女、園庭、友誼的問題。這就是人生本質的歸宿。」[53]對知識林語堂也作如是觀：「無論人類在思想上行為上怎樣盡力，一切知識的最終目的為人類的幸福。而吾們總想法使吾們在這個世界上的生活快樂，無論命運的變遷若何？」[54]林語堂甚

[51] 林語堂：《中庸之道》，《林語堂名著全集》20 卷，第 106-107 頁。
[52] 林語堂：《人生的歸宿》，《林語堂名著全集》20 卷，第 333 頁。
[53] 林語堂：《日常的娛樂》，《林語堂名著全集》20 卷，第 313 頁。
[54] 林語堂：《日常的娛樂》，《林語堂名著全集》20 卷，第 333 頁。

至把「快樂與否」看成判明文化的標尺：「我嘗說最能叫你享福的文化，便是最美好的文化。」[55]應該說，快樂與幸福是林語堂追求的最後也是唯一目的，而其他一切都是手段。

　　首先，林語堂非常注重物質享受。前文提及林語堂對衣、食、住、行等偏於物質形式的事物十分關注，也充滿濃郁的興趣，但其立足點即是對享受、快樂和幸福的追求。從中可見林語堂對人的「官能」滿足的偏愛，這與他重視「物質」文明是分不開的，他說：「精神文化必建於物質基礎。」[56]當然，精神享受必須以物質享受為前提和依據，否則，只有精神享受也只能屬於柏拉圖式的生活理想。眾所周知，物質「享樂」常被看成低級、庸俗的消費，有人認它這是罪惡，對人之純潔性是一種褻瀆，所以，西方文化中對邊沁的享樂主義視為「豬」的生活，對伊壁鳩魯也多抱有偏見，甚至把「享樂」和「幸福」看成目的的穆勒、斯賓塞也多是從精神層面講的，對物質層次的享樂則含有某些不夠重視的因素。林語堂則不然，他認為物質享樂十分重要，這是一個貼近知曉人生的人不可忽視的，試想，人生一世卻從未享受口福等物質層面的歡樂，即使他精神飽滿、豐足，那也是空幻甚至是不健康的。所以，林語堂公然倡導物質的享樂，從不認為這有什麼不對，甚至他自甘為「豬」，他說他「甚至竟或願意變成一隻真正的豬，因為它的生活實在夠舒服。」[57]

[55] 林語堂：《抵美印象》，《林語堂名著全集》18卷，第278頁。
[56] 林語堂：《論守古與維新》，《林語堂名著全集》16卷，第67頁。
[57] 林語堂：《閒話開場》，《林語堂名著全集》20卷，第14頁。

　　其次，林語堂同樣重視精神享受。事實上，任何物質享受對「人」來說都不是純然的，而是滲合了「精神」內涵。林語堂的物質享樂中有較高的精神因素，如抽煙時林語堂就感到靈魂的自由；穿上中國服裝就有自由的歡樂；吃到美味佳肴也獲得了「食物貴原味」的審美體驗，等等。另一面，林語堂自有其精神層面的享樂追求，像對家庭情感的肯定，如姐弟情誼、父女、母子深情、夫妻情愛，在林語堂看來，這都是人們快樂的精神寶藏，這在小說創作中表現尤為形象、生動。

　　再次，林語堂的享樂注重「個人」性，換言之，林語堂的享樂觀念建立在使「個體」幸福而非建立在損傷「個體」的基礎上。馬克思主義者既重視「個人」，又重視「集體」的快樂，但比較而言，「群體」的幸福比「個體」要重要得多，倘為了群體的歡樂，即使犧牲掉個體也在所不辭，甚至這才屬於個體的真正歡樂。馬克思說過：「我們想到犧牲自己是為了盡義務，即使我們力量薄弱，也會促使我們努力去做」，「因為這是為全人類所做的犧牲」，「那些為最大多數人們帶來幸福的人，經驗讚揚他們為最幸福的人。」[58] 林語堂則不這樣看，他十分重視個體，相對忽視群體，認為假若犧牲個體而追求群體的歡樂，那是不健康也是靠不住的。他說：「哲學以個人為開端，亦以個人為依歸。個人便是人生的最後事實。他們本身即是目的，而決不是人類心智創造

58　《馬克思恩格斯論教育》，人民出版社 1979 年，第 47-49 頁。

物的工具。」「如果有一種社會哲學不把個人的生活幸福認為文明的最後目的，那麼這種哲學理論是一個病態的，是不平衡的產物。」[59] 因之，林語堂主張每個個體都獲得了快樂和幸福，群體集體也就自然快樂和幸福了。而片面強調集體群體，鼓勵個體犧牲，個體極容易成為集體群體旗幟下的走卒。當然，林語堂強調的個體快樂與幸福並非建立在他人的痛苦之上，也不是一毛不拔的自私主義者，相反，他也倡導為他人的快樂而努力工作，有時甚至可以犧牲自己的生命。但總體而言，林語堂是強調「個體」基於「集體」，至於犧牲個體生命，那卻是在極為特殊的境遇之下才會發生的事情。

　　林語堂較少關注階級性、社會性、時代性和思想性等重大命題，而傾心於對人生尤其是人生本相的觀察、思考與感知。林語堂就是這樣緊緊抓住與「人」關係至為密切並具有本然性的事物，並對之作出自己的理解。那麼，林語堂怎樣形成了「緊緊貼近人生本相」的人生觀呢？這當然與當時人們對人生本相的忽視有關；也與林語堂本人生活經歷有關，但我們認為最有探討價值的是中西文化對他的巨大影響。

　　首先，中西文化裏重人生，愛常識，喜務實的文化思想對林語堂的影響很大。一是以孔子為代表的儒家文化。以往，孔子在人們心目中是個有著嚴肅面孔的「君子」，是個集思想之大成的「聖人」，其實，孔子是個頗實際又頗平易

---

[59] 林語堂：《生活的藝術》，北方文藝出版社 1987 年，第 66-67 頁。

近人的「普通人」，他的《論語》記載的是師生間的問答，
不論是問題本身還是問答這一形式都是關於人生，都很有人
情意味的，並不玄虛和艱澀。林語堂清楚地認識到這一點，
他認為孔子是最貼近人生的人，也是最實際的人，他說：「孔
子一句話就可以把這些自欺欺人的話一腳踢開。『道不遠
人，人以為道而遠人，不可以為道。』再不必說別的話。孔
子又說『人能弘道，非道弘人』。」[60]另外，孔子對「性」
問題的態度也啟發了林語堂，從而使他認識到「性」作為人
的天性合乎自然。孔子在《論語‧陽貨》中有「性相近也」，
在《論語‧雍也》中有「人之生也直」。這裏表現出「性善
說」的傾向。既然如此，作為「習性」之一種的「性愛」之
「性」當然也屬本善了，那麼「性欲」之「性」也就是人之
天然權力，不容否認，也不可加罪。林語堂說：「至於孔子
學說所給予『性』之地位，他認為這是完全正常的行為，不
但如此，且為人種與家庭永續的重大關鍵。」林語堂進一步
指出《野叟曝言》的「性」觀念：「其實，對於『性』有明
晰之見解者，著者一生所遇，莫如《野叟曝言》。這是一本
絕對孔教意義的小說。內容特著重於揭露和尚的放浪生活。」
[61]除此之外，中國文學、文化中對衣、食、住、行等方面的
熱愛也啟發了林語堂。如對《紅樓夢》中的「吃」文化林語
堂非常讚賞：「我們對於吃的尊重，可從許多方面顯現出來。
任何人翻開《紅樓夢》或其他小說，將深深感動於詳細的列

[60] 林語堂：《西洋理學》，《林語堂名著全集》16 卷，第 10 頁。
[61] 林語堂：《中庸之道》，《林語堂名著全集》20 卷，第 105 頁。

敘菜單，何者為黛玉之早餐。何者為賈寶玉底夜點。」[62]再
如蘇東坡、鄭板橋、李笠翁、袁枚等的生活見解影響過林語
堂，這些林語堂都曾做過詳細的說明。二是英國文化精神。
一般說來，除中國文化外，林語堂更癡迷於英國文化，英國
文化在林語堂的文化思想體系中起著相當大的作用，這裏要
談及的是務實、重人生的文化精神。在這一點上，林語堂把
英國與中國文化相提並論，認為：「英國文學看得多的人，
不能不承認他們的思想腳踏實地，直接了當，切近事實，近
於中國思想。」[63]林語堂還舉出莎士比亞、威廉・詹姆斯、
勞倫斯等貼近人生，講究常識，並認為他們是與邏輯論者相
抗衡的真正哲學家。林語堂讚美莎士比亞：「他把人生當做
人生看，他不打擾世間一切事物的配置與組織。」[64]三是存
在主義哲學。以薩特、加繆為代表的存在主義哲學思想比較
注重人生、生命的探尋與追問，其評判人生、藝術等也多不
是以善與惡，美與醜，貴與賤為衡量標準，而是以真實與空
虛，生存與消泯，嚴肅與滑稽等為判明標準，只要是「真實
的存在者」都被予以肯定。林語堂曾專文介紹過薩特，也指
出薩特對「人生」的意義追問。他說薩特「總在追求，追求，
常常碰壁，常常矛盾。世界何以有我，人生有何意義，也求
不得正面解答」[65]。林語堂對「存在」的人生本相有著濃郁

---

[62] 林語堂：《飲食》，《林語堂名著全集》20 卷，第 326 頁 。
[63] 林語堂：《從辜鴻銘說起薩爾忒》，《林語堂名著全集》16 卷，第 428 頁。
[64] 林語堂：《生活的藝術》，北方文藝出版社 1987 年，第 39 頁。
[65] 林語堂：《從辜鴻銘說起薩爾忒》，《林語堂名著全集》16 卷，第 428 頁。

的興趣和切實的把握，從中可見他與存在主義哲學思想的內在關聯。四是美國以杜威為代表的實用主義哲學思想。概言之，杜威哲學思想的核心是關於「人」以及「人生」的實際問題。杜威自己曾說過他哲學研究的聚光鏡已從「哲學家的問題」轉向到「人的問題」。雖然林語堂沒有直接談到他所受的杜威實用主義之影響，但作為杜威的忠實信徒胡適之好友，林語堂是不會不受其影響的。對美國的韜洛，林語堂也非常推崇，說他是酷愛人生的西方偉人之一，他說：「韜洛（Thoyeau）對於人生的整個觀念，在一切的美國作家中，可說最富於中國人的特色。」[66]林語堂在浩瀚的世界文化中，選取貼近生活本源那些文學思想、哲學思想，哪怕一鱗半爪，靈光點滴，林語堂都不擇細流，使之融匯到自己的人生哲學中，從而顯示了其文化思想的廣與精深。

　　其次，個性與自由精神對林語堂也有滲透。林語堂是一個很複雜的「文本」，他在呼籲「常識」對於人生之重要性時，又不完全滿足於這種穩健的儒家式人生選擇，他還傾心於道家所追求的個性、自由的人生觀。林語堂這樣權衡儒道得失：「孔子學說中還有其他的缺點，他過於崇尚現實而太缺乏空想的意象成分，」「道教代表神奇幻異的天真世界，這個世界在孔教思想中則付闕如。」[67]顯然，林語堂試圖用道家思想文化來彌補儒家之不足。最能代表道家「自由」意識的當屬莊子，而最能反映莊子「自由」精神的當屬《逍遙

---

[66]　林語堂：《生活的藝術》，北方文藝出版社 1987 年，第 108 頁。
[67]　林語堂：《道教》，《林語堂名著全集》20 卷，第 110 頁。

遊》，作者以天地宇宙為背景，而讓大鵬自由自在逍遙其間，這種不為物所役的自由精神構築了林語堂的精神內核，林語堂「本文」較好地留存了老莊自由精神的遺風流韻。薩特是一個崇尚自由的人，他曾拒受諾貝爾獎，林語堂於是稱薩特是個極端自由主義者。雖然林語堂不一定贊同薩特這種自由觀，但對其追求自由的精神和執著的人格境界還是十分讚賞的。林語堂曾稱讚法國福祿特爾（Voltaire）的話：「我不贊成你的話，但是我至死也擁護你意見不同的權利。」[68]這裏表明林語堂對自由理解得深刻程度！林語堂還受惠特曼個性自由意識的影響。他曾多次盛讚惠特曼的思想、文學成就，認為他是美國文化的一面旗幟，是最有智慧和遠見的美國人。林語堂還受過易卜生等人個性解放思想之影響。事實上，林語堂身處「五四」開始的個性解放、自由思想氛圍之中，客居以個性、自由為標榜的美國社會，他的自由精神可謂根深蒂固。

再次，林語堂快樂人生觀的形成直接受益於東西方的快樂文化思想。在中國傳統文化中，我們發現一條時隱時現的「快樂」線索，這是由諸多富有快樂人生韻味的文學家、思想家形成的。其中，對林語堂影響較大的是孔子、陶淵明、蘇東坡、金聖歎、李笠翁。孔子是個一生不得志，有時還十分狼狽的書生，但他不但沒有悲觀厭世，反而對人生非常執著，對生活也充滿樂趣。為了進食方便他竟將衣袖做得長短

---

[68] 林語堂：《從辜鴻銘說起薩爾忒》，《林語堂名著全集》16 卷，第 430 頁。

不一；他非常講究食品質量，不吃劣等食品，甚至不吃切割不均勻的肉，並倡導「食不厭精」；他喜歡音樂，常沈迷於音樂美妙的境界。對此，林語堂非常欽佩，說孔子是一位懂得生活趣味的人。林語堂曾這樣談到孔子的「快樂」情結：「《論語》到處<u>不亦樂乎，不亦悅乎</u>（著重號為筆者加）。蓋孔子洞澈人情，只求中和，不以玩為非，尚不失為健全的人生觀。」[69]陶淵明被林語堂稱為中國最偉大的詩人，他喜衣食簡樸，樂飲酒彈琴，盡享生活之樂，林語堂稱他「是一種不流於制欲的精神生活和<u>耽於肉欲的物質生活</u>（著重號為筆者加）的奇怪混合，」「他就是這樣的過他的一生，做一個無憂無慮的，心地坦白的，謙遜簡樸的鄉間詩人，一個智慧而<u>快樂</u>（著重號為筆者加）的老人。」[70]蘇東坡是林語堂最喜愛的人物，為此，林語堂寫了一本《蘇東坡傳》，書中敘述了蘇東坡對「快樂」的不斷追求。林語堂還盛讚金聖歎之「不亦快哉」三十三則，認為金聖歎讓我們看到一個歡樂的世界：「這樣說來，世界豈不是一席人生的宴會，擺起來讓我們去享受。」[71]林語堂還對李笠翁評價說：「李笠翁自稱他是蟹奴，因為蟹具味香色三者之至極。」[72]顯然，林語堂偏愛這些注重從生活中獲取樂趣的中國作家和思想家，從他們身上領悟到人生的真義。西方文化也是林語堂快樂人生

[69] 林語堂：《論玩物不能喪志》，《林語堂名著全集》18 卷，第 25 頁。
[70] 林語堂：《愛好人生者：陶淵明》，《林語堂名著全集》22 卷，第 120-122 頁。
[71] 林語堂：《生活的藝術》，《林語堂名著全集》21 卷，第 139 頁。
[72] 林語堂：《飲食》，《林語堂名著全集》20 卷，第 327 頁。

觀形成的一個因素。一是功利主義的影響。功利主義可追溯
到古希臘昔勒尼派哲學和伊壁鳩魯的快樂哲學。昔勒尼派哲
學家的理論依據是「尋求歡樂是人的天職」，伊壁鳩魯聲稱：
「我們的最終目的乃是得到快樂。」人生最美好的理想即是
追求「肉體的無痛苦和心靈的無紛擾」。看來，他們十分自
覺地把「快樂」作為人生的最終目的，這與林語堂的快樂人
生觀何其相似！可以說，伊壁鳩魯是林語堂快樂人生觀形成
的源頭之一。林語堂在《奇島》中借勞思的話說：「伊壁鳩
魯把萬事減化成一件，就是免於痛苦，－其他的一切都很短
暫，容易失去。」[73]林語堂還坦然承認：「我生來便是一個
伊壁鳩魯派信徒。」[74]林語堂對伊壁鳩魯為代表的功利主義
情有獨鍾。當然，林語堂並非全盤繼承伊壁鳩魯的快樂思
想，而是進行了取捨選擇。如在伊壁鳩魯看來，快樂分為積
極和消極的，當你實現欲望從而獲得快樂時，這種快樂是積
極的，但當欲望終止而新的快樂未來之際，這一快樂是消極
的。林語堂則認為快樂無所謂積極和消極，對它進行如此劃
分他不感興趣，林語堂僅僅認為快樂是一種感覺，有則有
之，無則無之。二是尼采倡導的酒神精神。在尼采看來，既
然人生是悲劇式的，那麼就要追求歡樂，就要在悲劇中達
觀。林語堂正是看到了尼采思想中的「快樂」內涵，他將尼
采的快樂與中國人生藝術之快樂相提並論，認為：「如果世
間有東西可以用尼采所謂愉快哲學（Gay science）這個名稱

---

[73] 林語堂：《奇島》，上海書店 1992 年，第 245 頁。
[74] 林語堂：《無所不談合集》，開明書店（臺灣）1974 年，第 760 頁。

的話，那麼中國人生活藝術的哲學確實可以稱為名符其實了。」[75]但林語堂與尼采的「快樂」又有明顯的區別：尼采狂熱，林語堂溫和；尼采悲壯，林語堂感傷。另外，惠特曼、奧・赫胥黎、羅素、韜洛以及穆罕默德的「快樂」思想對林語堂也有一定影響。林語堂在《生活的藝術》中談到人類快樂的感覺時，詳盡引錄韜洛和惠特曼的敏銳快樂感覺；如林語堂批評基督教等的扼殺快樂，但卻認為穆罕默德是注重享樂的人，林語堂認為：「穆罕默德至少也還用醇酒，甜美的水果和有著黑髮大眼多情的少女，替我們畫了一幀未來的快樂景象。」[76]綜而觀之，中國文化中對「快樂」的觀點具有零碎、感性的特點，而西方文化則表現出系統、理性的特長，林語堂在對兩種文化的「快樂」思想進行互為印證補充中形成自己的快樂思想的。

　　一般人總認為，日常生活及其間包含的普泛人性不應成為執著追求的理想和目標，甚至在階級意識的觀照下，這種追求被視為庸俗無聊的，所以有論者認為這是「用資產階級人性論解釋社會，就如同念誦宗教囈語」。[77]但林語堂則認為對人類普遍性的關注並將之視為目的，這才是真實、自然、高尚的，是富有永久生命和價值意義的，任何脫離人生本相而進行的抽象玄思、概念推演以及主義、信仰的追求都是捨本求末，南轅北轍的。

---

[75]　林語堂：《生活的藝術》，北方文藝出版社 1987 年，第 16 頁。
[76]　林語堂：《生活的藝術》，《林語堂名著全集》21 卷，第 128 頁。
[77]　萬平近：《林語堂論》，陝西人民出版社 1987 年，第 230 頁。

三、反抗絕望　善處人生

　　具有悲劇生命意識的文學家、思想家往往對人生多是採取悲觀絕望的態度。有的用自殺的方式提前與這個世界告別；有的則厭倦人生而採取變相「自殺」的方式，希望儘早結束苦難的此生。從這個意義上說，許多人的人生是殘缺、乾癟、苦痛的，當然也是不完整、不健康的。林語堂則不然，他儘管深切體會到生命的悲劇底色，但對人生卻異常熱愛與眷戀，除了緊緊貼近人生本相，林語堂更執著的是如何使短暫而富有戲劇性的人生更豐富、飽滿、健全，也更有意義。林語堂對生活充滿熱愛和自信：「縱令這塵世是一個黑暗的地牢，但我們總得盡力使生活美滿。」[78]所以，反抗絕望而善處人生是林語堂人生哲學非常動人的一章。

　　不偏不倚，取乎其中，這是林語堂信奉的「中庸」生活態度。林語堂說：「我像所有中國人一樣，相信中庸之道。」[79]值得注意的是，林語堂信奉的「中庸」主要是一種生活準則，而不是思想原則和政治標準。所以，在政治上，林語堂反對「中庸」，主張明確的參與意識和政治傾向性。如林語堂反對人們倡導「勿談政治」，而主張「凡健全的國民不可不談政治，」並認為，「『勿談政治』，即聽天由命中庸哲學之又一變卦。」[80]在思想上，林語堂也反對「中庸」，主

[78] 林語堂：《生活的藝術》，北方文藝出版社 1987 年，第 29 頁。
[79] 林語堂：《論裸體》，《林語堂名著全集》15 卷，第 92 頁。
[80] 林語堂：《「讀書救國」謬論一束》，《林語堂名著全集》13 卷，第 28 頁。

張懷有偏見，各抒己見，他認為：「若怕講偏見的人，我們可以決定那人的思想沒有可研究的價值，沒有『偏見』也就根本沒有同我們談話的資格。」[81]表面看來，「中庸」在林語堂這裏似有矛盾，其實，這種矛盾有其內在的規定性與合理性。換言之，正是世界、人生的複雜性和矛盾性使林語堂採用「中庸」的生活態度，從而使生活的方方面面和諧而美好。

　　首先，林語堂倡導既要努力工作又要盡情享受。馬克思主義者認為，勞動創造了人。可見，工作對人至關重要。另外，工作給人的感受往往也是雙面的，既有辛苦勞頓，又有享受歡欣，尤其對那些注重精神創作的人來說，他們常常勞累之餘，產生一種無尚的喜悅與滿足之情。但應該承認，當人們必須為生活去工作，甚至要日夜操勞時，這種工作就不是以快樂而是以痛苦為主了。林語堂就是這樣理解工作內涵的，他認為「工作與享受」是人生中無數矛盾中的一個，「工作與享受」作為矛盾體的兩方面應該既對立又統一的：「人生永有兩方面，工作與消遣，事業與遊戲，應酬與燕居，守禮與陶情，拘泥與放逸，謹慎與瀟灑。其原因在於人之心靈總是一張一弛，若海之有潮汐，音之有節奏，在之有晴雨，時之有寒暑，日之有晦明。宇宙之生律無不基於此循環起伏之理，所以生活是富有曲線的。」[82]基於此，林語堂既反對拚命工作而不注重享樂的人生態度，又批評拚命享樂不愛工

[81]　林語堂：《訶鱷魚》，《林語堂名著全集》17卷，第10頁。
[82]　林語堂：《論瀟灑》，《林語堂名著全集》18卷，第375頁。

作的人生方式，而主張將二者合諧統一起來：「我主張『盡力工作盡情作樂的人，英文 Work hard, play hard 四字，這樣才得生活的調劑，無意中得不少收穫。」[83]林語堂本人一生就是對這一生活準則的較好注釋。林語堂一生筆耕不綴，直到 77 歲還沒有棄筆，他一生著述浩如煙海，是中國現代創作最豐的作家之一。不僅如此，林語堂工作效率很高。當然，林語堂並不是只知道工作的苦行僧，他特別懂得享受。正是基於愉悅的生活方式，林語堂對歐美人的生活方式給予批評：「吾人誠不解歐美人何以竟不能明瞭人生目的即在純潔而健全的享受人生。中西本質之不同好像是這樣的：西方人較長於進取與工作而拙於享受，中國人善於享受有限之少量物質。」[84]林語堂把工作與享受看成人生之車的雙輪，缺一不可。

其次，林語堂認為文人既要做文又要做人，應該文品人品並舉。林語堂為自己也是為文人確立的準則是：「做人應該規矩一點，而行文不妨放逸些。」他批評現代文人的毛病，「就是把點心當飯吃，文章非常莊重，而行為非常幽默」[85]。這樣，林語堂就對文人的人品文品提出較高要求，其中也寓存著「中庸之道」，即「規矩」與「放逸」的辯證統一。在做人方面，林語堂有自己的理解。一是堅持做人的原則，這是根本。他認為，當國家、民族面臨危亡之時，一個有血性

---

[83] 林語堂：《論游台南》，《林語堂名著全集》16 卷，第 473 頁。

[84] 林語堂：《人生之理想》，《林語堂名著全集》20 卷，第 94-95 頁。

[85] 林語堂：《做文與做人》，《林語堂名著全集》17 卷，第 259 頁。

的人就應該是愛國者。他在抗戰期間捐款給抗戰，他夫人廖翠鳳也擔任華僑援救會的負責人，他創作了以抗戰為題材的長篇小說《京華煙雲》，並撰寫大量文章，痛斥日本帝國主義的罪行；他對周作人之叛逆給以嚴肅批評，認為周氏心腸太冷；他還對缺乏亡國之感的泰戈爾大加責罰 。從此意義上說，我們就能更好地理解林語堂為什麼那樣熱心向西方介紹中國文化。林語堂旅美三十多年但一直未入美國籍，而是人老歸根晚年回歸臺灣。林語堂還非常重視人格修養，即正直、坦蕩、真誠的浩然正氣。他說：「既做文人，而不預備成為文妓，就唯有一道：就是帶一點丈夫氣，說自己胸中的話，不要取媚於世，這樣身分自會高。要有點膽量，獨抒己見，不隨波逐流，就是文人的身分。所言是真知灼見的話，所見是高人一籌之理，所寫是優美動人的文，獨往獨來，存真保誠，有骨氣，有識見，有操守，這樣的文人是做得的」。[86]二是不泯童心，留存真心。「童心」是作家、藝術家、哲學家都十分關注的概念，李贄有「童心說」，倡導「真心」；叔本華也在《意志和表象的世界》中提過「童心」，王國維譯之為「赤子之心」，在林語堂看來不僅作家需要童心，一般人的生活也離不開童心，這是做人的要點。林語堂曾說：「我四十生辰之日，又作了一首自壽詩，長約四百字，結尾語有云：『一點童心猶未滅，半絲白鬢尚且無。』」[87]三是小處隨意，率性自然。當然，這並不等於說文人可以任意所

---

[86] 林語堂：《做文與做人》，《林語堂名著全集》17 卷， 第 259 頁。
[87] 《林語堂自傳》，劉志學主編，河北人民出版社 1994 年，第 34 頁。

為，以為自己是文人就可以養成種種惡習，甚至視惡習為文人之必須、美德。林語堂說：「我主張文人亦應規規矩矩做人。所以文人種種惡習，若寒若懶，若借錢不還，我都不贊成。好像古來文人就有些特別壞脾氣，特別頹唐，特別放浪，特別矜誇。」[88]林語堂主張文人的操守、品性要高潔和健康。看來，林語堂的做人準則也透出中庸思想。在為文上，林語堂也表現中庸的特點。一是為文須放逸。這裏既表現在題材的「宇宙之大，蒼蠅之小」盡可入文；又表現在主旨以表達內心和抒寫性靈為主；還表現在章法語言的「行雲流水」與無迹可尋。二是為文須守法。這個「法」並不是一般意義的「法」，而是無法之法，是天地自然的規律。總之，做人與做文對作家來說是一物的兩面，林語堂認為必須把「規矩」做人與「放逸」為文諧調起來，這樣既符合做人與做文的本意，又可使作家行為正常，內心敞亮，這一調和即為「中庸」。另外，林語堂並不認為做文與做人同等重要，而認為「做人是第一要義，做文好不好沒有什麼大關係。」「一個人學問好，文章好，就不必規規矩矩做人，與常人一樣 —— 這是什麼道理？」[89]

再次，林語堂非常推崇「半半的人生哲學」。「半半哲學」成為林語堂一生處理生活、事業、家庭、人際關係的準則，也成為其生活方式的核心。一是在生活上，林語堂不爭滿盈。他既重物質生活的充足，又不望成為富豪，可使自

---

[88] 林語堂：《論做好一個人》，《林語堂名著全集》16 卷，第 69 頁。
[89] 林語堂：《論做好一個人》，《林語堂名著全集》16 卷，第 69 頁。

己坐享其成；他既對衣食住行的物質享受非常關注，又喜愛一種簡樸、方便而隨意的精神享受；他倡導努力工作，卻又主張逍遙自在。二是在事業上，林語堂不爭高。成為名人是林語堂的追求，但他又不願太顯太露，因之，林語堂反對一生為名為利追逐不止的人生態度，而呼籲奮鬥之餘「玩世」一點，他說：「大多數中國人依舊過著熙來攘往的生活，依舊相信財富、名譽、權力，肯為他們的國家服役。如果不是這樣，人類生活便不能維持下去」。[90]三是在家庭尤其在情感上，林語堂不爭足。對婚姻與愛情，一般人都把「完美」看成目標，看成幸福的前提，即有愛的婚姻才是幸福的，無愛的婚姻卻是悲劇性的。而林語堂則認為，婚姻、愛情本質上都是悲劇性的，「完美」是不真實也是不可能的，「殘缺」才是「真」，也是「美」。因之，在作品中林語堂寫家庭婚姻、愛情與眾不同，雖然他也承認，如果完全沒有愛情則婚姻確難幸福；但他更注重寫不完美的「愛」和「婚姻」也可獲得幸福。正是在殘缺的家庭中才顯示了生活的真實況味與人生的底蘊，正是在癡思夢想中，才感到心靈隱秘一角的震顫，才感到蕩漾在心中的甜蜜與憂傷。四是在人際關係上，林語堂不爭強。林語堂對友（包括對「敵」）往往採取寬容、體諒的態度，這是難能可貴的。

　　總之，林語堂信奉中庸的生活理想，他說：「我們承認世間非有幾個超人－改變歷史進化的探險家，征服者，大發

---

[90]　林語堂：《誰會享受人生》，《林語堂名著全集》21卷，第115頁。

明家、大總統、英雄 —— 不可，但是最快樂的人還是那個中等階級者，所賺的的錢是以維持獨立的生活，曾替人群做過一點點事情，可是不多，在社會上稍具名譽，可是不太顯著。只有在這種環境下，名字半隱半顯，經濟適度寬裕，生活逍遙自在，而不完全無憂無慮的那個時候，人類的精神才是最快樂的，才是最成功的。」[91]

　　幽默、閒適和趣味是林語堂從生活中獲益的三個方面。

　　首先是幽默。何為幽默？林語堂認為，它是 houmor 的譯音。簡單說，幽默即是「謔而不虐」，其含義有三：一是同情所謔對象；二是非滑稽放誕，而是見解獨具；三是會心之微笑。對幽默，一般人都不絕對否定，而是看到它的作用。魯迅曾說過：「只要並不是靠這來解決國政，佈置戰爭，在朋友之間，說幾句幽默，彼此莞爾而笑，我看是無關大體的。就是革命專家，有時也要負手散步。」[92]恩格斯在談到工人階級鬥爭時也說過，他們大都是抱著幽默態度進行鬥爭的，這種幽默態度是他們對自己事業滿懷信心和瞭解自己優越性的最好證明。顯然，魯迅和恩格斯都認識到幽默的重要性，只是角度不同：魯迅看到了在友誼中幽默的價值，而恩格斯把幽默與政治鬥爭及樂觀精神聯繫起來。另外，「幽默」在恩格斯那裏似乎比在魯迅的作用要大。林語堂的幽默觀與魯迅、恩格斯的幽默觀有某些相似處：一是幽默確能解除煩憂，在笑中達到愉悅的效果。他說：「依心理學講，哭和笑

---

[91] 林語堂：《誰會享受人生》，《林語堂名著全集》21 卷，第 119 頁。
[92] 魯迅：《花邊文學・一思而行》，人民文學出版社 1973 年，第 55 頁。

的作用是在使胸中不平之氣得以發泄，而恢復精神上的均衡。」[93]基於對哭和笑的認識，林語堂倡導「含淚的笑」式的幽默，從而使人在緊張、苦痛的生活中獲得鬆弛和解脫，這並不是像有的人所言，幽默是精神鴉片，能麻痹人的意志。郭繩武曾致信林語堂盛讚《論語》期刊幽默的作用：「其讀《論語》之動機，完全為了『救救自己』。痛苦流涕之先 —— 非痛苦流涕之後， —— 悲憤激昂之際，頹唐厭世之候，惟《論語》能使我肝氣平，鬱氣消，死氣活，煥然其若新，悠然其若得。……卻說『幽默』之味，外理智，超情感，忘是非 —— 惟其忘也，故反得其正 —— 泯彼我 —— 惟其泯也，故俱得。」[94]看來，幽默確是一副「解憂去痛」的精神藥劑，可以療治心理和精神病症。二是幽默可以使人富有自信心。林語堂看到了「幽默是從自信心以及不認真態度才能獲到的」[95]。值得注意的是，林語堂幽默觀的獨特之處，即不是把幽默看成輔助性工具，而是看成「人生」之一部分，看成「文化」的生命泉源。他說：「幽默本是人生之一部分，……人之智慧已啟，對付各種問題之外，當有餘力，從容出之，遂成幽默，……因為幽默只是一種從容不迫的達觀態度。」[96]林語堂又說：「如果中國人明白幽默之意義及其在吾人生活上之重要，國中的景象，不會如目前這樣了 —— 言論不會

---

[93]　林語堂：《奉旨不哭不笑》，《林語堂名著全集》17 卷，第 90 頁。

[94]　《郭繩武書》，《論語》第 35 卷，1934 年 2 月 16 日。

[95]　林語堂：《中國人與日本人》，《林語堂名著全集》15 卷，第 45 頁。

[96]　林語堂：《論幽默》，《林語堂名著全集》16 卷，第 273 頁。

這樣的空疏，滑稽不會這樣的荒唐，詩詞不會這樣的悲鬱，文章不會這樣的呻吟，士氣不會這樣懦弱，道德不會這樣的虛偽，風俗不會這樣的澆漓，生活不會這樣的乾燥。嘻笑是健康的象徵，呻吟才是萎弱的症象。」[97]林語堂還說：「無論哪一國文化、生活、文學、思想，是用得著近情的幽默的滋潤的。沒有幽默滋潤的國民，其文化必日趨乾枯，而人的心靈必日趨頑固。其結果必有天下相率而為偽的生活與文章，也必多表面上激昂慷慨，內心上老朽黴腐，五分熱誠，半世麻木，喜怒無常，多愁善病，神經過敏，歇斯的利，誇大狂，憂鬱狂等心理變態。」[98]所以，林語堂站在生活、人生、文化視點認為：「幽默」決非可有可無的消遣品，更不是人們精神的麻醉物，相反，它是人精神和心靈之柱石。有了它，悲劇的人生就會充滿自信、歡樂與美好；有了它，乾涸衰微的生命就會生機盎然。看來，魯迅與林語堂的分歧之一即在這裏：「幽默」到底有多少價值意義？魯迅相信的是「血」與「火」，是「鬥爭」，是「革命」，是思想的啟蒙。當然，林語堂的「幽默」在魯迅看來是無法面對「風沙撲面、豺狼擋道」局勢的。而林語堂相信的卻是「情」與「理」，是「人性」與「和諧」，是心靈的自由與敞亮，所以，「幽默」就成了林語堂的「法寶」了。

　　其次是閒適。我們知道，人與動物的最大區別之一即人

---

[97]　林語堂：《〈笨拙〉記者受封》，《林語堂名著全集》14 卷，第 162頁。

[98]　林語堂：《論幽默》，《林語堂名著全集》14 卷，第 17 頁。

能勞動、工作和思想，人類文明的進步即是通過勞動越來越聰明智慧了，這也是林語堂頌讚人類的原因。但從動物的角度反觀，則人類又是最勞碌、辛苦，沒有多少閒暇的動物，人類為了智慧而過分地勞頓，結果卻失去了鳥、貓、狗等動物的悠閒。林語堂真切地看到這一點，他感歎：「人們為了生活而任勞任怨地工作，為了要活下去而煩慮到頭髮發白，甚至忘掉遊戲，真是不可思議！」[99]基於此，林語堂認為閒暇如同工作也是人生追求的目標之一。在閒暇中，人們可以獲得勞作難以達到的效用。一是通過閒適人們可以恢復體力、精力，以便更好地投入新的工作中去；二是閒適可使人們安頓下來，心情平和，精神愉悅，從而好好品味生活和人生，好好體會周遭的世界與風景，也好好地回顧歷史，從而享受到生活的快樂；三是閒適可以使人心有餘力讓精神自由飛翔，從而創造文學、藝術、文化，反過來美化人生。林語堂深知於此，他說：「我認為文化本來就是空閒的產物，所以文化的藝術就是悠閒的藝術。」[100]只有「閒適」才能使人從煩瑣的勞作中解放出來，克服被「物化」的弊端，成為自由人，以獲得真正的歡樂。

再次是趣味。林語堂非常強調人生的趣味，這是因為，其一，世界是一個充滿神奇趣味的所在，人有人趣，物有物趣，自然景色有天趣；其二，趣味有益於身心健康，林語堂認為：「我想這個趣字最好，⋯⋯只這趣字，是有益身心的」；

---

[99] 林語堂：《悠閒的重要》，《林語堂名著全集》21 卷，第 153 頁。

[100] 林語堂：《悠閒的重要》，《林語堂名著全集》21 卷，第 154-155 頁。

[101]其三，人生必有癡，必有偏好，這樣才有可能對世界、人生之趣味產生共鳴，才是一個富有真趣、真心而值得信賴的人。比如讀書，林語堂既要求所讀之書有趣，又要求讀書之人有趣，還要求讀書過程隨興隨意。唯有如此，才能領略生活的真趣味，才能獲得真快樂。幽默、閒適、趣味既與重大嚴肅的社會、思想主題不無聯繫，更與生活、人生、生命等問題息息相關，是人生快樂的重要方式。所以，一個善處人生者當然不可缺乏幽默，不懂閒適，毫無趣味。

　　既然人生苦多樂少，不如意者事十有八九，那麼，林語堂非常看重審美世界和人生，即用美的心靈與情懷看取世界萬物和人生世相。

　　首先，林語堂總是注意發現萬事萬物中的美。眾所周知，魯迅的偉大功績之一即在於揭露國人的病根，發現國人靈魂中的「醜」，從而希冀喚醒國人，達到啟蒙目的。而林語堂有時也批評國人痼疾，如懶惰，老滑，世故等，但他更多也更執著的是發現世界和人生的美，林語堂為我們繪製了一幅充滿美的迷人圖畫。一是對自然景觀美好的描繪。林語堂曾這樣概括我們居住的地球：上面有日夜和早暮的交替，從而帶來清爽的早晨；上面有四季交替，有熱有冷有暖有涼；上面有壯美的樹，夏遮太陽，冬透陽光；上面有鮮美的花果，依季節更迭變換；上面有清朗的日子，與雲霧遮天交替；上面有春雨、夏雷、秋風、冬雪，點綴四季風景；上面

---

[101]　林語堂：《論趣》，《林語堂名著全集》第 16 卷，第 37 頁。

有無數鳥兒，它們有美麗的色澤和清脆的歌喉；上面有各種動物，這是一個樂園；上面還有魚 蝦蟹，種類繁多；上面更有山水林木，偉大而雄奇。林語堂說沒有比這些更好的了。還有，林語堂筆下寫過許多城市，除了對上海深表厭惡之情外，對其他城市如北京、蘭州、西安、桂林、重慶、廈門、紐約、巴黎，作者都讚美其偉大神奇。二是頌揚人之美。在林語堂看來，人之美既表現在外表漂亮，又表現在心靈純潔與善良，還表現在自然本色、簡樸天然的性情，當然也表現在縈繞其靈魂的風韻與雅趣。三是謳歌藝術之美。文學、藝術是人仿效自然而創，因此，藝術與文學合聚了自然與人生之美好。林語堂曾詳盡介紹了中國文學、藝術的獨特之美，從文學中的詩歌、小說、戲劇、散文到藝術中的建築、書法、繪畫，他視域廣闊，論證深刻明晰。四是天、地、人構成的合諧之美。與許多作家、藝術家追求鬥爭、革命、暴力等不同，林語堂傾心於世界人生的和諧之美。這並非說世界和人生靜如止水，沒有矛盾衝突，而是努力將矛盾與衝突諧調起來。人生是一曲動人的交響，其中當然有激越狂逸，甚至有粗糲，以催人醒悟，但主旋律仍是諧和，是讓人心充實、寧靜、平和，有著永恒性的感受。當然，這些美並非虛幻飄渺，而是與生活人生息息相關的，換言之，林語堂的立足點是生活人生，正是用生活人生中獲得的經驗與美感，他發現乃至創造了美好的世界與人生圖景。席慕蓉說得好：「真

正的唯美應該是從自然與真實出發，從生活裏去尋找和發現一切美的經驗，這樣的唯美才是比較健康的。」[102]有了對生活人生的堅實立足點，林語堂的「美」的世界和人生才真實、生動而又迷人。

其次，林語堂認為簡樸的人生態度是獲得幸福的秘訣。大概誰都不否認每個人都有追求幸福的權力，然而人如何追求幸福則因人而異。多數人把繁花似錦的生活追求看成實現幸福的前提，而林語堂則認為真正美好、充實而又富有意義的是簡樸的生活方式。一是簡樸生活是美麗的，它因其簡單樸實而反映了真實的存在。林語堂這樣表達他對《浮生六記》中沈復和芸這對夫妻的敬佩仰慕之情：「因為在他們之前，我們的心氣也謙和了，不是對偉大者，是對卑弱者，起謙恭畏敬，因為我相信淳樸恬適自甘的生活（如芸所說『布衣菜飯，可樂終身』的生活）是宇宙間最美麗的東西。」[103]這裏，林語堂把簡樸當成人生的理想生活。二是簡樸生活可避免奢華懶惰，樹立勤勞、進取的人生觀。林語堂認為如果生活太奢，就沒有克己的可能，所以人「不必大福大貴，養成好吃懶做的惡習。」[104]三是簡樸生活使人無需在生活條件上過多苛求，而有更多時間消享閒暇，並保持心靈的平和。林語堂曾讚美北京人的「生活節奏總是不緊不慢，生活的基本需求

---

[102] 席慕蓉、三毛等著《文學筆記》，聯合文學雜誌社 1976 年。

[103] 林語堂：《浮生六記》，譯者序，《林語堂名著全集》18 卷，第 144 頁。

[104] 林語堂：《輝煌的北京》，《林語堂名著全集》25 卷，第 217 頁。

也比較簡單。……但整體上說，北方人的生活態度是樸實謙遜的。他們的基本需求簡單無幾，只求一種樸素和諧的人生」[105]。四是簡樸生活能夠給人生帶來快樂。林語堂說：「一種文化的真正試驗並不是你能夠征服和屠殺，而是你怎樣從人生獲得最大的樂趣。至於這種簡樸的和平藝術，例如養雀鳥、植蘭花，煮香茹以及在簡單環境中能夠快樂，西方還有許多東西要向中國求教呢？」[106]事實上，一個人真正希求於生活者無多，要達到簡樸生活更為容易，從這個意義上說，追求簡樸就意味著不受制於「物」，有更多的自由、自我和歡樂。林語堂一生對蘇東坡和陶淵明推崇備至，其原因之一即是他們對簡樸生活信念的崇尚。

　　再次，林語堂推崇苦中作樂的人生態度。對待苦難不幸，堅韌者往往都不隨波逐流，而是在「絕望中抗爭」。但「抗爭」有不同的方式，有的像貝多芬、魯迅，他們奮死拚鬥，扼住命運的咽喉，最後以積極甚至悲劇性的人生方式完成使命；而林語堂則是另一種「抗爭」，他更多表現為看似消極實則積極的人生態度，即注重「退」、「守」、「忍」的柔性哲學，概言之，可稱之為「苦中作樂」的人生態度。林語堂認為，痛苦有的可以戰勝有的則不能，因為人生本質上是悲劇性的。基於此，他認為：一要減輕痛苦，二要承載痛苦，三要享受痛苦。某種意義上說，能承載痛苦的人也是能去除痛苦和減輕痛苦，從而獲得快樂的人。

---

[105] 林語堂：《輝煌的北京》，《林語堂名著全集》25 卷，第 217 頁。
[106] 林語堂：《英國人與中國人》，《林語堂名著全集》15 卷，第 11 頁。

　　那麼，如何做到「苦中作樂」呢？林語堂認為，第一，知足或稱和氣，樂天主義。人生的問題之一是「欲望」與「欲望的實現」難以調和的矛盾。人的欲望往往是無止境的，因此，欲望的實現也就成為不可能。但欲望不高它就容易實現了。知足就是儘量降低欲求從而使自己滿足。林語堂舉例說：「比如他至少需要兩件清潔的襯衫，但倘是真正窮得無法可想，則一件也就夠了。」[107]第二，苦中尋樂。就是說在有限條件下尋找使自己快樂的遊戲，因為痛苦需要迴避，需要用快樂沖洗。一個有著詩性心靈的人可以隨時隨地獲取自得其樂的法子，否則，痛苦不可避免，那只有被痛苦毀滅了。林語堂說：「中國人生活苦悶，得以不至神經變態，全靠此一點遊樂雅趣。西人之評中國文化，最稱讚奇異者，即在不堪其憂之中，窮人仍然識得安樂，小市民以傍晚持鳥籠在街上談天，江北車夫在茅屋之外，種些金花草。」[108]所以，林語堂曾在《輝煌的北京》中讚美人力車夫，說他們苦中作樂，知道人生真趣。第三，驚人的忍耐力。毅力往往是一個人成就事業極其重要的因素，事實上，它也是人獲得快樂，克服痛苦的條件。面對某些難以根除的痛苦，有時必須「忍耐」，用驚人的耐力靜靜地「等待」，等待時間與正義的裁決，因為中國人有句古話，「多行不義，必自斃」，「苦盡甘來」。林語堂這樣說：「但在中國人的靈魂中常有來自老子的深思，及可怕的，沈默的忍耐力，對權威的緘口順服，定意忍

---

[107] 林語堂：《知足》，《林語堂名著全集》20 卷，第 62 頁。
[108] 林語堂：《論玩物不能喪志》，《林語堂名著全集》18 卷，第 26 頁。

受一切痛苦，枯坐以待任何暴君自斃的的無抵抗，無論這些暴君的勢力是多麼大。」[109]林語堂曾讚揚甘地「無抵抗」之偉大，讚揚狄仁傑驚人到可怕的對武則天的忍耐力。「忍耐」有時比「爆發」更智慧、更深遠也更能獲得成功，它是較高的修養與智慧，是以不變應萬變的人生方式。

林語堂對待生活和人生的態度有自己的特點，他不偏執、不急躁、不庸俗，而是喜愛中庸、平和與審美。概言之，林語堂內心有一個轉換器，他能將普通甚至悲劇的人生世相變成美好的富有滋味的燦爛圖景，讓你深切體會生活與人生那一份甜蜜與憂傷、纏綿與悠長，從而有一種此生足矣的幸福感受。那麼，林語堂怎樣形成極富「柔」性的人生態度呢？

首先，以孔子、孟子、子思為代表的儒家思想對林語堂的影響。

先談孔子。孔子是林語堂非常喜愛的人物，林語堂的作品隨處可見關於孔子的論述，可以說孔子是影響林語堂人生態度最關鍵的人物之一。一是修身養性，鍛造健全的人格人性。孔子為代表的儒家非常注重人品人格的陶冶修煉，他認為每人都是社會中人，他必須具有自我性、社會性、國家性，成為一個全面的人。因此，他倡導「仁」、「義」、「禮」、「孝」，倡導「天下興亡，匹夫有責」，倡導「修身、齊家、治國、平天下」。林語堂清醒地認識到儒家這一核心，他說：「儒家正心、誠意、修身、齊家，自然是儒道之中心思想，

---

[109]　林語堂：《從異教徒到基督徒》，《林語堂名著全集》10 卷，第 123 頁。

也是儒道的本源，也是吾國思想系統所以獨異於西方哲學，而足以救西方專求道的空疏迂闊之謬。」[110]我們認為，林語堂人品、感情、行為及理想都受到孔子的影響，尤其他的正直、仁慈、禮貌、謙遜和愛心（包括愛人與愛國）更是如此。從這個意義上就容易理解林語堂的行為方式、生活方式與人生方式了。二是幽默。林語堂認為孔子並非呆板嚴肅的聖人，而是極富幽默感的人。孔子周遊列國，為實現理想到處碰壁，他的學生笑對他說，有人稱他「如喪家之犬」。對此，孔子不僅不怒，反而點頭稱是，可見其幽默。林語堂不無欽佩地說：「噫，孔子何其幽默哉！吾將拜倒其席下矣！吾觀其容貌，藹然可親、溫色可餐，若之何禁人不思戀乎？須知儒生偽，孔子卻未嘗偽。」[111]林語堂還認為孔子的幽默是一種比莊生更成熟的幽默，他說，孔子的幽默「並不是莊子那種輝煌的機智和諷刺；而是一種更富於中國人本色的圓熟、溫和的、聽天由命的幽默。」[112]所以，在林語堂看來孔子這樣偉大的人物尚且如此對待人生，那麼，為使生活更加美好充實，普通人怎能失去幽默而板起面孔呢？三是達觀的人生態度和平和通圓的心境。魯迅非常讚美阮籍與嵇康對黑暗現實和吃人社會制度的不平與憤怒，林語堂也有類似看法，但對文人生活的急躁、憤怒，林語堂認為不妥，甚至是不健康

---

[110] 林語堂：《論東西思想方法之不同》，《林語堂名著全集》16 卷，第 89 頁。
[111] 林語堂：《思孔子》，《林語堂名著全集》17 卷，第 263 頁。
[112] 林語堂：《孔子在雨中歌唱》，《林語堂名著全集》15 卷，第 148 頁。

的。林語堂極力讚賞孔子的達觀、平和、苦中作樂的生活態度，認為孔子如乞丐般攜弟子到處漂流，其理論策略未見重用，但「孔子的靈魂裏並沒有憤怒」[113]。看來，林語堂的人生態度不能不從孔子那裏追尋源頭。

孟子對林語堂的影響也不可忽視。一是性善觀念。孟子的「人之初，性本善，性相近，習相遠」表達了他的人性觀，而林語堂的「人性美」觀念顯然來自孟子。他曾回憶形成這一觀念的原初動因：「少時常聽我父親引《孟子》說，『雖存乎人者，豈不仁義之心哉』。 —— 這句話不知如何，永遠縈繞在我的心上。這樣的人生觀，不是很好嗎？人無有不善，就其善而養之。人生社會有什麼了不得的問題，何必談什麼玄虛？做人的道理講好，還有什麼可怕？」[114]正是站在「性善」視角，林語堂在處理日常生活和人際關係時，總能看到他人之長，能諒解別人的短處，堅信人本性善。這種對「人」與「人性善」的堅定信念，使林語堂心胸寬闊，心情明朗，性格達觀，而少有憤怒、疑忌、仇恨、厭惡之情。二是浩然正氣。孟子說：「吾善養我浩然正氣」，「天將降大任於斯人也，必先苦其心志，勞其筋骨，餓其體膚，空乏其身，行拂亂其所為。」林語堂非常讚佩孟子，稱他是「又雄辯，又弘毅，又自信，又善諷喻，善幽默，是一種<u>浩然大丈夫氣象</u>（著重號為筆者加）。」他認為，「我們讀《孟子》，

---

[113] 林語堂：《孔子在雨中歌唱》，《林語堂名著全集》15 卷，第 150 頁。
[114] 林語堂：《孟子說才志氣欲》，《林語堂名著全集》第 16 卷，第 43 頁。

可使頑夫廉，懦夫有志。倘使如此下去，儒道豈不是很快樂平易的人生觀嗎？」[115]讀林語堂的作品，我們總感到有股「丈夫氣」，它充溢於天地之間，鬱鬱蔥蔥。不論對國家安危、黎民命運、邪惡醜陋，還是自我自由，我們都感到這一點。當然，對「大丈夫」的理解，林語堂又與眾不同。一般人認為大丈夫當然是豪放、剛毅、勇猛、甚至粗獷的，但林語堂認為：「實在大丈夫也有靜時，如諸葛亮之臥龍岡，只是靜中卻有志在裏頭，並非沈寂，也非寂滅。」[116]總之，林語堂十分敬仰孟子，稱他是有「情、智、勇」的人，並說自己也願成為孟子弟子：「好了，算我孟子派中人罷了。」[117]

子思作為孔子的孫子，他以一本《中庸》對林語堂產生了較大影響。林語堂把《中庸》推到了極高的地位，認為「與人類生活問題有關的古今哲學，還不曾發現過一個比這種學說更深奧的真理。這種學說，就是指一種介於兩極端之間的那一種有條不紊的生活 —— 酌乎其中學說」[118]。林語堂還引用李密庵的《半字歌》談到中庸哲學之精華「半半哲學」，認為它十分概括地表達了人生哲學的理想：「看破浮生過半，半之受用無邊。半中歲月盡幽閒，半裏乾坤寬展。半郭半鄉村舍，半山半水田園；半耕半讀半纏塵；半土半姻民眷；半雅半粗器具，半華半實庭軒；衾裳半素半輕鮮，肴饌半豐

---

[115] 林語堂：《孟子說才志氣欲》，《林語堂名著全集》16 卷，第 43 頁。
[116] 林語堂：《孟子說才志氣欲》，《林語堂名著全集》16 卷，第 44 頁。
[117] 林語堂：《孟子說才志氣欲》，《林語堂名著全集》16 卷，第 45 頁。
[118] 林語堂：《「中庸哲學」思想》，《林語堂名著全集》20 卷，第 117 頁。

半儉；童僕半能半拙；妻兒半樸半賢；心情半佛半神仙；姓字半藏半顯。一半還之天地；讓將一半人間。半思後代與滄田，半想閻羅怎見。飲酒半酣正好；花開半時偏妍；半帆張扇免翻顛，馬放半韁穩便。半少卻饒滋味，半多反厭纖纏。百年苦樂半相參，會佔便宜只半。」[119]還值得提及的是，中國歷史上許多文人都有著儒家思想中的傲骨，比如蘇東坡、文天祥、林則徐等都是林語堂所推崇的。林語堂說：「在這種曠達的浪漫主義之下，中國歷史中的浪漫人物在國家危急之時，都是勇敢不屈出名的好漢。蘇東坡、白居易、袁牧、鄭板橋（那個怪才子），還有袁中郎 —— 不一而同的，他們留遺下來史迹，比較滿口仁義的孔教徒要清白得多。」[120]林語堂還讚美文天祥、史可法、王陽明、林則徐等人「皆一片天地正義在心頭，其學問皆從正心，修身做起」[121]。很顯然，林語堂從他們身上汲取了一身正氣與傲骨，成為一位頂天立地的大丈夫。

其次，老莊等道家哲學思想也成為林語堂生活與人生態度的來源。老子對林語堂的影響表現在性善和以柔勝強兩個方面。林語堂非常讚賞老子的智慧，並把他與耶穌相提並論：「我覺得老子做到這種最曲折，而且有些迷人的雋語，在精神上已升到耶穌的嚴峻高度，」林語堂進一步引老子的

---

[119] 林語堂：《「中庸哲學」思想》，《林語堂名著全集》20卷，第117-118頁。

[120] 林語堂：《清算月亮》，《林語堂名著全集》18卷，第91頁。

[121] 林語堂：《哀莫大於心死》，《林語堂名著全集》18卷，第99頁。

話說：「善者吾善之，不善者， 吾亦善之，德善。」[122]看來，林語堂在「性善」問題上把老子與孟子聯繫起來，也將道家與儒家聯繫起來，從而得出與生活人生態度至為密切的結論。另外，林語堂闡述了老子與耶穌一樣崇信柔弱勝強的理論，因之，他主張容忍、耐心地等待，他說：「老子開始宣傳柔弱的教義，這種教義，在我聽來好像是耶穌登山寶訓的理性化。耶穌說，『溫柔的人有福了，因為他們必承受地土。』他用一種明確而肯定的說法。沒有人曾鄭重地思考過為什麼溫柔將承受地土這個問題。」「對強力的不信任不只是一種道德的訓誡，而是設法與人生的規律相協調。耶穌是貧賤之友。不但老子對愛及謙卑的力量的訓言，在精神上和耶穌來自他的獨創的卓識的閃光的訓言相符合，有時連字句的相似也是很驚人的。『你們中間誰為大，誰就要做你們的傭人。凡自高的必降為自卑，自卑的必升為高。』（馬太廿三章十一、十二節）。『然而有許多在前的將要在後，在後的將要在前。』（馬太十九章三十節）。『你們若不回轉，變成小孩子的樣式，斷不能進入天國。』（馬太十八章三至四書）。」[123]因之，林語堂的「半半」哲學，「苦中有樂」、「閒適」等都以老子和耶穌思想為根柢，這種注重「退」、「守」、「無為」、「容忍」的哲學看來是保守消極，但實際上卻是積極進取，是深得人生世界真義的。在善待人生上，莊子對林語堂的影響主要表現在：一是幽默，林語堂認

[122] 林語堂：《老子》，《林語堂名著全集》10 卷，第 137 頁。
[123] 林語堂：《老子》，《林語堂名著全集》10 卷，第 137 頁。

為,「大概莊子是陽性的幽默,陶淵明是陰性的幽默,此發源於氣質之不同。」[124]二是知天樂命,林語堂說:「人生必有目的,哲學家所說不同。『要其性命之情』這是莊子。『暢其天賦之能』這是歐裏辟特(Euripides)。這兩種主張,都是我所服膺。世上沒有一種哲學教人不負責活下去。」[125]另外,具有濃郁道家思想的陶淵明、李白、蘇東坡、袁子才、李笠翁等的閒適遊戲人生態度對林語堂都有較大的啟發,成為他善處人生的重要依據。

總之,儒家、道家文化是中國文化的核心,它們非常複雜地對林語堂產生影響,如道家以精神的方式滲入林語堂的靈魂,而儒家也是如此;儒家的行為方式成為林語堂的範式,而道家的行為準則也規範了林語堂。但是,一般意義上說,儒道對林語堂善處人生的影響有一定的偏向,即儒重行為方式,道重精神向度;儒重實際,道重玄想;儒重工作,道重玩樂。林語堂這樣說:「道教是中國人民的遊戲恣態,而孔教為工作姿態。」[126]

再次,西方文化中的善待人生也啟發了林語堂對生活、人生的態度方式。這主要表現在羅素、蕭伯納、韜洛對林語堂的啟迪。林語堂曾把羅素看成賢人,他說:「我們不把當今的賢者如羅素、愛因斯坦,羅蘭之流請出來,卻把這些事

---

[124] 林語堂:《論幽默》,《林語堂名著全集》16卷,第276頁。
[125] 林語堂:《從辜鴻銘說起薩爾忒》,《林語堂名著全集》16卷,第431頁。
[126] 林語堂:《道教》,《林語堂名著全集》20卷,第111頁。

（指世界大事，筆者注）交給『專家』！」[127]顯然，羅素對林語堂的影響很大。將羅素與林語堂的生活、人生態度稍作比較就會發現二人的密切關聯。就善處人生而言，林語堂與羅素相同或相近點較多。一是中庸的生活態度。二是閒適的心境。三是興趣廣泛。四是恬靜淡泊的人生理想。蕭伯納也是林語堂十分推崇讚歎的人物。林語堂 1929 年即譯出蕭伯納的劇本《茶花女》，後來又寫下幾篇介紹蕭伯納的專文，如《歡迎蕭伯納文考證》、《蕭伯納與上海扶輪會》、《蕭伯納與美國》等。蕭伯納對林語堂影響最大的可能是幽默思想。林語堂曾談到蕭伯納的諸多幽默佳話，深深折服蕭伯納思想深刻，他說：「我們覺得幽默種類繁多，微笑為上乘，傻笑也不錯，會有思想的幽默如蕭伯納，固然有益學者，無所為的幽默如馬克、頹恩，也是幽默的正宗。」[128]

最後，林語堂的自娛自戀情結也是他人生方式形成的重要原因。我們知道中國現代許多作家都以剖析自己的弱點而著稱，有的因為政治原因，像何其芳對前期「自我」的否定，郭沫若對自己的反覆「懺悔」；也有個人自謙的因素在內，如魯迅、巴金等的「自剖」，但更重要的因由可能與內心的「自卑」情結有關。魯迅曾坦誠說他決非振臂一呼應者雲集的英雄，他總認為自己的性格、文章不完好，甚至自我貶抑。巴金亦如此，他的《隨想錄》則是對壓抑人性那個年代的控

---

[127] 林語堂：《讓娘兒們幹一下吧！》，《林語堂名著全集》14 卷，第 140 頁。
[128] 林語堂：《會心的微笑》，《林語堂名著全集》14 卷，第 158-159 頁。

訴，同時也是自我懺悔。比較而言，林語堂則是另一心態，
即自娛自戀情結。一是對自己軀體的自戀。林語堂有個習
慣，即非常喜歡洗澡，洗腳，他每天都認真洗腳，有時一天
多達數次。以往我們很少從這一點審視林語堂的內心世界，
總認為這只是個人衛生習慣、性格愛好問題，其實不然，這
反映了林語堂的自戀。因為林語堂並不像許多人的洗澡與洗
腳，而是投諸了較多的情感與心理因素。二是對自己性格、
人格的自信。林語堂說：「我厭惡費體力的事，永遠不騎牆
而坐；我不翻跟頭，體能上的也罷，精神上的也罷，政治上
的也罷。」[129]他還說：「我以為我像別人同樣有道德，我還
認為上帝若愛我能如我母親愛我的一半，他也不會把我送進
地獄去，我這樣的人若是不上天堂，這個地球不遭殃才怪。」
[130]三是對自己作品的自信與熱愛。林語堂曾說他有雄心讓自
己的小說傳世。對自己的作品他說：「吾嘗謂文人作文，如
婦人育子。」自己往往待文章「發表之後，又自誦自喜，如
母牛舐犢。故文章自己的好。」[131]四是對自己生活方式的投
入。如對抽煙、臥床、烹飪的讚賞，其更深層動因是自賞自
娛。需要說明的是，林語堂儘管有著自娛自戀情結，但並不
說明他自我吹捧和自我滿足。事實上，林語堂的自評是客觀
的；他也認為任何人都不能完美，「理想的人並不是完美的

---

129 《林語堂自傳》，河北人民出版社 1994 年，第 45 頁。
130 《林語堂自傳》，河北人民出版社 1994 年，第 46 頁。
131 林語堂：《論文》（上），《林語堂名著全集》，14 卷，第 155 頁。

人」,他說自己從來「也沒有自滿過。」[132]我們只想指出這一事實:對比其他中國現代作家,林語堂有著自娛自戀情結。因此,他自信、達觀、快樂,文章才內含溫柔的情懷和濃郁的情趣。三毛曾說過:「一個不欣賞自己的人是難以快樂的。」[133]也正是自娛自戀情結才有助於林語堂反抗絕望,盡情享受體會生活與人生的歡快,以更富詩意的審美心情妥善處理生活、人生這一喜樂憂傷參半的戲劇。

　　總之,林語堂以家鄉山地為根本,融會中西,從而形成反抗絕望和善待人生的生活態度。

四、價值意義與缺憾評估

　　林語堂的人生哲學很有特點,它產生於山地文化、東西文化廣大而深厚的歷史、文化背景,有著獨特的支點、中心和內蘊。以往,我們較少對之作出全面、系統而深入的把握,尤其缺乏用文化眼光審視林語堂人生哲學的複雜性、深刻性及價值意義和不足,即使論及多為簡略微觀,甚至是片面的,帶有較強的主觀隨意性。以上我們對林語堂人生哲學的內涵及成因作了系統細密的考察,下面試對其包蘊的價值意義與不足做一番梳理。

　　林語堂的人生哲學有不可忽視的積極作用,尤其在階級鬥爭相對弱化的時期更是如此。

---

[132]　《林語堂自傳》,河北人民出版社 1994 年,第 45-46 頁。
[133]　席慕蓉、三毛等著《文學筆記》,聯合文學雜誌社 1976 年。

　　首先，林語堂的人生哲學偏於追尋人的本體意義。與諸多人生哲學不同，林語堂的人生哲學以「人」為中心，尤其注重從人本體的角度理解、體會人的生存境遇和生存方式。

　　一是享受生活、人生的觀念。林語堂可能是在西方國家居住時間最長的中國現代作家，他對西方社會、思想、文化有非常清醒的認識，因之，對以西方文化為車頭的近代文化林語堂深懷憂慮，既肯定其物質文明的迅猛發展，又否定其對人性的異化。林語堂把近代社會世界比成一艘鬼船，多數水手及乘客都被另一實際問題困擾，即他們從哪里來，最後又將在何處登陸？林語堂對此憂心如焚：「我覺得近代世界及當代的歷史都好像是在做一種不知何往的冒險，因此，如果我們肯問自己──『我們現在去哪裡呢？』就是得救的第一徵兆。」[134]站在這一視點，林語堂對近現代哲學和文化產生懷疑，認為它們離人生愈來愈遠，越來越受概念、學理、邏輯的束縛，從而失了簡明、清晰、實用的智慧，甚至連真理也越來越含糊玄虛。其實，真正的哲學應是澄明，使人豁然開朗，茅塞頓開的，就像伽達默爾十分讚賞海德格爾，主張「堅決拋棄這種異化的真理觀，確信真理就是存在的敞亮，即展露自己並隨之揭示其他內在者的澄明過程。質言之，真理就是去蔽，就是對人生意義的本真闡明。」[135]林語

[134] 林語堂：《從異教徒到基督徒》，《緒言》，《林語堂名著全集》10卷，第41頁。
[135] 王岳川：《後現代主義文化研究》，北京大學出版社1992年，第37頁。

堂完全把視野從遙遠回視自身，回視人本身，尤其人的日常
生活和人生狀態等問題。林語堂熱切呼籲人們要充分享受人
生，認為這才是人生的最終目的，是緊緊把握了人的本質，
而其他任何活動都是手段，都是為了「人」從物質和精神上
獲得快樂的手段。應該承認，以往我們的哲學、文化尤其是
中國現代以來的哲學文化思想有一種傾向，即對「享受」的
忽視、批評和罪感。比如，魯迅，他一生可用「春蠶到死絲
方盡，蠟炬成灰淚始乾」，「吃得是草，擠出來的是牛奶和
血」來概括。可以說，每個讀過魯迅作品的人都會為他偉大
的人格、精神所感動。但換個角度，魯迅的一生又不注重「享
受」，不注重生活，有時還有點「自虐」心理。應該說，從
思想看魯迅是深刻偉大的，但從生活和人生態度看，魯迅明
顯有他的不足。他較少享受到生活的快樂、舒適與甜蜜，不
要說優悠閒暇、遊戲玩耍，就是衣、食、住、行、性等人生
最直接的部分，魯迅也未能充分享有（魯迅獨身長達 20 多
年）。當然，這裏的原因很多，但其中之一即是魯迅對生活、
人生和生命健康的忽視。列夫·托爾斯泰認為：「遊戲也是
好的，如果這遊戲不是下流的，而是誠實的，不使人痛苦的。」
[136] 羅素也說，明智地利用閒暇，是文明和教育的產物。」「沒
有相當大量的閒暇，一個人就和許多最美好的事物絕緣。」
[137] 顯然林語堂認識到生活、人生、生命本身的重要性，認識
到在有生之年享受快樂的重要性，認為不可無視生命、生存

---

[136] 《列夫·托爾斯泰論創作》，灕江出版社 1982 年版，第 78 頁。
[137] 羅素：《悠閒論》，第 8 頁。

的價值。在林語堂看來，一個人倘若未能充分享受人生的諸多歡樂，他的人生是不健全也是殘缺的。從此方面說，林語堂的人生觀有不可忽視的價值意義。可是，直到今日，仍有人用封、資、修簡單地概括林語堂享受生活的人生觀。如萬平近說林語堂是「鼓吹過中等階級的逍遙自在的生活，實際上也就是把封建主義時代文化的玩世主義和現代資產階級的享樂主義結合起來」[138]。近年有人論及林語堂並引發出他的結論：「由此，我想到兩件事，其一是中國知識份子身上的士大夫氣味不可不滌蕩，」「生活的藝術」也是一種「安樂死」，「切莫不經意將此類東西當成至寶，乃至選為立足點以創建全人類的新文化。」[139]我們當然不主張只圖享受尤其物質享受的生活方式，也不主張只會工作的人生態度（應該注意，魯迅的忘我工作儘管有其有足，但與常人不同，他是把中國甚至人類的重擔放在肩上，反映了他偉大的人格境界）。林語堂倡導「努力工作，盡情享受」還是很有啟發意義的。

　　二是個性的張揚。馬克思主義認為，個體是群體的基礎，沒有個體群體也就不可能存在，沒有富有個性的個體也就不可能有富有個性的群體。另一方面，任何個體又不能脫離群體單獨存在，個體的發展解放還有賴於群體的發展解放。所以，個體與群體的關係是辯證，不可分割的。然而，事實上，人們在處理個體與集體關係時，往往很難把握二者

---

[138] 萬平近：《林語堂論》，陝西人民出版社 1987 年，第 150 頁。
[139] 林繼中：《文化對撞中的林語堂》，《上海文化》1996 年第 1 期。

的關係。人們極容易犯這樣的錯誤：過分注重集體與群體，而忽視甚至損害個體。如巴金受到無政府主義思想的影響，往往把「個體」看成次要的，他說：「我們每個人都有著更多的同情，更多的愛慕，更多的快樂，更多的眼淚，比我們維持自己的生存所需要的多得多。所以，我們必須把它們分散給別人，並不貪圖一點報酬。……在眾人的幸福裏謀個人的快樂。在大眾的解放中求個人的自由。」[140]巴金還反覆引用居友的語錄：「個人的生命應該為著他人放散，在必要的時候還應該為著他人放棄。」魯迅也有較強烈的犧牲精神，他的理想即是「肩起時代的閘門讓年輕人過去」，然而，魯迅對自己的忽視和某些「自虐」性質，都說明個體極容易被忽視。更有甚者，有人以「集體」為名而行損「個體」之實，甚至為實現自己的某種野心而假借集體之名，文化大革命中「四人幫」即是如此。穆時英曾批評那種集體性的政治規範的危險性：「他們給我一個圈子，叫我站在圈子裏邊，永遠不准跑出來，一跑出來就罵我是社會的叛徒，就拒絕我的生存。」[141]神父史興善（vincant Sith）也認為：「個人依附於集體，而集體又屈服於傳統，……這就使一個傳統社會的個體成員不可能接受任何新鮮事物。」[142]正是基於對個體的忽略，林語堂主張首先要使每個個體成為獨立的存在，然後才能談論集體，而集體的目的是為了個體的幸福，為了個體更

---

[140] 巴金：《談心會》，《巴金選集》8卷，四川人民出版社1982年。
[141] 穆時英：《PIERROT》，《現代》第4卷第2期（1934年）。
[142] 史興善：《基督教遠征中國史》，導論部分，第49頁。

好地存在，如果一個社會一種文化違反了這一規律就算不上好的文化。在保證個體的自我和自由時，個體才能將自己與人類聯繫起來，才能將自己與國家及人類的命運相聯繫。當然，林語堂並非一概而論說「個體」絕對不能為群體作出犧牲，必要時甚至可以犧牲生命，只是林語堂認為在極其特殊的情況下犧牲生命才算合理，而一旦以集體之名任意犧牲個體那將是與人生、文明、文化本意相去甚遠了。

　　三是人格的道德修養。一般說來，社會越發展，文明越進化，人的品質與修養也應越趨完善，然而事實卻遠非如此。隨著物質生活的日益完善，人們的精神卻危機四伏，人與人之間的純樸、真誠、善意越來越少，人們也越來越忽視道德修養，難怪有人呼籲，工業和後工業社會文化所帶來的是人的異化日趨嚴重，人的道德觀念日趨淡薄，人日趨成為「非人」。面對這一文化情境，林語堂呼籲要回到人的本源，注重日常生活和人生本相，尤其要注重基本的做人規則。林語堂認為現代文化的最大弊端是遠離了人生，忽略了做人的基本原則。談到中國教育之惡，林語堂指出：「我們的目的是教書而不是教人，我們是教人念書，不是教人做人。」[143]這樣，人們可以大談理想、主義、信仰，但不會做人，不懂人性，不明情理，從而變成文化「怪物」。做人是人生的基本，雖然它離「道」遙遠，但林語堂認為這是根本，沒有富有高尚品位的「人」，其他的一切都是空談。林語堂甚至把

---

[143] 林語堂：《論理想教育》，《林語堂名著全集》13 卷，第 94 頁。

孔子和馬克思比較，認為孔子是以「人格」為其一切理論之基石，而馬克思則注重社會與物質環境。他說：「我想起孔子和馬克思剛好是採取對立的觀點；孔子相信沒有人格變革的社會改革是表面的；馬克思則以為社會環境決定人的道德行為，而烏托邦的實現要靠物質環境的變換。」[144]顯然，林語堂對馬克思多有誤解甚至不恭，因為馬克思主義的核心之一就是注重人格的培養與鍛造，倘若不是如此，馬克思、恩格斯以及那些革命者的特殊人格精神就不可理解。但對孔子注重人格塑造的把握還是有道理的。林語堂的理想人格即是大事認真，品質、人性趨誠趨真趨善，而瑣屑小事卻比較隨意。林語堂把文化的指標調轉方向，直指「人」，直指人的「本體」，這在中國現代作家中比較有代表性。

其次，審美的人生態度為充分享受人生提供了很好的參照。縱觀中國現代文學，那是一部壓迫與被壓迫構築的歷史，我們徜徉其間，分明感到歷史的厚度和真實存在。但另一方面，我們又感到其中被「強化」了某些東西，比如，在中國歷史充滿辛酸與血淚的主調下，是否還有某些歡樂與歌聲；作為以靈魂滲透方式感染人的文學是否除了沈重的美學風格，還要有一種輕靈的抒情基調？顯然是需要的，因為文學和人生都應該是多元的。與許多中國現代作家注重審「醜」，注重歷史地現實地反映生活，講究沈實的美學風格不同，林語堂注重「審美」，注重詩化人生。一是給人提供

---

[144] 林語堂：《從異教徒到基督徒》，《緒言》，《林語堂名著全集》10卷，第 96 頁。

美。如果說魯迅等人注重發掘中國社會與人生的劣根性，以達到啟國人之蒙的目的，那麼林語堂始終注重頌揚人生、文化中的優美，以期給人以美的享受。因為林語堂認為，美是現實也是歷史的，就像弗里德連爾所言：「美是現實現象的客觀屬性。但是這是為人而存在的屬性，它同社會實踐同人類社會的歷史，同人的感官和意識的發展是緊緊聯繫在一起的。」[145]林語堂還認為美感可使人心平氣和，他說：「愛默生令人激動，卻不令人恬靜，這是所以不能長讀愛默生的理由。因為讀書是想被激動又想得到撫慰。我寧願讀桑塔亞那的《英國的獨白》。」[146]二是熱愛生命與人生。以審美的方式看取人生，那就不會走入完全的悲觀主義，而是能從哪怕是充滿諸多醜陋的社會、人生中看出種種美好來。更重要的是，審美人生必須以好奇心和趣味為前提，從而讓人珍惜生命中的每一點光陰，注重生活的每一件瑣事，充分體會生活之美。林語堂的人生道路即是以審美人生為主的，他深得生活的酸甜苦辣，並以審美的方式詩化人生，為我們提供了熱愛生命和人生的楷模。三是個體自我的強調。從對生活的反映看，審美人生肯定有某些空幻成分，但從人生態度和幸福感來看，審美人生表達的是一種主觀性和自我呈現。強調自我和個性，這不僅是作家必備的條件，而且也是普通人獲取

[145] 弗里德連傑爾：《馬克思恩格斯和文學問題》，上海譯文出版社 1984年，第 124 頁。
[146] 弗里德連傑爾：《馬克思恩格斯和文學問題》，上海譯文出版社 1984年，第 121 頁。

人生快樂的前提，沒有主體自覺的快樂不是真正的快樂。審美人生也就是把主體自我還原出來的過程。個體在大千世界是微不足道的，人生是短暫的，唯有通過審美來詩化人生才能在悲劇中體驗歡樂、美感與永恒，才不至於感到生命的沈荷。

再次，林語堂為我們提供了平和雍容的文化心態，這主要表現在他對時間的理解上。現代社會以進化論為依據，以「時間即是金錢，即是生命」為衡定事物的標尺，以未來某一點為理想目標，從而形成了對時間的縱向式理解。這種方向性極為明確的時間觀念當然對提高工作效率，解放生產力大有益處，工業商品社會即是這一時間觀導引的結果。但這種時間觀又有極大的負面作用，林語堂認為這對人生非常不利。一是把支點定在未知的未來，而忽視了人和人生本身的目的性。二是使心境變得急躁、粗糙甚至變態。如在美國等國家，人們還來不及「愛上」，就在一夜間「一見鍾情」而一起生活了。曾有一青年婦女敘述說，他們很快進入一種極親密狀態，還沒有時間相互發現，就已經超越了等待、尋求、夢求等步驟，三天內，他們即成了「老夫妻」了。林語堂對美國文化的急進十分不滿，認為美國人「整個生活的模型是像消防隊那樣組織起來，每個人都像鐵路那樣，按照時刻表而動作」[147]。對中國現代文化，林語堂也認為它忽略了古代文化的自信、智慧和幽默：「現代的中國是一種放縱的，乖

---

[147] 林語堂：《美國人》，《林語堂名著全集》15 卷，第 13 頁。

張的，神經衰弱的個人，由於中國民族生活在過去這一世紀的不幸，以及要使自己跟新的生活之道適應的恥辱，因而喪失了自信心，以至失去了他的確當的氣質。」[148]三是使人們難以靜下心來，享受生活的閒暇安寧。林語堂這樣描繪雍容的時間感受：「這正像逛廟會，人們從中體味到一種悠閒的氣氛。悠閒，一種對過去的認識，對歷史的評價，一種時間飛逝的感覺和對生活的超然看法油然而生。中國文學、藝術的精華可能就是這樣產生的。這不是自然狀態下的現實存在，而是一種人們頭腦中幻化出的生活，它使現實的生活帶上了一種夢幻般的性質。」[149]這種人生境界方能避免人的異化，從而使人們感覺敏銳，情感細膩，心靈空透，充分享受生活的真實情境和人生的恒定性。另外，樂觀與寬宏精神也是平和雍容人生境界的表現方面，這與永恒的人生體驗一起構成林語堂與眾不同的心境。

　　林語堂的人生哲學並非盡善盡美，它又有不少局限性。簡言之有如下方面：第一，林語堂忽視甚至無視人的階級性，從而使他的人生觀缺乏時代感與社會歷史性；第二，林語堂過分注重審美人生，而忽視工業對人生的巨大作用。第三，林語堂強調人的本源意義，但相對忽視理想、群體，因而缺乏崇高感。

---

[148]　林語堂：《英國人與中國人》，《林語堂名著全集》15卷，第10頁。
[149]　林語堂：《輝煌的北京》，《林語堂名著全集》25卷，第24頁。

第三章　天地玉成的精華

── 林語堂的女性崇拜思想

　　近現代文學文化的最大功績之一即是發現了「人」，尤其發現了「女性」。人們認識到以往的歷史是男權中心話語下被嚴重誤讀的結果，所以，對「女性」的態度某種程度上成為人們衡量社會、國家及個人現代化程度的重要標準。周作人說過「鄙人讀中國男子所為文，欲知其見識高下，有一捷法，即看其對佛法以及女人如何說法，即已瞭解無遁形矣」。[1]

　　「五四」開始的中國現代新文學緊緊地抓住「女性」這個中心問題。以魯迅、巴金、周作人、冰心為代表的作家不遺餘力地反映婦女的悲慘命運，呼籲婦女個性解放和價值尊嚴的真正實現。可以說，「婦女解放」是貫穿中國現代文學始終的母題。林語堂也是十分關注婦女解放的中國現當代作家，不論在散文還是小說或論文中都是如此，其中包含了他獨特的女性思想意識。

---

[1]　周作人：《書房一角・看書偶記・三六　捫燭胦存》。轉引舒蕪編錄《女性的發現》，文化藝術出版社 1990 年，第 18、48 頁。

一、迷人的女性世界

　　林語堂是位出色的散文家，同時也是重要的長篇小說家，並且他的長篇小說達到了相當高的思想藝術水準，林語堂自信地說：「我有雄心讓我的小說留傳後世」。[2] 在林語堂的長篇小說中，我們可以獲得許多富有價值的內容，這裏主要考察其女性形象塑造。

　　林語堂當然也塑造了不少成功的男性形象，但總體說，這些人物顯得扁平模糊，甚至有些概念化。比較而言，林語堂筆下的女性形象卻更為突出，她們生動、豐滿、典型而獨特，在中國現代文學乃至整個中國文學史上獨具魅力。

　　首先，林語堂筆下的女性形象性格具有穩定性，沒有明顯的階級性和意識形態色彩。如魯迅筆下的祥林嫂，巴金筆下的翠鳳，曹禺筆下的蘩漪，老舍筆下的月芽兒母女……，這些女性形象處境悲慘，過著非人的生活。作家在她們身上寄寓了較強的階級意識，從中分明感到她們是怎樣一步步成為剝削階級的犧牲品。魯迅等人就是站在階級視角，用深刻的理性目光審視給女性帶來悲劇的政治、經濟、思想及文化原因，從而帶來這些女性形象的巨大意義：對封建專制政治思想與文化的批判，對女性解放的熱切呼喚。顯然，這種文學把握方式是與中國現代反對封建思想文化的主題一致的，因為無論如何，階級鬥爭和意識形態都是中國近現代社會的主旋律。當然，我們強調中國現代文學通過女性形象把

---

[2]　林語堂：《八十自敍》，北京寶文堂書店 1990 年，第 73 頁。

握階級鬥爭與意識形態這一思想文化主旋律，並不等於說這是文學的唯一把握方式，因為作為間接反映社會生活，注重審美的文學其視域是廣闊，內涵是豐富的。何況因為諸種原因，作家的政治觀、思想觀、文藝觀和文化觀也有較大差異。林語堂的與眾不同是，他往往忽略階級鬥爭和意識形態，僅從普泛的一般的意義上把握女性，甚至提出危言聳聽的女性觀：「人們對中國人的生活瞭解越多，越會發現所謂的婦女的壓迫是西方人的看法，似乎並不是仔細研究觀察中國人生活之後得出的結論。這個批評肯定不適用於中國的母親這個家庭的最高主宰。」[3] 這裏　，林語堂否認中國歷史上女性所受的壓迫，顯現出較為保守的政治觀和意識形態的遲鈍。但另一方面，這一看法也有價值，至少在「提醒我們避免用階級鬥爭和意識形態去解說中國歷史和中國家庭」這一點是有益的。儘管婦女在中國歷史上備受壓迫，但並不能將之絕對化。事實上，中國歷史上有不少女性是例外的。如據載：「鄴下風俗，專以婦持門戶，爭訟曲直，造請奉迎，車乘填街衢，綺羅盈府寺，代子求官，為夫訴屈，此乃恒代之遺風乎。」[4] 還有魏時太原郭逸要將女兒嫁給崔浩，郭逸妻子王氏非常贊同，可是不巧，女兒死了，「王深以傷恨，復以少女繼婚，逸及親屬以為不可，王固執與之，逸不能違。」[5] 北

---

[3] 林語堂：《中國人》，郝志東、沈益洪譯，浙江人民出版社 1988 年，第 121-122 頁。

[4] 《顏氏家訓》卷 1，《治家篇》。

[5] 《魏書》卷 35《崔浩傳》，第 826 頁。

朝崔悛說：「家道多由婦人。」[6] 所以，古人有言，「男主外，女主內 」。可見，林語堂這一基點並非毫無根據。

　　值得注意，林語堂保守的政治觀並不完全妨礙其文學創作的價值意義，相反，有些形象給人耳目一新的感覺。《京華煙雲》塑造了很多女性形象，但最成功的是木蘭。在這部巨製中，家庭女性有母女、姐妹、妯娌、主僕等多種關係，其中除了姚太太與銀屏的矛盾外，女性間都是和平相處，沒有階級鬥爭的殘酷，主僕間也不是壁壘森嚴，而是較為平等。姚太太與銀屏也不像許多現代作家筆下的主僕間有著強烈的階級意識衝突，而更多的是女人間的爭奪戰。就木蘭與莫愁形象而言，她們雖是富家女，但絲毫沒有剝削階級的驕奢淫逸，也沒有統治階級的頤指氣使，而是和氣、溫柔、善良、勤勞、質樸。莫愁身上更多的是母性，她如同水母用綿綿的情意將你包裹，作者說典雅的莫愁有點像吸附一切的「海葵」。木蘭是林語堂付諸情感最多的女性形象，林語堂甚至說：「若為女兒身，必做木蘭也！」木蘭不只是外表美麗，更是內心善良美好，氣度不同凡響。她生性活潑，有著驚人的生命力和男兒豪情。如果用封建女性觀考察木蘭，她算不上一個「好女子」，因為她不守邊幅，遊山玩水，甚至愛吹口哨；然而用現代意識觀照，她分明是透出鮮活生命的奇女子。難怪林語堂給她命名為姚木蘭。木蘭並非一個不問世事的「閒人」，相反，她有著博大的胸懷和愛心。為了抗

---

[6]　《北史》卷 24，《崔逞傳》附《崔憬傳》。

日戰爭，她讓兒子上前線；在戰火紛紛中，她收容下一個又一個孤兒。她沒有通常人們所說的高度的階級覺悟，但卻非常關心國家、民族的抗戰，關心人，愛護人；而且感情總是默默的，深藏於內心深處。如果簡單地用階級觀點審視木蘭，就得出這樣的結論，即林語堂粉飾剝削階級，為剝削階級貼金抹粉。林語堂注意對寓存於普通人、所有人內心的「人性」進行發掘，考察「人」心中永恒的魅力與光輝。《紅牡丹》是林語堂長篇小說最細膩委婉也是最曲曲的一部，作品塑造了光緒年間的女性紅牡丹。紅牡丹先後愛過幾個男人，但卻不斷更換。如果以「男權中心」的眼光審視她，一定將她看成輕浮、淺薄和水性揚花。這樣，紅牡丹對愛情、自由、人性、個性的追求就不知不覺「滑脫」了。作者沒有賦予牡丹多少階級內容，只注重挖掘她身上與人類相通的人性內容。就如《紅牡丹》譯者張振玉所言：「本書寫寡婦牡丹，純係自然主義之寫法，性的衝動，情之需要，皆人性之本能，不當以違背道德而強行壓抑之，本書主題似乎即在於是」。[7] 還有《風聲鶴唳》的丹妮，《朱門》的柔安，《賴柏英》的賴柏英，作者主要寫她們身上的普遍人性內容。另外，魯迅等作家筆下的女性往往強調性格、個性等的發展變動性，而林語堂則不注重成長性或衰敗性，而喜愛寫其常性和穩定性。

　　與忽略女性形象的階級意識相關，林語堂筆下的女性形

---

[7]　轉引自施建偉《林語堂在海外》，百花文藝出版社 1992 年，第 214 頁。

象往往沒有祥林嫂、蘩漪、金子、曾樹生、翠鳳、曹七巧等的沈重感和悲劇性，而是以輕靈瀟灑、明朗高雅令人注目。

一是表現女性的天生麗質與自然天成。博雅稱丹妮的美麗：「她嬌小迷人，像南國佳麗，」「有時候她看來像個天真無邪的少女。」[8] 林語堂寫道，梅玲（即丹妮）「伸出她的玉足」，那「修長、豐盈、曲線真美」。[9] 林語堂寫木蘭的美貌：「木蘭的婚禮莊嚴肅穆，為萬眾注目的中心，美如滿月，以前沒見過她的男男女女，見其美貌，都為之咋舌。除去她眼睛的迷人及低沈的音樂美，她的身段兒窈窕，令人目迷心蕩。一如我們常形容美女說：『增一分則太長，減一分則太短；增一分太肥，減一分則太瘦。』喜愛身材高一點兒的，覺得她夠高；喜愛身材矮一點的，覺得她夠矮；喜愛體態豐滿的，覺得她夠豐滿；喜愛削瘦一點兒的，覺得她夠苗條。身體各部分配合比例的均勻完美，竟至於此極。可是她並不節食，也不運動。<u>造物自然賦予她如此的完美，奈何！奈何！</u>」[10]（著重號筆者加）。紅牡丹的外貌也十分動人，在丈夫費庭炎任職的高郵鹽務司職員眼裏她「貌美多姿，已然聞之久矣」，林語堂寫道：「她那猶如皎潔秋月的臉露出了一半，眼毛黑而長，鼻子挺直，濃郁美好的雙唇，端正的下巴。」[11]「她的眼睛閃著青春的光亮，流露著小孩子般淘

---

[8]   林語堂：《風聲鶴唳》，第 22 頁。
[9]   林語堂：《風聲鶴唳》，第 55 頁。
[10]   林語堂：《京華煙雲》（上），《林語堂名著全集》1 卷，第 378 頁。
[11]   林語堂：《紅牡丹》，張振玉譯，上海書店 1992 年，第 2 頁。

氣的神情。」[12] 當然，林語堂並不像許多男權主義者，把女性寫成「尤物」來鑒賞玩味，而是用貌美表達女性的天然、天成，讚歎女性是上蒼自然育化的「精華」。

二是表現女性精神境界的超凡脫俗。如丹妮不滿足於癡情的博雅，而鍾情於年近半百的老彭。一般說來，博雅是個好男子，他雖有富家子弟的空泛，但年輕、富有、善良、博學、熱烈、高尚，並有著一顆滾燙的愛國心，尤其對丹妮他愛戀如火，矢志不移。然而，丹妮在老彭身上看到了比博雅更珍貴的東西：老彭傾盡家財獻給抗戰，獻給那些流離失所的流民和孤苦伶仃的孤兒；老彭以無邊的愛心投身救護難民的事業之中，無怨無悔；老彭重友情，守信博雅的託付，給丹妮以細緻的關照；老彭愛情更深厚，雖然他不知不覺愛上了丹妮，但卻默默地把它壓在心底，從不表現出來。所以丹妮所追求的是靈魂的高潔與超逸。紅牡丹也是精神境界頗高的女性，在愛情上她不停留在傳統中國女性的從一而終，而總是很不滿足，這主要不是「性」而是「情」。對費庭炎這個吃喝嫖賭、貪污受賄的小政客　，紅牡丹當然厭惡；金竹固然善良純潔，但總沒有孟嘉的博學儒雅；對比傅南濤，孟嘉又缺乏天真、稚拙和生命活力，也沒有安得年的浪漫放任；當然，傅南濤和安得年也不是紅牡丹的理想愛者，前者粗俗一點，後者柔弱了些。作者就這樣將紅牡丹放在一個尷尬的選擇困境，同時也頌揚她不斷尋找追求「完美」的性格。

---

[12] 林語堂：《紅牡丹》，第 46 頁。

木蘭也是這樣,除了善良與博愛,在愛情上她也追求精神的相知相合,感情上的如火如荼。對蓀亞,木蘭雖有感情,但內心更傾慕立夫。蓀亞是一位正直、善良、細緻而多情的男子,但他遠不如立夫的境界品位。立夫是個博學強記的學者,他有著強烈的愛國熱情,又是富有陽剛血氣和正直善良的男子,尤其與木蘭心領神會。可以說,林語堂筆下的女性是以精神的豐贍高尚,心靈的靈動透徹,氣度的瀟灑與飄逸為特色的。

　　三是表達女性樂天知命、心安理得的處世態度與生活原則。林語堂筆下的女性決非甘作封建專制的奴隸而任憑別人擺佈,她們有著個性解放的色彩。然而,她們又不一味抗爭,而表現出某些容忍與順從。如木蘭明知自己更愛立夫,但別人為她安排好與蓀亞的婚事,她也同意了。一般說來,木蘭的作法好像缺乏個性,婦女解放的色彩淡漠,也未償不可說她內心仍保存著封建思想。但這是表面的,更內在的原因是木蘭相信緣分和天命,木蘭內心深處有老子「不爭」和「順性任情」的影響。這裏　,最重要的是木蘭對「逆境」採取的達觀與超然態度。在許多中國現代作家筆下,愛情與幸福相伴而行,是成正比的,如果不能與至愛結為伴侶那就難得幸福。如巴金《家》的梅、翠鳳。這當然說明幸福必須以愛情為基礎,但其中也透出把愛情視為「神話」的意味。「幸福」是一個複雜的概念,男女雙方的情感是否越摯愛婚姻就越幸福呢?林語堂對此好像並不簡單贊同。他認為,愛情與婚姻具有某種分離性,沒有達到「有情人終成眷屬」的女性未必一定是悲劇人物。如木蘭曾說:「她嫁給蓀亞時一片清

白。蓀亞愛她，她知道。婚後她會愛蓀亞，她也知道。在這種愛裏，沒有夢繞魂牽，只是正常青年男女以身相許，互相敬重，做將來生活上的伴侶，只是這麼一種自然的情況。只要雙方正常健康，其餘就是順乎自然而已矣。」[13] 雖然因為未能與立夫結成婚姻伴侶，木蘭有著如絲如縷的遺憾與眷念，以至於她陰天常想立夫，但木蘭對自己的婚姻愛情還是滿意的，她仍感到是幸福的。她不僅從與蓀亞實實在在的生活中享受到愛情美好，還因內心深處為立夫留有一角而滿足。木蘭甚至有更成熟健康更達觀超然的觀念：「若想使妻子永遠像天使天仙一樣，永遠具有使人意亂情迷的魔力，使她那既是情人又是大丈夫的男人永遠沈醉在她的誘惑之下，或者使丈夫永遠有同樣的力量，並不容易。」[14] 可見，在木蘭這裏，「缺憾」甚至「不幸」倒是真實的生活，關鍵是對其態度如何？過於執著這種逆境是不明智也是不豁達的；相反，倘以超然態度對之，那麼心中就會泰然自在，一片明亮了。其實，這也是林語堂的女性觀與人生觀。林語堂曾說：「瀟灑」是非常重有的美學範疇，它是人生世界的獨特風景，「瀟灑」應該「先從女人說起，可以一直說到文學作風，一貫而下。」[15] 因之，林語堂筆下的女性往往沒有內心的苦難與哀思，而是透出靈性與逸氣，這是天地之精華。

　　林語堂的女性形象還有著豐富細膩的內心世界，這主要

---

[13] 林語堂：《京華煙雲》（上），《林語堂名著全集》1 卷，第 377 頁。
[14] 林語堂：《京華煙雲》（上），《林語堂名著全集》1 卷，第 377 頁。
[15] 林語堂 ：《說瀟灑》，《林語堂名著全集》18 卷，第 377 頁。

表現在神奇和細膩兩個方面。浜田正秀說：「女性，對男子而言，永遠是一個不可捉摸的充滿矛盾的神秘境地。」[16] 林語堂也說：「我最喜歡同女人講話，她們真有意思，常使我想起拜倫的名句：『人是奇怪的東西，女人是更奇怪的東西』。」[17] 基於此，林語堂筆下的女性形象並不單薄，而是豐富、神奇，這主要表現在情感的複雜與變幻，表現在潛意識心理的呈現。木蘭晴天想蓀亞，陰天想立夫，這表明在情感上她的複雜性。丹妮對博雅與老彭的感情也難以一言以蔽之，開始她對博雅芳心相屬，後來她做夢也沒想到竟能愛上博雅的好友 —— 比她大得多的老彭。可見她的情感的神秘難測。在愛情上，最能表現矛盾心理的還是紅牡丹，她對金竹、孟嘉、南濤、德年都付出純潔的愛，從而打破了愛的絕對專一無私的「神話」，反映了「愛」的豐富、複雜與微妙性質。至於牡丹更愛誰？這就難以判明，甚至連牡丹本人也說不清楚。但通過作品的潛意識分析，我們認為牡丹更鍾情於金竹和孟嘉。因之，林語堂筆下的女性形象內心給我們展示了自表層到深層尤其潛意識層的意識運動。

　　林語堂塑造的女性形象還有一個特點即追求性愛的解放。林語堂不是貞操、道德觀念特別強的作家，他認為自然的人性不應受到壓抑，從中可見女性性愛體驗的纖細與敏銳。如丹妮對老彭內心感情的感覺，還有牡丹對幾個男人的性愛感受。作者在寫到牡丹與德年相會有這樣的描述：「茶

---

[16] 浜田正秀：《藝術概論》，中國戲劇出版社 1985 年，第 72 頁。

[17] 林語堂：《言志篇》，《林語堂名著全集》14 卷，第 83 頁。

房把牡丹從一條黑暗的通道領至安德年的房間時，那條通道更增加了牡丹的心情的激動，」「牡丹輕輕叩門，德年走來開門，那年輕狂熱的招呼，使牡丹的心竅振動。兩人的眼睛含情脈脈的互看了一剎那。德年顯然是覺得怪難為情，低低叫了一聲『牡丹！』然後忽然間把牡丹接近自己，接了長長而不肯分離的吻，把兩隻胳膊緊緊抱住她。牡丹把頭垂在德年肩上，享受德年身上的溫暖，將自身最深深的部分欣然貼近了他。她渾身上下一直顫抖。然後，她抬起頭來，仍然把德年緊抱著，把嘴在德年的臉上像雨點兒般輕吻個沒完。」[18] 這裏牡丹的性愛心理被細如髮絲地描寫出來。可以說，在中國現代文學史上很少有人像林語堂這樣如此細膩、生動地展示女性的性愛意識，尤其是性意識萌動、發展的過程，而且描寫的如此優美無邪。就如同有論者說的：「無論沈從文還是巴金，都不曾深入於少女意識深層，如此逼真地描寫她們性意識的萌動。她們無不樂於玩賞少女的天真情態，理想化以至『聖潔化』中有十足的男性趣味。」[19]

　　總之，林語堂筆下的女性形象是獨特的，是中國現代文學的重大的收穫。如果說魯迅等人塑造了眾多飽受苦難與深受異化的女性形象，那麼林語堂則塑造了較少受到損害與異化的女性形象。這些女性有著女性共同的喜怒哀樂，有著豐富細緻的內心世界，也有著一顆高尚的心靈，當然還有著對幸福的愉快享受和對苦難的達觀超脫。值得注意的是，林語

---

[18] 林語堂：《紅牡丹》，第 385-386 頁。
[19] 趙園：《試論李昂》，《當代作家評論》1989 年第 5 期。

堂塑造女性形象，並不是對現實生活的簡單模仿，甚至不是對現實和歷史的典型概括，而是按照自己心目中理想女性的審美標準，選取生活中的「一嘴，一鼻，一毛」來完成的。如果說魯迅等人筆下的女性使我們清醒：封建專制思想文化是女性受到壓抑、異化的根源，我們必須徹底改變這種殘酷的文化；女性的解放是一項急迫而又十分艱巨的任務，需要幾代人付出努力；那麼，林語堂筆下的女性形象啟示我們：在封建專制思想文化的夾縫中，女性以其獨特的方式蔑視禮法成規，追求自由、個性與自我價值意義的實現。魯迅等人是從反面而林語堂是從正面倡導「婦女解放」這一主題的。

二、女性的話語本文

　　林語堂怎樣塑造女性形象，在文學作品中，女性與男性處於怎樣的關係中？作為男性作家，林語堂是怎樣展示女性的？林語堂關於女性問題的理論支點是什麼呢？

　　中國古代文學一個很重要的現象是，作品中常出現「一男多女」模式，顯然這與封建思想文化中的「一夫多妻」觀念，與男權中心話語文本有關。在男權社會中，婦女難有自己的個性價值與角色意義，而是男性的附屬品，是男人用來消閒的「物」。《野叟曝言》中鸞吹、素娥、湘靈等人都圍繞文先生即將被斬而如喪考妣。《金瓶梅》中西門慶周圍三妻六妾，美女如雲。包括中國古代文學最優秀的小說《紅樓夢》也是如此，賈寶玉成為林黛玉、薛寶釵、襲人愛的「中心」，他是女兒國的「君主」。魯迅曾說過，《平山冷燕》、

《玉嬌梨》、《好逑傳》等書，都是那種「一個以上佳人共愛才子」的模式。[20] 所以，以魯迅為代表的中國現代作家突破了古代文學「一男多女」的模式，而採取「一男一女」的模式。如魯迅《傷逝》、《祝福》，老舍《駱駝祥子》、《四世同堂》都是這樣。當然，中國現代文學作品仍存在「一男多女」模式，只是不像古代作家那樣突出罷了。從中可見傳統「男性」權力中心的深刻影響，它已深潛於作家的潛意識中了。

　　林語堂與許多中國現代作家一樣，在其文學創作中克服了「一男多女」模式，實現了巨大轉變，只是林語堂又與魯迅等人不同，他走向「一男多女」模式的另一端，即表現了「一女多男」模式。如姚木蘭同時被蓀亞和立夫愛著；丹妮一頭是博雅一頭是老彭；紅牡丹先後成為金竹、孟嘉、德年、南濤愛慕的對象；甚至武則天周圍也聚集小寶、張宗昌兄弟等男性（儘管這裏情、愛、性、權力混雜，難以說清，但「一女多男」模式還是存在的）。顯然，林語堂在作品中寫了這麼多「一女多男」模式，在中國現代作家中是十分突出。當然，林語堂也有「一男多女」的模式展示，如立夫就被木蘭和莫愁愛著，但這在林語堂作品中並不占主導傾向，並不能遮蔽「一女多男」模式的鮮明特徵。

　　另外，林語堂的男女兩性關係的文學描述往往是，女性佔據主導地位，女性具有進攻性。如何愛，愛誰，往往多由

---

[20] 魯迅：《中國小說的歷史變遷》，《魯迅全集》第 9 卷，第 332 頁。

女性決定，女性是行為與動作的發動和操縱者，是「主語」，而男性則成為受動和受控者，是「賓語」。在婚戀的結果上，女性多是成功和勝利者，而男性多是失敗者。如《風聲鶴唳》中丹妮對博雅與老彭在感情上都是主動者，尤其在向老彭表達愛情時更是如此。老彭與博雅是至友，受博雅委託，老彭無私地照顧與博雅相戀的丹妮，但由於朝夕相處，也由於老彭那顆善良、慈愛、正直的佛教徒的心，由於丹妮的美好，更由於二人情感、心靈的相通，境界的一致，他們漸漸感到彼此相愛了。本著「朋友妻，不可欺」的道德規範與朋友信義原則，老彭把這份愛深藏心底，主動退出，到了外地鄭州。此時，博雅也將馬上從外地趕回與丹妮成婚。此時此境，丹妮卻隻身離開漢口來鄭州找老彭，見面後丹妮與老彭有這樣的對話。丹妮問老彭離漢來鄭的原因，老彭說要去前線看看，作品這樣寫道：她（丹妮，引者加）轉過眼睛正視他（老彭，引者加）說：「這不是真話，我知道這不是真話。」/「那是為什麼？」/「這句話和我來看你的理由一樣不真實。請你對我說實話，　是我們聽到博雅來內地的消息，你故意離開洪山，避不跟我見面。」/他雙眼凝視她的面孔，現在離他那麼近，她的眼睛含情脈脈。「請別這樣，丹妮，」他說。/但是她用哀怨，幾近痛苦的聲音繼續說下去。我們別在裝了。你躲開我，因為你要自我犧牲，讓博雅娶我。你在折磨自己。那天晚上我看你一個人喝得亂醉……，從那夜開

始我一刻都沒平靜過。彭大叔，告訴我你愛我。」/「為什
麼你讓我這樣說呢？」/「因為我現在知道自己愛的是你。
你曾答應做我的丈夫，我曾答應做你的妻子。[21] 後來我們收
到博雅的音訊，你就逃開躲起來。你錯了，你現在正在折磨
我哩。」/老彭愣住了。但是沒有注意。「我真傻，我認為
我愛博雅。」/你當然愛他你就要嫁給他了。」/「我們得說
清楚。除非是我們倆結婚，我不能行婚禮。」/「丹妮」，
老彭聲音顫抖說。「我承認為你痛苦過。但是你又能教我如
何呢？」[22] 從這裏可見丹妮比老彭更大膽、堅定、主動。作
為對話的雙方，他們有著極大的反差：老彭問答簡短，態度
猶豫；丹妮問答繁長而堅定；老彭儘量避遁，丹妮全力進攻；
老彭千方百計成全丹妮與博雅的婚事，並證明她心屬博雅；
而丹妮則斬釘截鐵表示她愛老彭，前後重複「我愛你」多達
四、五次之多。這當然與老彭的處境、身份有關，但他顯然
是動作與情感的「賓語」。還有木蘭對立夫的感情，牡丹對
金竹、孟嘉等人的感情都表現出主動性。

　　對比而言，在愛情上林語堂筆下的女性比許多中國現代
作家塑造的女性，甚至比他筆下的男性面對失戀更有承受
力。雖然柔安、牡丹、賴柏英、丹妮（包括木蘭）都對愛情

---

[21] 博雅懷疑丹妮曾私逃並攜捲丈夫的金銀手飾和金錢，其實這完全是報
　　紙的汙害。丹妮曾逃出丈夫家人的虐待，主要原因還是日本人追蹤她
　　（她父親是軍閥）。在丹妮與博雅中斷音訊時，丹妮身懷博雅的孩子，
　　這使她處境尷尬、絕望。是老彭勸說丹妮勇敢地活下去，如果孩子出
　　生時博雅仍然誤解丹妮，老彭說他願意做孩子的父親與丹妮結婚。
[22] 林語堂：《風聲鶴唳》，第388-389頁。

熾烈如火，全身心投入，但一旦不能如願，愛情不能變成婚
姻或愛消情斷，她們卻能鎮定自若、安天樂命，仍能堅持對
生命、人生的那份追索與信念，顯現出從容與達觀，倚恃「天
力」的願望。這些女性形象遠在繫漪、金子、梅、曹七巧等
形象的精神境界之上，也超出林語堂筆下許多男性形象。金
竹失戀後抑鬱而死；博雅失戀故意把身體暴露給日本人而被
擊斃；孟嘉失戀亦身不由己，失魂落魄。還有《賴柏英》中
的新洛在失去韓沁後神魂顛倒，六神無主。一般人認為，女
性的天性是「愛」和「被愛」，只有在「愛」中女性才會體
驗到生存的價值與意義，甚至進一步強調女性是愛的奴隸。
林語堂顯然與這種男權中心話語不同，他筆下的女性多是
「愛」的主人，她們在愛情上有熱情與無私的奉獻，但不缺
乏理智和達觀。相反，林語堂筆下的男性卻大多成為愛的奴
隸，受到愛情的驅使。林語堂筆下女性的主體性和自我價值
的確立由此可見一斑。

　　在智力與情感上，林語堂也表現了女性優勝的傾向，《風
聲鶴唳》中老彭勸博雅要重視丹妮：「喔，你得看重她。你
永遠不明白女人有多大的力量。」[23]《京華煙雲》中敘述說
蓀亞婚後與木蘭旅居杭州，他愛上了藝術學院的學生曹麗
華，而曹麗華不知蓀亞是有婦之夫，她也愛上了蓀亞。面對
如此複雜棘手的問題，木蘭不費吹灰之力在蓀亞不知不覺中
完滿體面地解決了困難。她寫信給曹麗華相約一見，用豁

---

[23] 林語堂：《風聲鶴唳》，第 23 頁。

達、善意和高雅的方式使曹麗華知道蓀亞家的情況，不攻自破地戳穿了蓀亞告訴曹麗華的謊言（他說木蘭是一位又醜又惡的鄉下婆），也贏得曹麗華的敬佩與信賴。後來，木蘭又奇思妙想在家中讓曹麗華以木蘭朋友的身份與蓀亞見面，這樣既充滿人生的幽默，又使曹麗華放下包袱，可以同時作為蓀亞與木蘭的客人，還可使蓀亞看到自己的荒唐而「悔過自新」。充分顯示了木蘭驚人的智慧和天成的靈性。在木蘭與蓀亞的對比中，二人的才智相去霄壤！林語堂還在柔弱的柔安身上看到了不亞於大丈夫的果決與勇敢，在暴虐的武則天身上看到了天賜的為政才華與石頭般的耐心。

還有，林語堂筆下的女性在兩性間往往是「權力話語」的中心，是敘述中的「關鍵字」。這與中國現代許多作家是不同的。在巴金的《寒夜》中汪母具有相當「權力」，是家庭中「權力」的中心，而曾樹生顯然也有相當的「權力」，從而與汪母形成對抗，在彼此的消長中無「權」無「力」的汪文宣左右為難，進退維谷，成為不折不扣的犧牲品。然而汪母的「權力」顯然日益被瓦解，而在曾樹生的背後還有更重要的「權力」中心，即陳經理。陳經理不僅有經濟「權力」，而且身體健康，在情感關係上陳經理顯然對曾樹生有著「權力性」，這仍然表明「權力中心話語」的潛在。曹禺的《原野》如果從男、女性視角審視也與《寒夜》相近，金子雖然日益否認焦母的「權力」，有對大星的「控制權」，但在與虎子的對比中，她仍是「賓語」，虎子是情感、智慧、勇氣上的「權力中心」。而林語堂筆下的女性則迥然不同，木蘭、紅牡丹、丹妮、武則天、賴柏英、瓊娜、韓沁等都是如此。

從這個意義上說，林語堂小說的女性「中心」在中國現代小說史上是獨特的。它真正把女性放在正宗與「權力」中心，而非從屬、奴隸的地位，表明林語堂女性「中心」的審美傾向。

其次，林語堂筆下的女性並不是被男性審視，任憑敘述者言說的「他者」，更不是無語的沈默者。她們可以自由發言。在林語堂這裏，女性已不是「聽眾」，而是「講者」，是「陳述人」。以往，我們探討中國現代女性形象，總偏於挖掘她們的悲慘命運及造成她們悲劇的深層動因，從而達到這樣的目的：揭露封建專制政治思想和文化的殘酷性，同情女性的苦難與不幸，籲求女性的真正解放，這是很有意義的。但應該看到，這一研究方法主要站在「女性即受壓迫者」的角度。如果用女性視角考察魯迅等作家筆下的女性，就會發現他們有明顯的男權中心意味。如魯迅塑造的祥林嫂以其「沈默無言」著名，她即使陳述阿毛之死也受到無情嘲弄和蔑視，她完全被剝奪了言說權。麻木與沈默反映了祥林嫂內心世界的僵死。站在女性對傳統文化承載的角度看，這當然是非常成功的典型，但站在「女性本位」看，我們又分明覺得敘述人和作者同祥林嫂間的深深隔膜。「我」作為敘述人對祥林嫂既有同情又有避疑，不僅不能回答她有關「人死之後靈魂有無」的提問，且逃也似地跑到魯四老爺家。祥林嫂的無言歸根結柢是魯迅安排的。還有《傷逝》，魯迅用涓生敘述子君，這裏的子君也沒有說話的「權力」，子君的一切是非曲直只能從涓生的所見所聞所思所感中獲得，子君被剝奪了言說、陳述、辯解的權力，一切只能聽憑涓生這個男性

裁決，這樣，誰能保證子君不被涓生這位男性誤讀？所以，祥林嫂、子君作為女性，她們獨特的性情、內心感受及審美趣味在作品中被敘述人和作者刪除和遺忘了，我們無處知曉，只能透過男性眼光去領略。因之，魯迅筆下的女性形象基本是作者在「男性視點」下塑造的，未能達到表現女性的獨特經驗與感受，也未能達到發掘女性豐富、神奇而又細膩的內心世界。還有巴金《寒夜》的曾樹生，她雖是一個有相當言說權力的女性　，可以對婆婆發泄不滿，可以對丈夫、兒子表示不快。然而，曾樹生也常常被放在「聽眾席」聆聽婆婆的訓斥與諷刺，尤其接受丈夫溫情的「訓化」。後來的曾樹生雖然對丈夫只留下以往「愛」的餘溫和些許同情、可憐，但她仍難掙脫汪文宣無言的「言說」，即纏綿的情意、無私的愛戀。這就是為什麼曾樹生給我們兩種矛盾感受：同情她的惡劣處境，讚揚她的個性解放思想；憎恨她的享樂追求，批判她的個人主義傾向。這也是為什麼巴金對曾樹生有著既贊同又批評的評價。

　　林語堂則不同，她筆下的女性多是作為主人翁「言說」，從中反映了女性的思想、感情、感覺及豐富而微妙的心理世界。海德格爾非常強調「此在」與「言說」的關係，認為「言談對此在的生存具有構成的作用」。一是林語堂善於用女性視角來感覺、體會、表達女性，這與許多作家的男性視點不同。因為視點對文學、藝術觀念的表達以及敘述人、作者有著至關重要的意義，就像托多羅夫說的：「在一幅油畫或拜

占庭聖像的構思中，視點起著很主要的作用，它往往根據人物應起的作用而被選用。」[24] 二是林語堂多讓女性講話、對白，通過與他者（包括男性和女性）的交流使自己得以自然呈現，這是女性的真情實感，從中我們能夠體會女性內心那一片深邃的海洋。在《風聲鶴唳》中，丹妮經常與別人對話交談，下面是她與老彭的對白，但老彭的言說在此略而不錄，只讓我們聽一下丹妮對老彭的言說：「但是我並不完全瞭解他（指博雅，筆者注）。我完全瞭解你（指老彭，筆者注）。喔，彭，吃飯前我站在那兒看窗外，一切全明白了。博雅愛我的肉體。我知道他對我的期望。但是我不能再做他的姘婦了。我可以看見自己嫁給他的情形，雖然結了婚，我仍然是他的情婦，供他享樂，屈從他的願。不，我對自己說，他愛的是梅玲，也將永遠是梅玲。在你眼中我是丹妮。」[25]「他（指博雅，筆者加）也許會變心」，她驚歎道：「為什麼我就不該變？他懷疑我。你從來不懷疑。我告訴你我為什麼決定來找你。你的信和他的同一天到達。我發現自己先拆你的信 —— 這是一瞬間隨意的選擇 —— 但是我一發現，就知道自己對你比對他愛的更真。讀完他的信，我知道原因了。他的腦袋，他的思想離我千里遠。他的信特別缺少溫暖。全是談他自己的活動。當然他是在說我們的國家，但是我需要一些

---

[24] 托多羅夫文，《外國文學評論》，1989 年第 2 期，第 81 頁。
[25] 林語堂：《風聲鶴唳》，第 390 頁。書中前半部分丹妮被稱為梅玲，博雅昵稱她為蓮兒，後來，老彭給她改名丹妮，這是因為丹妮為逃脫敵人，避人耳目，而讓老彭為她改名。

切身的東西。你不談自己　，卻談我，談玉梅，談秋湖。」[26]
這是異常豐富的女性言說文本，其中丹妮的個性、感情、感覺、心理潛意識動機以及女性意識的覺醒都昭然若揭。除此之外，《京華煙雲》、《紅牡丹》、《奇島》等也大量使用談話方式，讓女性言說。三是林語堂還讓女性用書信方式傳達、陳述自己的女性意識、感受與美學趣味。因為日記體、書信體這類自我表述形式對女性具有獨特的功用，對讀者也尤有魅力。西方女權主義文學將之視為「女性書寫」,它有非理性分析，非單一線性，非規則化而又嘮叨不休的特點。儘管與西方女權主義者所認為的女性作者用書信體進行「女性寫作」不同，林語堂只在作品中經常讓女性用書函「言說」，但其中對女性內在情愫、原初真情以及溝通情誼的作用卻是相同的。如《紅牡丹》中牡丹的所做所為不被人理解，甚至她的好女友白薇對她也表示懷疑，在作品結尾，牡丹給白薇一信，其中敘述了她內心最隱蔽的一角，也表達了她情感的變化過程，字字珠璣，聲聲血淚，這是一個女性內心的真言。信末牡丹說：「孟嘉曾告我曰，偉大之著作，係以作者之血淚寫成者。我亦深信我致君之此信，亦是以我之血淚寫成者。」[27] 讀林語堂的小說，我們感到他筆下女性的性情、意識、心境等被表達得那麼真實、豐厚、細膩與鮮明。倘若林語堂不是採用讓女性「言說」的話語方式，不是一個女性崇信者，那幾乎是不可能的。

---

[26] 林語堂：《風聲鶴唳》，第 391 頁。
[27] 林語堂：《紅牡丹》，第 524 頁。

　　林語堂的女性話語本文在他的許多論述中更為明顯。他曾明確表述男女平等的觀念：「我自願勇敢地承認這一點：女人不過跟男人們相同的人罷了。」[28] 他還對許多女性給以由衷的褒揚，其中透出女性崇拜的意味。對舞蹈大家鄧肯、西蒙・波伏、宋慶齡、李清照、李香君，林語堂都是如此。他曾讚美莎特的女友西蒙・波伏「是一位極聰明的女作家，也是左傾得很。她所著的《第二性別》分析女性，學問見解都是我所佩服的」[29]。他還說：「芸，我想，是中國文學史上一個最可愛的女人。她並非最美麗，」「但是誰能否認她是最可愛人女人」、「也許古今各代都有這種女人，不過在芸身上，我們似乎看見這樣賢達的美德特別齊全，生不可多得」[30]。更有甚者，林語堂的理想是「壁上一幀李香君畫像讓我供奉」[31]，他把李香君看成「神」，用重金購得她的畫像，掛在書齋，並自題一詩表達崇拜之情：「香君一個娘子，血染桃花扇子。義氣照耀千古，羞殺鬚眉男子。香君一個娘子，性格是個蠻子。懸在齋中壁上，叫我知所觀止。如今這個天下，誰復是個蠻子？大家朝秦暮楚，成個什麼樣子。當今這個天下，都是販子騙子。我思古代美人，不至出甚亂子。」

---

[28]　林語堂：《美國人》，《林語堂名著全集》15 卷，第 14 頁。
[29]　林語堂：《從碧姬芭杜說起談薩爾忒》，《林語堂名著全集》16 卷，第 425 頁。
[30]　林語堂：《浮生六記・譯者序》，《林語堂名著全集》18 卷，第 142 頁。
[31]　徐學：《林語堂自傳・代序》，河北人民出版社 1991 年，第 1 頁。

[32]林語堂還直言不諱說：「我崇拜李香君。我為什麼崇拜李香君？」[33]林語堂有時還表現出褒女貶男意識。在林語堂看來，男性從未像女性那樣被大自然、上蒼賦予了無盡的力量與天姿麗質，女性 —— 美好的女性非人力所為，而是匯集、凝聚著大自然的精華。他說：「我們中國人有一句名言，男人是泥做的，女人是水做的。」他籲求美國女人要結婚：「讓她們把她們純淨的水跟粗劣的泥土混合吧，讓她們把『陰』與『陽』聯合起來吧。」[34]林語堂甚至引用美國某夫人的話說：「男子統治的世界，已弄成一團糟了。此後應讓女子來試一試統治世界，才有辦法。」[35]這裏，林語堂甚至對男人的政治能力發生懷疑。在他看來，女性決非男權主義者認為的卑賤劣物，女性的質地是水，她高尚純潔、無堅不摧，而又靈光閃動。

　　林語堂相對忽視男性世界，卻以發自內心的感情描繪迷人的女性世界。這是一個充滿音容笑貌、喜怒哀樂的世界；也是一個輕靈、瀟灑的自在世界；還是一個充滿自尊、自愛、自主和自我的世界。林語堂以他的細膩溫柔，以他的博大寬容，以他的欽佩希望，從容不迫的地撩開黑暗的天幕，展示女性豐富絢爛的天空。這恐怕在中國現代作家中少有的現象。

---

[32]　徐學：《林語堂自傳・代序》，河北人民出版社 1991 年，第 1 頁。

[33]　林語堂：《論泥做的男人》，《林語堂名著全集》16 卷，第 49 頁。

[34]　林語堂：《美國人》，《林語堂名著全集》15 卷，第 15 頁。

[35]　林語堂:《讓娘兒們幹一下吧！》，《林語堂名著全集》14 卷，第 139 頁。

三、女性崇拜的原因分析

　　造成林語堂女性崇拜的原因很多，也相當複雜，但他八十多年的人生旅程中有好幾位女性對他產生過深刻影響，這是林語堂關注、喜愛和崇拜女性的最直接原因。先說林語堂的母親。她叫楊順命，出身貧寒之家，長得也不好看，但她是林語堂生命的起點，愛的最初源泉。在許多場合林語堂認為父親對自己的影響很大。林語堂曾說童年有三個方面對他影響至深，「一是我的父親，二是我的姐姐，三是漳州的山水。」[36] 這裏沒有提及母親，很容易使人誤認為母親對他影響較少。其實不然，母親對林語堂的影響不像父親那樣主要是理智、知識、眼界與心胸，而屬於情感、血液、靈魂方面。林語堂談論母親：「說她影響我什麼，指不出來，說她沒有影響我，又瞻之在前，忽焉在後。我長成，我成人，她衰老，她見背，留下我在世。說沒有什麼，是沒有什麼，是沒有什麼，但是我之所以為我，是她培養出來的。你想天下無限量的愛，一人只有一個，怎麼能夠遺忘？」[37] 這段話與作者敘述父親的口吻迥乎不同，後者顯然發自內心深處。母親留給林語堂的不是有形和可感知的，如果一定要說出來，可以稱之為「根」，是安全感、自信力和幸福感。在小說中，林語堂寫過一些母親形象，但最具有母性力量的是《京華煙雲》

---

[36] 林語堂：《回憶童年》，引施建偉《林語堂在大陸》，北京十月文藝出版社 1991 年，第 5 頁。
[37] 林語堂：《回憶童年》，引施建偉《林語堂在大陸》，北京十月文藝出版社 1991 年，第 11 頁。

和《風聲鶴唳》中的陳媽，她在兒子失散十多年的時間裏一直夏縫單衣冬縫綿袍，而且她對兒子總是千思百尋，夢掛神牽。林語堂的母親也可能遠不及許多人的母親偉大，但在林語堂看來，母親質樸、健康、平凡、慈愛，母親是支撐林語堂人生的大地，是他崇拜女性的起點。二姐是林語堂生命中另一重要女性，她美豔如桃，快樂似雀，「和樂（指林語堂，筆者加）對二姐，比對父母更親切。」[38] 二姐比林語堂長五歲，童年時二姐與林語堂最親近，他們一起讀書，編故事，玩耍，在幼小的心靈中二姐作為美好的女性點燃了林語堂的生命之燈。直到晚年，林語堂仍念念不忘這位早逝的二姐，說出嫁那天，二姐給她四毛錢，含淚而笑對他說：「我們很窮，姐姐不能多給你了。你去好好的用功念書，因為你必得要成名。我是一個女兒，不能進大學去。你從學校回家時，來這裏看我吧。」[39]二姐的諄諄教誨成為林語堂一生不斷追求的內在驅力；二姐的不幸是女人的不幸，這是林語堂一生不斷關注女性的最初動因吧？二姐的聰慧、善良、美好是林語堂理想女性的最初原型吧？從林語堂筆下的女性形象我們似乎也可尋到他二姐的影子。橄欖是林語堂曾相知相識相戀的女性，為此林語堂專門寫了一本自傳體小說《賴柏英》。橄欖是一個鄉下女子，她樸實、善良、樂觀而嫻靜，並且優雅漂亮。她生於自然，長於自然，安於自然，對人生、社會、家庭等都有自己的一份理解。橄欖如沈從文筆下的翠翠，一

---

[38] 轉引自林太乙《林語堂傳》，中國戲劇出版社 1994 年版，第 8 頁。
[39] 《林語堂自傳》，河北人民出版社 1994 年，第 5 頁。

派天然本色，只是她比翠翠對生活更自信、堅定和成熟。橄欖是林語堂溫柔的夢，林語堂對女性自然本色和知天安命情懷之體認，多從橄欖那裏感悟的。陳錦端是林語堂一生中的最愛，因門第差異，林語堂未能與陳錦端結成伴侶。但錦端的美貌與才華，錦端的靈性與境界，永遠是林語堂心中的太陽。但林語堂很少提及陳錦端，只在《八十自敘》中寫道：「我從上海聖約翰大學回家之後，我常到一個至交的家裏，因為我非常愛這個朋友的妹妹 C。」[40] 這裏，陳錦端被省略成「C」，其中透出林語堂對她的深愛。他不願打開心靈的最深處。林語堂的女兒林太乙說：「我不免想到，在父親的心靈最深處，沒有人能碰到的地方，錦端永遠占一個地位。」[41] 不過，在林語堂小說中到處可見陳錦端的影子，木蘭可能是最接近錦端的女性形象，在芸、李香君等形象身上，林語堂也寄寓了豐盈的感情，這都與陳錦端對他的影響有關。陳錦端作為一個才華橫溢、境界高尚而又美麗動人的女子對林語堂文學創作及女性崇拜產生根本性影響的。直到生命的黃昏，80 歲的林語堂聽到錦端的嫂子（陳希慶太太）說陳錦端住在廈門，他竟迫不及待、高高興興對希慶太太說：「你告訴她，我要去看她！」[42] 難怪林語堂在《紅牡丹》中，借牡丹給白薇之信，表達了孟嘉對牡丹的綿綿情意與悠悠哀傷：「他（指孟嘉，筆者注）果吻去我之淚珠，然後吟白居

---

[40]　《林語堂自傳》，河北人民出版社 1994 年，第 69 頁。
[41]　林太乙：《林語堂傳》，中國戲劇出版社 1994 年，第 23 頁。
[42]　林太乙：《林語堂傳》，中國戲劇出版社 1994 年，第 23 頁。

易長恨歌最後兩句曰：『天長地久有時盡，此恨綿綿無絕期』，他臉頰緋紅，我二人遂未交一言。」[43] 這仿佛是林語堂對陳錦端的一片癡情：杜鵑啼血，柔腸寸斷。對林語堂另一有影響的女性是廖翠鳳。她外向、沈實、善良而富有犧牲精神，與林語堂的性格正相反。應該說，林語堂與廖翠鳳成婚並沒有以彼此互愛為基礎，他們是天長地久培養起感情的。他們雖是金玉良緣，但林語堂從廖翠鳳身上獲得更多的是母性的力量，某種程度上說，廖翠鳳是林語堂母親的再現。林語堂這樣評價廖翠鳳：「妻是水命，水是包容萬有，惠及人群的。」[44] 在林語堂看來，「水」具有母性的內蘊，是母性的象徵。還有三個女兒也是林語堂女性崇拜的原因，女兒天真、稚樸、浪漫與林語堂一拍即合。縱觀林語堂的生活經歷，他周圍有一大圈女性，他仿佛生活在女性世界裏。尤其值得慶幸的是，林語堂周圍的女性都是那麼美好，或外表美麗不俗，或內心美如珍珠，或二者兼有。這些女性以不同的方式將其個性、美德滲入林語堂的靈魂，成為牽引林語堂人生的動力。

中國文學、文化是林語堂女性崇拜形成的又一原因。前文提及中國文學、歷史上優秀的女性像李清照、李香君、芸、宋慶齡對林語堂的感動，這裏主要談林語堂所受《紅樓夢》和老莊道家思想中「女性崇拜」的影響。

眾所周知，《紅樓夢》是中國文學的經典之作，中國人

---

[43] 林語堂：《紅牡丹》，第 523 頁。
[44] 《林語堂自傳》，河北人民出版社 1994 年，第 71 頁。

尤其文人或多或少都受過它的影響。林語堂浸淫《紅樓夢》
多年，早在《吾國與吾民》中林語堂就把《紅樓夢》作為瞭
知中國人的主要文本，「欲探測一個中國人的脾氣，其最簡
易的方法，莫如問他喜歡黛玉還是寶釵。」[45] 三十年代末，
林語堂本想英譯《紅樓夢》，後改成參照《紅樓夢》寫作長
篇小說《京華煙雲》，因之，二者相似處頗多。直到晚年，
林語堂仍精心研究《紅樓夢》，二三年內寫成《紅樓夢》評
論文章多達十幾篇。可以說林語堂與《紅樓夢》有不解之緣。
他說：「我特別佩服《紅樓夢》。」[46] 《紅樓夢》開篇即寫
女媧補天的神話，用「高十二丈，見方十四丈的頑石三萬六
千五百塊」。賈寶玉是個女兒崇拜者，他說：「女兒是水做
的骨肉，男子是泥做的骨肉，我見了女兒便清爽，見了男人
便濁臭逼人！」這與林語堂的女性觀何其相似！作為賈寶玉
人格倒影的甄寶玉，則用更虔誠的口氣表達其女兒崇拜思
想：「這『女兒』兩個字極尊貴極清靜　，比那瑞獸珍禽、
奇花異草更稀罕尊貴呢！你們這種濁口臭舌，萬萬不可唐突
了這兩個字，要緊要緊！但凡要說的時節，必用淨水香茶漱
了口方可；設若失錯，便鑿牙穿眼的。」曹雪芹開卷第一回
也敘述其創作動因：「今風塵碌碌，一事無成，忽念及當日
所有女子，一一細考核去，覺其行止見識皆出我之上；我堂
堂鬚眉，誠不若彼裙衩。」這與林語堂讚美李香君用語、口
氣及女性崇拜思想何其相似！如果我們把林語堂筆下的姚

---

[45]　林語堂：《吾國與吾民》，《林語堂名著全集》20 卷，第 263 頁，。
[46]　林語堂：《國語的將來》，《林語堂名著全集》第 16 卷，第 198 頁。

木蘭與《紅樓夢》中的女性相比，二者關係密切：姚木蘭比林黛玉和薛寶釵等女性都完美，她是林黛玉等女性美德融合而成。施建偉認為：「林語堂筆下的姚木蘭，綜合了曹雪芹筆下的林黛玉的才智，薛寶釵的美貌，史湘雲的風姿。」[47] 可以說，林語堂喜歡《紅樓夢》僅是外在現象，其內因則是：在對「女兒」的崇拜中，林語堂看到了《紅樓夢》與傳統文學、文化的不同。在《紅樓夢》中男性已喪失了絕對優勢的「地位」和「權力」，而變得污濁不堪，成為世俗的塵土；女兒則以其才華、靈性與聖潔成為天地的「精華」，萬物的「靈長」。所以，《紅樓夢》是林語堂女性崇拜最為直接的來源和啟示之一。當然，林語堂的女性崇拜與曹雪芹有明顯差異：一是與林語堂女性崇拜不同，曹雪芹主要的是女兒崇拜，並非嚴格意義的「女性崇拜」。如賈寶玉把周圍的女兒視為崇拜對象，而對已婚女性則非常厭惡，認為是變污了。對劉姥姥、寶玉奶娘，作品極盡嘲弄、挖苦甚至厭惡之能事，沒有像林語堂那樣重視其「母性」的價值。賈寶玉曾詛咒那些婆婆：「女孩兒未出嫁，是顆無價之寶珠，出了嫁，不知怎麼就變出許多的不好的毛病來，雖是顆珠子，卻沒有光彩寶色，是顆死珠子了；再老了，更變的不是珠子，竟是像眼睛了。」相反，在林語堂看來，青春年少固然美好，但成熟的女性與母性更高尚偉大。二是《紅樓夢》中女性的「情」與「性」是分離的，不要說大觀園中女性的「性」純潔與「性」

---

[47] 施建偉：《林語堂在海外》，百花文藝出版社 1992 年，第 52 頁。

無知，即使曹雪芹也有「色空」觀念，「情無情海幻情身，兩情相逢必主淫。」這顯然與林語堂的情性合一，情性乃天然本性的觀念大為不同。林語堂的貞操觀念非常淡薄，他更重視的是自然與自由。三是《紅樓夢》的女兒崇拜以厭世主義為基礎，而林語堂對人生與世間卻懷著達觀積極的態度，因之，其女性崇拜思想遠比曹雪芹堅定，並且更有生命活力。

　　要更明晰林語堂的女性崇拜不能不追溯道家思想。林語堂受道家影響至深，他說：「倘若強迫我在移民區指出我的宗教信仰，我可能會不加思索地對當地從未聽過這種字眼的人，說出『道家』兩字。」[48] 那麼，作為道家文化的核心之一，即女性崇拜不能不影響林語堂。《老子》第一章即說：「道可道，非常道；名可名，非常名。無，名天地之始；有，名萬物之母（橫線是筆者加）。」據《說文》解，「始，女之初也。」可見，老子把「女」與「母」看成萬物之始，亦即「道」。《老子》第六章也說：「穀神不死，是謂玄牝。玄牝之門，是謂天之根。」這裏，老子把「牝」看成天地之「根本」，天地萬物即生於「牝門」。以往，人們較少從性別角度審視老子的哲學，其實，老子哲學中有較為濃郁的性別意識，與儒教、佛教、基督教等文化以男性為中心，而以女性為「小心」、「贓物」、「罪惡」不同，道家文化是以女性為核心的。老子的哲學就是基於「母」、「牝」的本根意義，參透世界與宇宙萬物，從而形成了以「道」為核心的

---

[48]　林語堂：《老子的智慧・序論》，《林語堂名著全集》第24卷，第17頁。

獨特哲學。從宗教意義上說，還較少有哪一種宗教能像道家文化這樣對女性、母性如此重視。就像趙有聲等人看到的那樣：「老子在道的理論的建設中，汲取了原始先民的母性崇拜和母神創世神話的思想遺產。老子正是以母神創世神話這種非常素樸的創世觀念作為思想基礎，以創世的母神、玄牝作為天地萬物的本始本根，來闡明道的本始性和本根性，並建立起道的宇宙生成論和本體論的。」[49] 林語堂對道家文化情有獨鍾，老莊精神成為他思想不可或缺的組成部分。林語堂曾譯注《老子的智慧》一書，對老子文化思想作了全面介紹、闡釋和評述。在《道山的高峰》中他說，在老子那裏，「牝常以靜勝牡，以靜為下。」[50] 林語堂還強調老子把「道」說成「宇宙之母」比說成「父」的時候要多得多。他進而引用老子的話：「 既得其母，以知其子，既知其子，復守其母，沒身不殆，」「知其雄，守其雌，為天下谿，常德不離。」[51] 顯然，林語堂對老子哲學「母」之根本，母性崇拜有深透的省悟。所不同的是，老子的母性崇拜是為其「道」之哲學服務，他還未能推廣到女性崇拜，而林語堂的女性崇拜卻較為明確，這是林語堂女性崇拜的獨特之處。

　　林語堂並不是生長於閉關鎖國的古老中國，他生長在中

---

[49] 趙有聲等：《生死·享樂·自由 —— 道家及道教的人生理想》，第 3 頁。

[50] 林語堂：《從異教徒到基督徒》，謝綺霞譯，《林語堂名著全集》10 卷，第 135 頁。

[51] 林語堂：《從異教徒到基督徒》，《林語堂名著全集》第 10 卷，第 135 頁。

西文化交匯的 20 世紀。值得慶幸的是他經歷了「五四」新文化運動的洗禮，歐風美雨曾一度深深感動過他。另外，林語堂在美國等西方國家生活了 30 多年，他不像一般中國現代作家那樣，或是從書本獲得西方文化，或是到西方走馬觀花。所以，林語堂女性崇拜的成因顯然離不開西方文化的深刻影響。一是五四新文化運動中「婦女解放運動」的影響。此時，《新青年》展開女性問題研究，陳獨秀、胡適等人都是最積極也是貢獻極大的，尤其胡適在《新青年》4 卷 6 號發表《易卜生主義》震撼當時。娜拉就像一縷春風吹進寒冷的心，這是林語堂較早接受的西方婦女解放運動的影響。1929 年，林語堂翻譯了婦女解放者羅素夫人的《女子與知識》，文中可見她對林語堂女性觀念的影響（至少是同識）。文章的核心是倡導女性自主、自由權力的實現：「我們是反抗自有史以來不斷的以男性壓迫我們的制度的叛徒。」 因之，羅素夫人呼籲男女平等，呼籲女子的性權力，獲取知識的權力，這與林語堂是一致的。二是羅素夫人讚美母性的偉大，認為對女子應施以健康的母性教育：「從來沒有女子教育預備我們做母親，現在這種教育急應開始。」羅素夫人還把婚姻與母親聯繫起來，認為：「我們可以說，除非有最重要的理由，社會永遠不可禁止男女做父母的機會。所以兩年以上無子女的結婚，如有一方願意，即可解除婚約。」這與林語堂的女性、母性觀念也是一致的。三是羅素夫人與林語堂在理想女性觀念的一致性。羅素夫人說：「生活與調和，寬大與和平，這是婦女運動所提倡的最好的理想。」同時，林語堂還翻譯了丹麥作家布蘭地司著的《易卜生評傳》。文

中在讚美易卜生的偉大成就時，對他的女性解放思想尤為注
目。易卜生寫過很多劇作，但布蘭地司認為：「在這些劇中，
女人總是佔據極重要的地位，即使她並非劇中主要人物之
時。」布氏進一步說：「易卜生以為最能抵抗遺傳勢力及社
會欺蒙的莫如女人，在他的戲劇中，她能發揮光大人的能
力。」[52] 這裏，我們體會出易卜生的女性觀對林語堂女性崇
拜的直接影響。這期間林語堂還譯過蕭伯納的劇本《茶花
女》，從中也可看出林語堂關注的「新女性問題」。惠特曼
也是林語堂十分喜歡的作家，所以，惠特曼對女性的尊敬與
讚美也給林語堂的女性崇拜有一定影響。因此，林語堂的女
性崇拜思想超出中國傳統文化的意義範疇，與西方文化尤其
是女權主義不可分割。

　　使林語堂形成女性崇拜的另一更內在原因是中國文化
的「原型意象」。一是女神。在中國，她主要指女媧。據甲
骨文載有「𤔲」字，根據羅振玉和郭沫若說，「母」與「女」
通，「𤔲」即「娥」，日本學者赤塚忠稱「娥」為「媧」。
《說文》解：「媧，古之神女，化萬物者也。」《山海經》
說：「有神十人，名曰女媧之腸，化為神，處栗廣之野。」
《楚辭‧天問》有：「女媧有體，孰制匠之。」而關於女媧
補天的神話最早出現於《淮南子‧覽冥訓》裏：「往古之時，
四極廢，九州裂，天不兼覆，地不周載，火爁炎而不滅，水
浩洋而不息，猛獸食顓民，鷙鳥攫老弱，於是女媧煉五色石

以補天。」之後，王充的《論衡》，司馬貞的《補三皇本紀》
也記載了女媧補天的神話故事。在應劭的《風俗通》裏還把
女媧說成「摶黃土作人」的女神。可以說，在中國歷史文化
的零星記載中，女媧已成為萬物之「始」，之「根」，之「源」。
女媧意象，在老子前《墨子》裏東黑龍之帝身上可見，在老
子之後屈原《天問》中有：「女媧有體，熟制匠之」，等等。
當然，老子哲學中的「母」實際也是女媧意象之變體。在西
方文化中的女神主要指維納斯，她是《聖經》神話之前巴比
倫神話的核心內容。維納斯不僅是美的象徵，也是女性崇拜
的偶像。赫西俄德曾在《神譜》中認為維納斯先於宙斯。巴
門尼德在《論自然》中也認為：「在一切神靈中，宇宙大女
神創造了愛神。」在羅馬，維納斯還保留著伊希塔生命之神
的原型，盧克萊修唱道：「羅馬的母親，諸神和眾生的歡樂，
/維納斯，生命的給予者，/你給生命充滿海洋/和果實累累的
土地。」（《物性論》）在古希臘早期思想中，最早的希臘
文「物質」這一概念，即由母這個詞演化而來。可見，「以
母神創世說作為世界生成論的原型，在人類思維中不是一個
偶然現象。它可能是一元論的哲學世界觀的最早形式。」[53] 由
此可見，中西文化的一條重要線索是女神崇拜思想，「女神」
作為古老文化的「原型意象」雖被後來的男權中心文化省略
了，但它把「女性」作為本根的意識仍然留存在人類歷史文
化之中。珍尼特·海登說過：「在最古老的神話中，女性是

---

[53] 趙有聲等：《生死·享樂·自由 —— 道家及道教的人生理想》，第 7 頁。

本，男性是衍生物。……在母權制社會中，女性具有規範性。」[54] 二是「水」原型意象。在中國，「水」是「本」，是太陽升起的地方，出土的早期陶皿上就有「海」、「水」。清代「朝服上的龍刺繡在胸襟上面，四周的圖案代表宇宙的三個組成部分：天（全部為雲的圖案），海（一些半行起伏的波浪圖案）和地（在海濤之後的嶙峋岩石圖案）。」[55] 可見，清代朝服中仍保留著「水」的意象。在西方，「水」在神話中是生命的象徵，《聖經》中的「水」，佛教觀音寶瓶的仙水，都是原型。老子說：「水善利萬物而不爭，處眾人之所惡，故幾於道，」顯然，老子認為「水」和「道」一樣是本源。在西方，「水」則是「萬物之母」，「水在古希臘語稱 ARCHE，原意是『萬物之母』。他們相信水能產生聖靈，聖靈一般被視為是男性，而產生聖靈的水，則是原始女性。」[56] 在這裏，「水」與「水神」（即母）實際合為一個原型，都是「本源」之意。難怪當年披香博士卓方成罵趙飛燕姐妹：「此禍水也，滅火必矣！」「漢以『五德』中的『火德』而王，女為陰類，屬『水』行，美貌的女子必惑君王，所以稱她二人是滅『漢』的『禍水』。」[57] 林語堂也曾說妻子為水命，可包容萬物。林語堂還稱他筆下的人物莫愁為「水母」。

---

[54] 珍尼特・希伯雷・海頓等：《婦女心理學》，范志強等譯，雲南人民出版社 1986 年，第 36 頁。

[55] （英）萊芒・道遜：《中華帝國的文明》，金星男譯，上海古籍出版社 1994 年，第 276 頁。

[56] 王孝廉：《水與水神》，《序論》，學苑出版社 1994 年，第 1 頁。

[57] 杜芳琴：《女性觀念的衍變》，河南人民出版社 1988 年，第 34 頁。

容格曾說過：「每一個原始意象中都有著人類精神和人類命運的一塊碎片，都有著在我們的祖先的歷史中無數次重複的悲歡的殘餘，而且總體上始終循著同樣的路徑發展。已猶如心理上的一道深掘的河床，生命之流在其中突然奔湧成一條大江。」[58]「女神」、「水」的原型意象也是如此，它們保存著母系社會文化的遙遠記憶，記載著人類歷史文化中女性文化的延伸軌迹。林語堂就是從這種記憶與軌迹中，感悟、獲知了女性崇拜這一文化母題。這是林語堂女性崇拜最為深遠的背景，也是林語堂文學作品有著長久魅力的內在因由。

　　林語堂以其自身的生活遭遇為依據，以養育自己的家鄉山水為立足點，在對中西文化進行廣泛涉獵、融匯的基礎上，省悟其中的合理部分，感悟其中的生命之流，從而產生了基於自然，源於始初的女性崇拜思想。這是一個複雜的過程，也是一次靈魂的「探險」。

四、超越女權主義規範

　　女權主義作為西方社會的重大思想解放運動，它確實取得了相當大的成就。它徹底解構了數千年男性中心文化體系，使女性權力日益增大。但也應看到女權主義運動發展至今已困難重重。女性欲望膨脹，女性角色模糊，男女世界出現了新的不和諧。理想的社會、文化中，男女世界應如何合作，女性的獨特魅力如何？林語堂的女性崇拜思想值得借

---

[58]　《榮格文集》，第 15 卷，第 81 頁。

鑒。

　　女權主義最大的局限之一是以女性為中心而對男性採取對抗、侵略甚至厭惡的態度。除了法國女權主義者比較溫和，注意男女平等外，其他國家尤其美國在對男性大加責罰時，又把男性擱置在「附屬」甚至「缺席」地位，難怪美國學者麥克盧漢說，女權主義「預示了90年代乃至下一世紀人類精神天地中一朵膨脹的星雲！」這與女權主義曾全力反對的男權中心文化有本質的相似處，即都站在男女二元對立的立場進行非此即彼的選擇。林語堂的女性崇拜雖以女子為中心，甚至認為女子優於男子，表明在男女平等的天平上向女性傾斜，但他沒有像女權主義者那樣採取決絕態度，而是比較溫和。在他看來，男女是一體，是陰陽世界不可或缺的兩面，因為世界是由男女和平共處共同創造出來的。他說：「女人不過跟男人相同的人類罷了。」[59] 在呼籲美國人要結婚時，林語堂主張男女必須「和諧的補充」，「讓她們把她們純淨的水跟粗劣的泥土混合吧，讓她們把『陽』與『陰』聯合起來吧，讓她們面對那顯明的真理 —— 男人與女人只有跟異性和諧地補充才能達到他們的完全表現，然後才能獲得真正的幸福。」[60] 在文學創作中林語堂並沒有把男女兩性完全對立，也沒有將男性寫成女性的「注釋」，在林語堂筆下，男性雖沒有女性靈性閃動和光彩照人，但同樣富有才華、從容與和平。姚思安的道家世界有著男性的成熟之美；孟嘉多

[59] 林語堂：《言志篇》，《林語堂名著全集》14卷，第80頁。
[60] 林語堂：《美國人》，《林語堂名著全集》15卷，第16頁。

是儒家的精神品質；蘇東坡儒道互參；老彭則是佛家和基督教文化的愛好者。所以，林語堂的女性理論與實踐對女權主義的男女對抗觀念具有明顯的超越性質。

　　女權主義的另一誤區是對女性角色的錯誤確認。有人認為，現代女性就是與男子區別無二，有著男子的智慧、才氣、膽識，甚至在體力和精力上可與男性並駕齊驅。對此，周作人批評說：「現代的大謬誤是一切以男性化為標準，即婦女運動也逃不出這個圈子，故有些女子以男性化為解放之現象。」[61] 還有人認為，現代的理想女性就是強化其女性意識，把「女性」作為至高無上的概念，清除男性中心文化中的「男性」代碼，而以「女性」代碼重建女性本文的文化。這種觀點帶來女性明顯的自我膨脹，甚至走向自私的利己主義，其社會行為與思想表達一是不承擔社會、文化給定的責任，二是道德感弱化，甚至徹底「滑脫」、「流失」。這勢必帶來西方女性不婚不育，頻繁結婚又離婚，有性無愛等弊害。在西方，許多女性對其性別角色認識不清，她們處於非常尷尬的境地，「自我」在難以指認中迷失了。美國現代舞創始人鄧肯在自傳中即有這樣的困惑：「寫成聖母瑪麗亞，還是放蕩的密薩琳娜；從良的妓女瑪達琳，還是附庸風雅的女文人？」鄧肯不無感歎地說：「從她們的種種冒險中，我哪能找到真實的女性 ？」[62] 在此，林語堂對女性的把握與女權

---

[61] 周作人：《北溝沿通信》，《周作人散文》2 集，張明高等編，中國廣播電視出版社 1992 年。

[62] 《鄧肯自傳》，上海文藝出版社 1981 年，第 3 頁。

主義大相異處，即在肯定女性自主、自由、自尊及自我價值時，又強調女性必須保存自身的性別優勢與獨特魅力。

首先，林語堂反對男女尤其女子獨身，認為這是有背自然和人的生理規律。獨身女子不僅難以獲得正常、健康的心理與美感內容，而且會使身體生病，從而導致變態異化。因之林語堂倡導女性必須結婚。他提醒美國女人：「不管你們說及在中國女人受到壓迫，你們要記住每一個中國女人都結婚的，那便是說，在這個世界是每個男子，由於天的意旨和社會的創作，都要受到她管理。」[63]

其次，林語堂反對女子主觀上的不育，倡導女子生兒育女，並由此讚美女子做母親的重要與榮光。他說：「女性的一切權力之中，最大的一項便是做母親。」[64] 因為女性的生育能力像大地生育萬物一樣是上蒼的賜予，棄絕它便是不明天理和不知感恩。甚至因生育做了母親，即使道德名聲不佳的女子也因此神聖高尚起來。因此，林語堂不像中國封建道學家那樣看重「貞節」，而是把母性看得更為重要和高貴。他說：「當一種哲學脫離大自然的觀念，忽略了這種代表女人的主要特質和生存中心意義的母性本能，而想使女人快活的時候，這種哲學走上了迷路了。」[65]

再次，林語堂肯定女性的職業特點，認為女性最適合的

---

[63] 林語堂：《美國人》，《林語堂名著全集》15 卷，第 15 頁。
[64] 林語堂：《女人》，《人生的盛宴》，湖南文藝出版社 1988 年，第 104 頁。
[65] 林語堂：《獨身者是文化上的怪物》，《人生的盛宴》，第 63 頁。

職業是家庭與公共事務，並把女性這一職業看成偉大而富有意義的工作。這與一般人的見解，即家務勞動是卑下是束縛女性發展的，顯然有極大的差異。林語堂說：「家庭生活包括養育孩子這種重要而神聖的工作；而一般人覺得家庭生活太卑下了，不值得佔據女人的時間，這種觀念不能說是一種健全的社會態度；這種觀念只有在女人、家庭和母性不受充分敬重的文化中，才有存在的可能。」[66] 因之，他覺得一個女性在做家務，尤其站在孩子搖藍邊成為母親時，那是最神聖的；也因此，林語堂認為男女應有不同分工，根據性別差異選擇不同的職業。他說：「沒有女子的世界，必定沒有禮俗、宗教傳統及社會階級。」[67] 當然，林語堂對女性的家庭角色要求並非千篇一律，而提出要具體分析，認為有的女子可以參加文學、藝術、建築甚至政治等社會活動。為避免誤解林語堂重申了自己的女性觀念：「我們要曉得我們所講的是一般男女的理想。世界上有傑出能力的男人，也有傑出而能幹的女人，他們的創造能力是世界真正進步的原因。我要求一般女人把結婚當做理想的職業。」[68] 所以林語堂非常讚賞李清照，並希望讓女性嘗試來治理這個世界。

最後，林語堂注重女性的性別特色，反對女權主義對女性性別角色的異化。東漢班昭在《女誡》中說：「陰陽殊性，

---

[66] 林語堂：《獨身者是文化上的怪物》，《人生的盛宴》，第 65 頁。
[67] 林語堂：《我喜歡同女人講話》，《林語堂名著全集》15 卷，第 129 頁。
[68] 林語堂：《獨身者是文化上的怪物》，《人生的盛宴》，第 69 頁。

男女異行，陽以剛為德，陰以柔為用，男以強為黨，女以弱
為美。」這明顯與老子的哲學密切相關。班昭是把男女兩性
看成兩個差異較大的範疇進行界定的。林語堂也認為：「男
女的不同，並不意味著對婦女的束縛，而是意味著關係的和
諧。」[69]「凡是女子，風度要緊。陰陽倒置，總是寒傖。我
想女人略帶靜閑，才有意思。這如唐詩，可以慢慢咀嚼。美
國女子，就如白話詩，一瀉無遺，所以不能耐人尋味。」「女
人與男子平等，誰不知道。但鋒芒太露，風韻就少了。」[70] 所
以，林語堂強調女子的雅致、溫柔、敏銳、活潑，同時也強
調女子的直覺、感性之重要。在《奇島》中，林語堂寫到女
子撫慰學院，即未婚女青年經過選拔而入學，接受如何「駕
馭」丈夫的藝術訓練。其主旨是女性用溫柔與智慧的撫慰使
丈夫心靈純淨。林語堂當然不認為理想之女性是東方所謂的
「賢妻良母」，而是富有個性，具有西方女性之健美和活力。
當然，林語堂不喜歡西方女子之陽剛和放任自流，粗俗而不
拘禮法，認為那是被嚴重異化了。如《風聲鶴唳》中博雅的
妻子凱男，她結婚前是個藍球隊員，身上有健壯的肌肉，舉
止與心靈都粗俗不堪，也不會烹調和理家，博雅罵她：「你
的女性主義和女權呢？還叫凱男呢！」[71] 林語堂寫道：「當
博雅想起她（指凱男，筆者加）女權化的名字，就不覺大笑，

[69] 林語堂：《婦女的從屬地位》，《中國人》，浙江人民出版社 1988 年，
　　第 116 頁。
[70] 林語堂：《說斐尼斯》，《林語堂名著全集》第 16 卷，第 454 頁。
[71] 林語堂：《風聲鶴唳》，第 48 頁。

厭惡也就化著輕視了。」[72] 作品中的羅娜也是被女權主義異
化的女性。因之，林語堂大聲疾呼：「如果有什麼危險，那
就是性特徵的消失，以及有女子氣質的婦女的減少。」[73] 所
以，林語堂認為婦女解放運動確能使女性獲得新生命和價值
意義，但另一方面，如果缺乏正確的參照，女權主義必將帶
來女性的異化，從而導致女性特徵的弱化或喪失。因此，林
語堂更傾向讓有才華的女性去從事社會文化包括政治活
動，而一般女性安於家務及社會習俗事務。他還表達了自己
的女性理想：「我心目中的理想女人是愛數學也愛化裝品
的，是比女權主義者更有女人的性格的。讓她們用她們的化
裝品吧，如果她們還有餘力（孔子不一定會這樣說），讓她
們也弄弄數學吧。」[74] 林語堂這一觀點是切中女權主義弊害
的。

　　林語堂既肯定女性的自主性和主體性地位，又強調女性
的性別角色。林語堂在同女權主義取得同步時，又克服了它
的某些局限性。林語堂倡導建立一種新的女性觀念，既有個
性、人性的解放，又不泯滅女性角色的特性。林語堂呼籲：
「我願意看見新時代的女子，── 她要無愧的標立，表現，
發揮女性的不同，建造新女性於別個的女性之上。」[75]

[72] 林語堂：《風聲鶴唳》，第 50 頁。
[73] 林語堂：《婦女解放》，《中國人》，第 146 頁。
[74] 林語堂：《獨身者是文化上的怪物》，《人生的盛宴》，第 69 頁。
[75] 林語堂：《薩天師語錄》，《林語堂名著全集》13 卷，第 150 頁。

五、難以逾越的局限

　　林語堂的女性崇拜思想有深遠的現實、歷史與文化意義：它既可促進婦女的更好解放，進一步擺脫男權中心文化的制約；又有助於克服婦女解放過程中對女性的異化，使女性沿著健康、成熟、完美的方向發展；還可以為中國現代文學增添獨特的女性形象，使中國現代文學審美風貌多樣化。當然，透過林語堂的女性崇拜思想我們還可以體味到遠古歷史文化的回響，可以復活人們心靈深處的原始意象與集體無意識存在，從而使作品有著更豐厚的歷史文化內蘊，有著經久不息的藝術感染力。但是，林語堂的女性崇拜思想又有值得商榷的地方：女性解放就意味著以「女性」為中心方能達到嗎？林語堂能否真正擺脫了幾千年的男性中心權力話語呢？如何解釋林語堂的諸多矛盾性？

　　林語堂讓女性明顯佔據男女世界的中心位置，而男性雖未被省略或掏空，但也是從「中心」被排擠出來。換言之，對比女性主義對男性的敵視態度，林語堂筆下的男性有的令人尊敬熱愛，但對比男性中心權力文化，林語堂顯然更注重女性，使男性將中心位置騰給女性。林語堂對男女角色位置的調換，顯然在本質上與男權中心思想文化並無二致。如果說美好、自然、健康的世界是男女兩性平等、自由地和諧相處，那麼男女兩性就沒有「中心－邊緣」或「在場－缺席」的依從關係，而是兩極對應的互為中心。在兩個中心的關係中，男女兩性既對立又統一，既矛盾又諧和，他們以各自的角色魅力吸引對方並發揮自己的特長優勢。　從這個意義上

說，林語堂的女性崇拜是從一個泥潭掙扎出來卻又陷入另一
泥潭，林語堂這種一元論思維方式必然導致男性受到忽略，
男性趨於弱化、異化，男性的生命漸趨萎縮。

　　林語堂女性崇拜思想的一個突出貢獻還在於，通過男性
作家對女性的敘述，使人們相信男性作家同樣可以很好地把
握、體會、理解女性世界的獨特丰采與真實境遇，並站在女
性視點探討屬於女性本身的話語方式與意義存在，從而打破
西方女權主義批評者形成的偏見，即「男性作家不可能成為
女性話語的敘述者。」女性主義者保玲欠爾曾說：「所有男
人寫的關於女人書都值得加以懷疑，因為男人的身份如在訟
案中，是法官又是訴訟人。」[76] 這裏表達了女權主義對男性
作家敘述女性的不信任態度，而林語堂用他對女性極好的敘
述反證了這一觀點。然而，如果再深一步探究，林語堂的女
性崇拜真的達到了完全擺脫男權中心話語的程度嗎？回答
是否定的，因為要根除數千年的男性中心權力話語非一日之
功！周作人說得好：「男人講論婦女問題，無論怎麼用心，
總難免隔膜。」[77] 這表現在如下方面：

　　首先，在敘述方式上有時不可避免採取男性敘述話語，
忽視甚至無視女性的獨特存在與真實的心理狀態。這在《武
則天》中表現尤為明顯。應該承認林語堂在塑造武則天時有

---

[76] 轉引自西蒙・波娃《第二性》，桑竹影等譯，湖南文藝出版社 1985 年，
　　第 10 頁。
[77] 周作人：《藥堂雜文・觀音世與周姥》，轉引自舒蕪的《女性的發現》，
　　文化藝術出版社 1990 年，第 47 頁。

些見解非常正確，在他筆下武則天有著驚人的政治才幹，她統馭大局，打擊異己，用人專長，善謀決斷，耐心堅韌，這不僅是女性絕無僅有，就是在男性中也實屬罕見。另一方面，林語堂又寫了武則天之可惡，即專斷、殘酷、淫蕩以及非人性非女性的異化人格。這都是作品非常精彩的地方。遺憾的是林語堂沒有把武則天放在封建專制政制中進行審視。其實，武則天雖是諸多悲劇的罪魁禍手，多少人的生命斷送她手，但其最深刻的根源是封建專制政治，武則天與許多封建統治者一樣也是那個制度的犧牲品。更重要的是，林語堂主要表現武則天的「政治角色」，而忽略其性別角色，武則天雖是政治風雲中少見的統治者，但仍是一個女性。可以設想，一個女人在鐵板一塊的男性中心權力下如何能獲取皇帝寶位？在這燦爛的光圈下，一個女性複雜的內心世界如何？尤其武則天內心的悲哀與失落如何？是否可以說，武則天越是成功地獲取權力而作為一個女人的悲劇性也就越是強呢？林語堂在此明顯缺乏從女性視點對武則天這個特殊女性進行觀照、理解，而多停留在男性視角，從而刪除了武則天這位女性更真實的內心世界。還有在性問題上林語堂對武則天的看法，作者把武則天寫成放蕩變態的女性，如果站在今天的角度看不無道理。但林語堂有兩個方面值得注意：一是無視武則天生活的具體境遇，那是一個男女性關係不平等的時代；二是作為一國之君，帝王隨便擁有三妻六妾，這在封建社會實屬「正常」現象。因之，作為千年之前封建專制社會的帝王武則天有幾個男寵，恐怕用「淫蕩」難以概括吧？至於武則天與馮小寶等人的性關係是否具有變態性

我們仍然認為他「美化」了作為妓女的女人的價值意義，作者未能站在妓女角度審視她們的血淚與辛酸，品味到賣身為笑、獨唱悲歌的妓女那非人的生活境遇，這裏表明林語堂對妓女男子式的欣賞眼光。對中國以往的「妾」，林語堂也認為有不可忽略的意義，說她是中國婚姻穩定的補充物和調配劑。對「西方女子離婚再嫁」或「東方女子位尊於妾卻失去性愛的尊寵」這二者中間，到底哪一類女子更幸福呢？林語堂竟認為「這一問題殆為一迷惑不可解的一啞謎。」[80] 可見林語堂對「妾」與「納妾」的態度，他至少認為：「在中國婦女尚未具備有西方姐妹之獨立精神時，那些棄婦常為無限可憐的人物，失掉了社會地位，破碎了家庭。」[81] 所以，林語堂覺得，「妾」的地位並不比婚姻破裂更糟，這顯明林語堂思想中仍留有男權文化的痕迹，他沒有從妾的角度體會女性的受虐，也沒有從妻的角度體會女性的失落與遭受冷落的滋味，在此難以讀出林語堂對女性常常飽含的淙淙情思。在林語堂看來，「妓女」與「妾」也是「美」的，是中國文化中富有魅力的一個組成部分。三是林語堂對女性職業角色與性別角色的規範，對西方女權主義下女性的雄化與異化確是巨大的超越，但他把大多數女性定位在家庭事務的樊欄卻顯示出女性意識保守的一面，他沒有看到家庭事務也會成為女性解放的束縛，就像恩格斯說的：「家是女性被派定的歸宿，同時也是牢籠，將她與世隔絕，蟄居於被動、馴服的無自我

---

[80]　林語堂：《吾國與吾民》，《林語堂名著全集》20 卷，第 156 頁。
[81]　林語堂：《吾國與吾民》，《林語堂名著全集》20 卷，第 156 頁。

第四章 「田園式」都市的文化理想

—— 林語堂在鄉村與都市之間

　　總體說來，中國傳統文化建立在鄉村農業文明的基礎上。然而，到明末清初，這一鄉村農業文明開始受到衝擊，主要表現在商品經濟的萌芽和發展，都市文化的產生與確立。但此時的中國都市化進程並沒有像西方那樣得到迅速發展，而是進展緩慢。「五四」開始的中國現代文化使這一局面有所改觀，都市就如雨後春筍在中國大地生長起來，形成了與農業文明相對抗不可忽視的都市文化景觀。應該說，在中國傳統向現代文化轉化的過程中，中國現代作家面臨多種矛盾選擇，而鄉村和都市的文化選擇則是其一。有的作家厭倦了鄉村的封閉衰落，嚮往都市的開放燦爛；有的作家與五顏六色、光怪陸離的都市格格不入，卻陶醉在鄉村田園的情調。那麼，作為中國現代作家之一的林語堂，他在鄉村與都市間的選擇如何？這一選擇是以什麼為立足點？其在中國現代文學史上的價值意義怎樣？這些問題值得探討。

一、「田園式」都市的追求

　　就中國現代作家而言，不論來自農村還是長於都市，他

們都不可避免要面對鄉村與都市的文化衝突與選擇。一般說來，在鄉村與都市的審美文化選擇上，中國現代作家大致可分為三類：一是執著鄉土文化，對都市文化比較隔膜，甚至較為厭惡，如沈從文和廢名當屬此類。二是偏愛都市文化，對鄉村文化涉及不多，如張愛玲、老舍當屬此例。三是徘徊於鄉村和都市之間，既嚮往都市，對鄉村又情絲不斷，魯迅、巴金、林語堂當是其中的代表。

　　在鄉村和都市的艱難選擇中，林語堂與魯迅、巴金也有明顯的區別。魯迅和巴金儘管一直對鄉村懷有依戀之情，但其深層向度卻指向都市，在他們的文化選擇中，鄉村與都市是兩個相背離有著相當矛盾性的概念，二者具有某些不相融性。這就是為什麼魯迅《祝福》和巴金《憩園》中「我」從都市返回故鄉，最後卻又告別鄉村回到都市。在「我」的心目中，鄉村代表傳統，它正在死去；而都市代表現代，它正在生長。可以說，對於不得不背棄故土走向都市的作家來說，其內心異常痛苦，他們要承受無「根」無「家」的空虛與恍惚，在被「遺棄」中尋找。林語堂則有些不同，他一面感受著都市的豐富與魅力，一面傾心於自然山野的本色純真。更重要的是，林語堂主要不是把「田園」和「都市」看成不可調和的矛盾體，而是試圖將二者融合起來，建起適宜人類健康發展的「田園式」都市文化。

　　那麼，林語堂的「田園式」都市具有哪些特徵呢？

　　首先是田園風光。林語堂寫過不少都市，但其中令人喜愛者都有美好的田園風光。換言之，正是田園風光使林語堂筆下的都市多彩多姿，意味無窮。具體說來，林語堂筆下都

市的田園風光主要是表現在如下方面。

一是地理氣候和自然山水。這是一個城市的自然景象，它不僅美好動人，而且適宜人類居住。如林語堂寫夏天的蘭州，它的自然風光令人陶醉。杭州在林語堂筆下也是一派大自然風光，具有田園的詩情畫意。木蘭是林語堂塑造的理想女性，她搬到杭州後，住在城隍山上，有西湖有錢塘江，真可謂是「衣山帶水」的勝景。林語堂借木蘭描繪杭州住處的景色，「木蘭看到山的光亮和水的顏色，自朝至暮，確是變化不同，而鳥的鳴聲和花的香味也因春秋季節的運行而有變化，實在感到詫異。西湖和環湖的山也因天氣不同而形狀有別。煙霧朦朧或急雨驟降之日，尤為美妙」。「她的臥室面對一片竹林，竹子的綠蔭映入屋中。她在北方還沒見過那樣的竹子，她很喜愛那竹枝的嬌秀苗條」。「現在木蘭來到杭州，為的是實現田園生活的夢想」。[1] 北京是林語堂最為喜愛的城市，而在林語堂筆下的北京簡直就是一幅大的「田園」風景畫。北京位於北緯四十度，對北京影響最大的是城西的山與水，西部的山水對北京的自然風光起著決定性作用。林語堂寫道，「一個城市即便尚未臻於完美，人們也依舊會喜歡它，還要留戀其旁的山巒、河流。即使人們很少去遊覽，有關那些勝地的古老故事也會使整個城市生活充滿活力。北京城距西山十至十五里，西山越向遠處越顯高峻，上有數百年的古廟，從汨汨山泉中流出的清澈溪水，一直流淌進城中

---

[1] 林語堂：《京華煙雲》（下），《林語堂名著全集》2 卷，第 346-347 頁。

的太液池。香山狩獵公園占地面積廣大，以其白塔、古樹和
岩石而著名，據說是乾隆皇帝的獵鹿場所，其中還建有許多
富家別墅。如今要到此處，從西直門乘車只需半小時。玉泉
山上用白色大理石建成的白塔，在陽光下燦爛奪目。頤和園
中的萬壽山也總是遙遙相對，依稀可見。北京城內的小溪都
源於西邊山中，其中有一些雖污濁滯緩，但玉泉山的泉水卻
清得令人難以置信，涼得讓人無法入浴，在陽光的照耀下如
玉石般翠綠晶瑩，因而其山得名玉泉山」。[2] 除此之外，北
京還有煤山，這是個人工山丘，但因其建築與林木的綠色也
被稱為「綠山」，「山丘、樹木、宮殿構成了一組迷人的景
色，色彩之組合極為神奇！任何人看到這些都會感到心曠神
怡」。[3] 至於「北京的氣候似乎打定了主意要一成不變，通
常它總是陽光明媚。冬季乾燥，夏季濕潤。……在北京，人
們既享受到碧藍的天空，又不得不吸食塵土」。[4] 春天人們
可在郊外享受到綠盈盈的草木和粉紅的桃花；夏天人們炎熱
了一個白天而夜晚則可享用習習的涼風；秋天人們可以在香
山盡情陶醉於滿山的紅葉之中；冬天人們在怒吼的北風中可
以躲進有爐火的屋裏笑談人生的滋味。另外，林語堂非常欣
賞北京西郊的田園美景，他在《紅牡丹》中塑造了牡丹這一
形象。牡丹經過不斷的愛的選擇，最後還是愛上了北京西郊
的農民傅南濤，當她走在郊外的土地上，林語堂禁不住借牡

---

[2] 林語堂：《輝煌的北京》，《林語堂名著全集》25 卷，第 9 頁。
[3] 林語堂：《輝煌的北京》，《林語堂名著全集》25 卷，第 35 頁。
[4] 林語堂：《輝煌的北京》，《林語堂名著全集》25 卷，第 8 頁。

丹描寫道，「南濤在清河有三畝麥田，一林棗樹，年入二三百元。南濤在室內與親戚閒話時，孟嘉與我漫步至河畔。水極清澈可喜，對岸驟馬數匹，正拖犁耕作。紅日西斜，歸鴉陣陣，於我左側繞樹而飛，西天雲霞紅紫鬥豔。落照之美，竟令人不禁落淚」。[5] 另外，北京的園林和池潭湖海也是很有特色的。北京是一個花園城市，它北有頤和園，中有北海、南海、什剎海、蓮花池及積水潭，還有中山公園、動物園、先農壇，它們就如同一顆顆明珠鑲鉗在北京這塊土地上，使北京獨具其田園魅力。而什剎海在林語堂筆下則更為迷人，他說：「這裏應特別說說什剎海，因其位於城市的西北部，景色淳雅，給人以身處鄉村的印象。那綠樹和覆滿荷花的湖面，還有栽滿柳樹的堤岸令人目不暇接。這是夏天裏人們更難得的消夏場所。午後黃昏，年輕的大學生和女孩兒們流連於林蔭之下，喝著酸梅湯，那是一種用野果子製成的美味冷飲，沿堤處處可以聽到賣這種果汁的小販們敲銅盤發出的有節奏的叮噹聲。」[6] 林語堂曾寫過一部長篇小說《奇島》，這個小島是大自然田園風光的結晶。

二是居所院落的風景。作為大都市，它遠離鄉村，加之人多、車多，建築多，買賣多，自然田園的發展受到一定限制。然而，在林語堂看來，「田園式」都市的家宅濃縮了田園的風光。如蘭州「事實上當地居民都很友善並且好客，茄子很大，牛肉、羊肉很新鮮，蔬菜也很便宜，香甜可口、多

---

[5] 林語堂：《紅牡丹》，《林語堂名著全集》第 8 卷，第 451 頁。
[6] 林語堂：《輝煌的北京》，《林語堂名著全集》25 卷，第 50 頁。

汁的翠瓜，一斤只要一毛錢。芳香美味的梨子像奶油入口即
溶，味道像霜淇淋。幾乎每一棟住宅都有大的花園，每個家
庭都自己種有鮮花和蔬菜」。[7] 北京是以「胡同」和「四合
院」聞名於世的，其中有著濃郁的田園景象。在林語堂的筆
下，胡同和四合院空曠而安靜，尤其是院裏，可以種樹，可
以養花，可以養鳥，可以種菜，還可以養魚，這真如同一片
「世外桃源」。如林語堂這樣寫北京的胡同和小巷：「我們
在前邊已經提過北京的胡同與小巷。它們避開了寬敞的大
路，但距離主要的街道又不算太遠，為北京增添了不少魅
力。北京城寬展開闊，給人一種居住鄉間的錯覺，特別是在
那秀木繁蔭的庭院，在那鳥雀啾啾的清晨，這種感覺更加強
烈。和繁忙的大道不同，胡同縱橫交錯，彼此相通，有時也
會出其不意地把我們引到某座幽深靜謐的古剎。」[8] 林語堂
對北京的院落有這樣的描述：「北京有的是靜寂。它是一個
住宅的城市，在那裏每一個人家都有一個院落，每一個院落
中都有一缸金魚和一棵石榴樹，在那裏菜蔬都是新鮮的，而
且梨子是真正的梨子，柿子也是真正的柿子。北京是一個理
想的城市，在那裏每一個人都有呼吸的空間，在那裏鄉村的
靜寂跟城市的舒適配合著」。[9] 看來，林語堂筆下都市的田
園風光有自己的特點，它既是大自然神奇的顯現，又是人工
的天才創造；既有廣闊深厚之美，又有細膩精緻之妙。整個

---

[7]　林語堂：《朱門》，《林語堂名著全集》5 卷，第 309-310 頁。
[8]　林語堂：《輝煌的北京》，《林語堂名著全集》25 卷，第 211 頁。
[9]　林語堂：《諷頌集》，《林語堂名著全集》15 卷，第 51-52 頁。

都市都籠罩和滲透著田園的風情韻致。

　　其次是古典的美學品格。不同的城市有不同的性格和不同的美學風格。它甚至比人比一個女人的個性還重要。就像林語堂說的：「每個城市都有其自身的個性。一位毫無個性的女士也可能很迷人，但一個城市卻不同」。[10] 與追求金錢、時間、效率的現代化都市不同，林語堂的「田園式」都市美學品格偏於古典性質。概括起來可從幾個方面理解。一，博大的胸懷。在林語堂看來，都市就如同人一樣有自己的胸懷，與注重發掘都市偏狹、委瑣品質的許多中國現代作家不同，林語堂注重考察和讚美都市的博大。林語堂寫過不少都市，但就博大而言，他最為讚賞北京這個輝煌的古都。第一，北京有眾多的宮殿建築群落，有寬闊的街道，與那些低小的民居和狹窄的胡同相比，它們給人以闊大蕭穆之感。第二，北京是政治、經濟、思想和各式各樣人物的會聚地。比如林語堂引用馬克・波羅的話說明北京的物產豐富，「在這個城市中，有許多高價稀有的貨物，品種繁多，貨源充足，是世界上任何城市所無法比擬的」，「我還要告訴你們一個例子，在一年中沒有一天不從城外地區向城內運送一千車的絲綢。這些絲綢又會變作大量的華衣美服，金銀珠寶和其他物品」。[11]林語堂是懷著十分讚賞的心情介紹北京的經濟發展，甚至認為，「北京是一個珠光寶氣的城市，一個人類從來所

---

[10] 林語堂：《輝煌的北京》，《林語堂名著全集》25 卷，第 3 頁。
[11] 林語堂：《輝煌的北京》，《林語堂名著全集》25 卷，第 40 頁。

沒有看見過的珠光寶氣的城市。」[12] 當然，最能代表北京博
大性格的還是它的包容心，它如包納百川的大海使三教九流
各式各樣的人都能自由自在生活其間。達官貴人、社會名流
可以在這裏生活，普通百姓、藝人乞丐也可在這裏過活；老
北京可以用他們的方式生存，來自全國乃至世界各地的人也
可按他們自己的方式求生，誰也不會嘲笑誰，誰也不會注意
誰，誰也不會欺生誰，人人有自己的活法，人人有自己的幸
福。林語堂這樣稱讚北京說：「北京像一個偉大的老人，具
有一個偉大的古老的性格。因為城市正如人物一樣，有他們
的不同性格。有些粗陋而鄙野，好奇心重，饒舌好問；別的
卻寬容，大度，大量，胸懷廓大，一視同仁。北京是寬大的。
北京是廣大的。她蔭容了老舊的和現代的，自己卻無動於
衷」。[13] 在林語堂心目中，北京與中國文化一樣博大，它可
以同化一切外來文化，而外來文化卻不能改變它，它永遠保
持著自己的個性與魅力。二，從容的節律。林語堂談到城市
的魅力時特別提到北京的生活方式和生活節奏。他說，「使
北京這樣可愛的還有它的生活方式。它是那樣地使一個人能
夠獲得和平與安靜」。「你是自由的，自由地去從事你的學
業，你的娛樂，你的癖好，或是你的賭博和你的政治活動」。
[14] 與許多城市被時間追著跑不同，北京從從容容，不慌不
忙，就如老人的悠然散步一樣。這表明了北京人注重人生，

---

[12] 林語堂：《動人的北京》，《林語堂名著全集》15 卷，第 50 頁
[13] 林語堂：《動人的北京》，《林語堂名著全集》15 卷，第 49 頁。
[14] 林語堂：《動人的北京》，《林語堂名著全集》15 卷，第 53-55 頁

注重生命真義的生活理想。林語堂說：「北京的生活節奏總是不緊不慢，生活的基本需求也比較簡單。……但整體上說，北方人的生活態度是樸實謙遜的。他們的基本需求簡單無幾，只求一種樸素和諧的人生。……在求生的奮鬥中，有一種亦莊亦諧的情感起主導作用，但追求遠大的目標理想時，北方人卻也不受它的羈絆。這種極難訴諸文字的精神正是老北京的精神。」[15] 林語堂曾非常讚賞前清遺老，其中很重要的一點就是他們的從容不迫，他們一個動作，一句話，一個眼神，甚至一聲咳嗽都有韻律有節奏，這種節律既反映了文化素養，也反映了自信從容。三，深厚的文化底蘊。這裏主要針對歷史文化感而言。林語堂曾說，「我對一切古老的東西，古老的風俗、衣著、語言，都極其喜愛，極其著迷」。[16] 林語堂非常喜愛富有歷史縱深感的文化都市，他曾讚賞西方城市中教堂建築之偉大，「實則教堂建築之偉大，當以西班牙 Burgos 及 Sevilia 二城及意國米蘭為第一。Burgos 則肥壯如山，出奇制勝，令人咋舌。Sevilia 則石柱如古林，聳入雲際。米蘭則規模宏偉，雕塑華麗，極藝術之能事」。[17] 西安、北京在林語堂的筆下總有著無窮的魅力，他甚至將北京看成中國文化的象徵：「北京代表了中國的一切 —— 快快大國的行政中心，能夠追溯到大約四千五百年前的偉大文化的精髓，世界上最源遠流長、完整無缺的歷史傳統的頂峰，是

[15] 林語堂：《輝煌的北京》，《林語堂名著全集》25 卷，第 217 頁。
[16] 林語堂：《八十自敘》，《林語堂名著全集》10 卷，第 289 頁。
[17] 林語堂：《可蘭途中》，《林語堂名著全集》16 卷，第 444 頁。

東方輝煌文明栩栩如生的象徵」。[18] 他總是傾心於北京的輝煌，認為北京是個珠光寶氣的城市。當然，這裏的「珠光寶氣」並不是指北京的金錢財富，而是北京文化的燦爛，這包括它的建築、書畫、雕塑、瓷器等等。正是這些文化的物質形式使得北京光彩照人，金碧輝煌。另外，在林語堂看來，都市的古老文化傳統還是成熟的標誌，是智慧的象徵，代代相傳，世事更迭，在無情的歲月中，人城俱滅，而能承繼下來的古老都市沒有驚人的智慧那是不可能的。總之，北京的物、事、人、氣候、泥土、水甚至一草一木都浸潤著濃郁的文化感，這是具有女性溫和柔軟氣質和老人從容智慧特色的文化，它就如同水那樣深厚，並默默地去包容、浸潤。林語堂認為，北京是世界上最有文化感的城市之一，「除了巴黎和（根據風傳）維也納一度能夠這樣之外，世界上再沒有一個城市能夠像北京這樣地在自然、文化以及生活形式方面適合理想了」。[19] 概括言之，「田園式」都市沒有偏見，也沒有無止境的欲望，它平和安詳、自然從容、典雅富麗、笑看一切，它被自然包裹，也包裹了自然和世界，這是一種平淡中寓新奇的個性品格。

最後是真實的人生境界。相對而言，田園風光、美學品格仍屬一個城市的外部特徵，而真正代表一個城市本性的則是其人的狀態，因為人的生存狀態、生活水準及幸福程度怎樣至為重要。那麼，在林語堂的「田園式」都市裏，人應該

---

[18] 林語堂：《輝煌的北京》，《林語堂名著全集》25 卷，第 255 頁。
[19] 林語堂：《動人的北京》，《林語堂名著全集》15 卷，第 49 頁。

具有什麼特點呢？這就是真實的人生境界。在林語堂看來，「真實」的人最基本的要求應是健朗。「健」指健康，「朗」指爽朗。在與大自然相背離的都市裏，要做到健康很不容易，而要做到爽朗就更是不易！林語堂比較喜愛北京人的種性，他說北京人強壯，具有天然的幽默感，在他們身上透出勃勃的生機。他們任性自然、純樸可愛，這是南方人種尤其是上海人種不可比擬的。他說，「我是東南沿海的福建人，但我對江南地區那種柔弱懶散的人們沒有多大的好感，雖然他們的文化更發達。對氣質純正的北方人，我卻充滿了由衷的傾慕」，「北方的文化雖然也有一定程度的發展，但北方人基本上還是大地的兒女，強悍、豪爽，沒受多大的腐蝕」。[20]「北京人，有些是身高六英尺的滿族人，強壯、純樸，具有北方人土生的幽默感。他們與上海油腔滑調帶女人氣的男子和嬌弱的女子明顯不同，與那座現代港口城市裏近於野蠻的人力車夫也不一樣」。[21] 二是溫和有禮、善良有趣的性情。與上海人力車夫形成鮮明對照，北京的人力車夫非常文雅，他們態度和藹，未聞其聲，先睹笑意。有時，「黃包車夫們一路上會和你做一次漫長而愉快的談話。他們更多的時候是喜歡給予而不是接受他人的建議」。[22] 還有北京的保姆，她們溫柔可愛，簡樸自尊，往往待他人孩子視如己出。北京的服務員也是如此，他們既熱情周到，讓你感到自己就是偉大

[20] 林語堂：《輝煌的北京》，《林語堂名著全集》25 卷，第 217 頁。
[21] 林語堂：《輝煌的北京》，《林語堂名著全集》25 卷，第 216-217 頁。
[22] 林語堂：《輝煌的北京》，《林語堂名著全集》25 卷，第 11 頁。

的人物，但又不讓你感到他們失去了自尊，他們的坦誠、淳厚與微笑使人感到周身溫暖，如沐春風。三是知足常樂的人生態度。儘管北京的普通百姓尤其是人力車夫生活辛苦，但他們總是笑談人生，互相打趣，在邁著碎步的小跑中與客人交談，向他們介紹北京的風土民情，人聞趣事，唯恐客人寂寞。這種貧而忘憂，知足常樂的秉性總是令林語堂讚歎不已。還有北京的理髮師、沿街叫賣的小販、街頭巷尾的棋友、劇場的戲迷、打太極拳的白鬍子老頭，甚至歌妓舞女也都大方文雅，知道人生和生命的意義。他們從來沒有現代都市人那種對生活的厭倦之情，而是以一當十，唯恐生命過之太速，唯恐生活中有什麼意外以至於自己還未充分享受生命的歡愉就撒手人寰。對此，林語堂概括說，「北京的真正魅力卻在於普通百姓，在於街頭巷尾的生活」。「寬厚作為北京的品格，溶於其建築風格及北京人的性情之中。人們生活簡樸，無奢求，易滿足 —— 大約幾百年前就是如此」。[23]所以，在林語堂看來，理想的都市人不是那些官僚政客，也不是那些名人教授，而是那些普通市民，是這些普通人構成了都市堅強不屈、超然達觀、熱愛生命的骨骼。

在林語堂筆下都市別具特色，它不像老舍筆下的北京胡同充滿卑微、懦弱與偏狹，也不似張愛玲筆下的上海籠罩著瑣碎、虛假與無聊，更不似沈從文筆下的北京、上海充斥著冷酷、虛偽與欺詐，而是有著美好的田園景象、博大的胸懷、

23　林語堂：《輝煌的北京》，《林語堂名著全集》25 卷，第 5 頁。

真實的人生和豐厚的文化底蘊，都市自有其獨特的魅力。

　　應指出的是，林語堂對都市的讚美並不具有普遍意義，他把範圍限定在傳統文化的意義上。就是說，對那些新興都市如上海林語堂不但不愛反而深為厭惡。他稱上海是暴民戶，是肉的城市。上海就如同一個惡魔、一隻在糞池邊嗡響的綠頭蒼蠅令林語堂大加責罰。林語堂這樣描繪上海的可怕：「上海是可怕的，非常可怕。上海的可怕，在它那東西方的下流的奇怪混合，在它那浮面的虛飾，在它那赤裸裸而無遮蓋的金錢崇拜，在它那空虛，平凡，與低級趣味。上海的可怕，在它那不自然的女人，非人的勞力，乏生氣的報紙，沒資本的銀行，以及無國家觀念的人。上海是可怕的，可怕在它的偉大或卑弱，可怕在它的畸形，邪惡與矯浮，可怕在它的歡樂與宴會，以及在它的眼淚，苦楚，與墮落，可怕在它那聳立在黃浦江畔的宏偉而不可動搖的石砌大廈，以及靠著垃圾桶裏的殘餘以苟延生命的貧民棚屋」。[24] 顯然，林語堂把上海看成中西文化的毒瘤，在他心目中，理想都市不是建立在工商業文明的上海，而是具有田園詩意、文化感和藝術氣質的北京、巴黎和維也納。

　　在中國現代作家中儘管不乏都市的讚美者，但像林語堂這樣全面自覺地審視中國都市文化中的美質卻是少見的。尤其如林語堂這樣對代表中國傳統文化的北京和代表現代工業文明的上海做如是觀者是少見的。林語堂心中的理想都市

---

[24] 林語堂：《上海頌》，《林語堂名著全集》15 頁，第 48 頁。

並不是工商業發達，高樓大廈林立，用水泥和混凝土建築起來的都市，也不是一味追求政治、經濟、思想和文化膨脹的都市，而是具有雙重性，既有城市的現代又有鄉村的靜寂，是集田園特性和現代性於一身的複合體。

　　當然，在鄉村田園與文化都市之間，林語堂更偏重前者，這就是為什麼林語堂的小說總是以多情而富有浪漫的筆調抒寫都市的田園風光與純樸的民風人情，並讓作品的主人公選擇田園作為其最後的歸宿。林語堂非常看重田園，其重要性遠在都市之上，他說：「我認為也正是這種生活標準促使我們在藝術、人生和文章中本能地懷疑都市文化，而崇尚田園理想」。[25] 因之，林語堂對大自然對田園山水有一份特殊的感情，這一感情直滲入他的靈魂深處。林語堂寫自己對石頭感情：「像我那樣對石頭感到興趣的人，一個也不會有 —— 那些沈默的，永遠不變易的石頭啊」。[26]林語堂深戀著泥土草木：「讓我和草木為友，和土壤相親，我便已覺得心滿意足。我的靈魂很舒服地在泥土裏蠕動，覺得很快樂。當一個人優閑陶醉於土地上時，他的心靈似乎那麼輕鬆，好像是在天堂一般。事實上，他那六尺之軀，何嘗離開土壤一寸一分呢？」[27]如果沒有對自然山水和土地的水乳交融之情，不可能對其達到如此的迷戀和忘我境界。可以說，自然田園

[25] 林語堂：《中國人》，學苑出版社 1994 年，第 334 頁。
[26] 林語堂：《我愛美國的什麼》，《林語堂名著全集》15 卷，第 18 頁。
[27] 林語堂：《生活的藝術》，《自序》，《林語堂名著全集》21 卷，第 1 頁。

是理解林語堂鄉村與都市文化選擇的根本契機，也是理解林語堂文化選擇甚至林語堂全部的出發點。

　　林語堂崇尚的「田園」還與文化都市緊密相關，這與沈從文、廢名、李廣田等人筆下的鄉村、邊地、山野有明顯不同。比如廢名筆下的竹林、山鄉遠離都市甚至有遠離人世之感，帶有遠古的韻致，很有點陶淵明、王維的田園格調。沈從文自稱「鄉下人」，他筆下的湘西世界也遠去都市，並帶有幾分神秘幾分野性。在沈從文那裏，「鄉村」與「都市」是兩個性質不同的世界，它們彼此對立，不可融合。沈從文是以純然「鄉下人」的立足點與目光審視「都市」，活化都市的眾生相和揭示都市的醜惡人生。林語堂則不然，他努力發現具有鄉村田園特色的都市，也試圖把「文化都市」與「自然田園」儘量達到完美的融合，從而建立一種有利於人類自然而健康生存的環境。北京、蘭州、杭州等都是林語堂喜愛的比較典型的「田園式」都市。林語堂塑造的木蘭、紅牡丹崇尚的生活場所並不是遠離都市的「世外桃源」，而是與都市相融相合的田園。木蘭在杭州選擇的住房「離開湖濱那些新式的別墅有一段距離，但是離街道也很近。由山上走一百碼，即已到了城中心地區。但是木蘭選這個所在主要還是為了居高臨下，可見（杭州城市）美景」。[28] 牡丹最後到北京西郊定居，那裏既離城市中心相去不遠，又可盡享田園風光美景。還有《奇島》，表面看來，這是一個遠離人世的「世

---

[28] 林語堂：《京華煙雲》（下），《林語堂名著全集》2卷，第345頁。

外桃源」，但這個島上就有城市，城市被田園與鄉村包裹起
來罷了。更重要的是，島上城市並非野蠻所在，更非文化沙
漠，而是有著健康與優美的文化氣氛。這是一個融各國各民
族文化於一身的世界大家園。可以說，奇島會聚了世界各國
的文化精英，處在一種自在自足的文化氛圍中。更有趣的
是，島上的真正領袖並不是王子，而是哲學家勞思，他以一
種「王道」的管理方式成為島上的精神支柱。有學者指出，
林語堂的「遠景作為一部小說，題材是別開生面的」，「但
作品中所描寫的社會是古希臘田園風味和中國老莊的『無為
而治』的揉合」。[29]

　　面對日益發展膨脹起來的都市，林語堂態度非常明確。
他反對背離大自然和缺乏文化感的新興工商業城市，也不贊
成遠離都市完全回歸自然山野，而是主張建立、發展和完善
「田園式」的都市圖景。就是說，林語堂希望將鄉村與都市
拉近，互為取長補短，從而為人類創造更合理的生存和生活
環境。林語堂曾十分明確地表示他不贊成陶淵明式的田園歸
隱，而是主張做城市隱士，他說，「如果一個人離開都市，
到山中去過著幽寂的生活，那麼他也不過是第二流隱士，還
是環境的奴隸。『城中隱士實是最偉大的隱士』，因為他對
自己具有充分的節制力，不受環境的支配」。「因此，這兩
種哲學（自然主義哲學和人性主義哲學，筆者注）有互通性，
頗有合併的可能」。[30]他又說，「大荒旅行者與深林遁世者

[29] 萬平近：《林語堂論》，陝西人民出版社 1987 年，第 232 頁。
[30] 林語堂：《生活的藝術》，《林語堂名著全集》21 卷，第 116 頁。

不同。遁世實在太清高了，其文逸，其詩仙，含有不吃人間
煙火意味，而我尚未能」。[31]古老的北京已成為林語堂「田
園式」都市文化理想的象徵。

二、「田園式」都市的成因考察

　　雖然鄉村與都市屬於不同的文化範疇，有根本的不同，
但林語堂卻淡化它們的不同和矛盾衝突，而儘量尋找其相同
相似及可融合處。即是說，在許多中國現代作家注重審視鄉
村與都市的不相容時，林語堂卻讓它們攜手共處，求同存
異，融而為一。林語堂怎樣形成這一文化選擇呢？是哪些因
素在中間起了更大的作用？

　　獨特的生活環境和經歷是形成林語堂「田園式」都市文
化觀的基本原因。如果將林語堂八十多年的人生旅程進行概
括，那就是從鄉村到都市。一般說來，「從鄉村到都市」這
是大多數中國現代作家的生活經歷。問題是在這一人生經歷
中林語堂有其獨特的感受。

　　林語堂的家鄉山水獨特，而他對家鄉山水的感情更獨
特。林語堂出生的阪仔是四面環山縱橫約一、二十里的盆
地，當地人稱之為「東湖」。村莊在盆地中央，溪水穿過村
北。「北面是峻峭的石缺山，懸崖絕壁，高聳入雲」，南面
「山水一望無崖，無論晴雨都罩著一層層雲煙」。這些山水
不是一般的山水，山是高山，它一望無際；水是溪水，清瑩

---

[31] 林語堂：《〈大荒集〉序》，《林語堂名著全集》13 卷，第 115 頁。

透徹。天長日久，它們對林語堂產生根本性的影響。林語堂曾在《賴伯英》中借杏樂的話說，「真正令人敬畏，給人靈感，誘惑人的高山。一峰連著一峰，神秘、幽遠、壯大」，「人若在高山裏長大，山會改變他的觀點，進入他的血液中……山能壓倒一切」。「山使你謙卑」，「人有高地的人生觀和低地的人生觀。兩個永遠合不來」。「假如你在高山裏長大，你會用高山來衡量一切。你看到一棟摩天大樓，就在心裏拿它和你以前見過的山峰比高，當然摩天大樓就顯得荒謬、渺小了」。「童年的日子，我們吃的東西，我們抓蝦米、蜊蛄，泡腳於溪流 — 單純而幼稚的一切 — 你不會存心去想它。但是這一切就在你的心底，隨時縈繞心頭」。[32] 更有甚者，林語堂把自己的一切都歸因於家鄉山水：「我能成為今天的我，就是這個原因。我把一切歸功於山景。這是我性格的主調，想追求自由，不要別人來打擾。宛如一個山地傻小子站在英國皇太子身邊，卻不認識他的身份。」[33] 林語堂還說，「凡人幼時所聞歌調，所見景色，所食之味，所嗅花香，類皆沁人心脾，在血脈中循環，每每觸景生情，情不自己」。「吾小居田野，認為赤足走草坡，入澗淘小蝦，乃人生最滿意之一剎那。及長成，西裝革履，束之，縛之，拘之，屈之，由是足趾之原形已經變狀，天賦靈朽，已失效用。履之為甚，其可革乎？」[34] 顯然，林語堂談到自己所受家鄉

---

[32] 林語堂：《八十自敘》，北京寶文堂書店 1990 年，第 10-11 頁。

[33] 林語堂《八十自敘》，北京寶文堂書店 1990 年，第 12 頁。

[34] 林語堂：《說鄉情》，《無所不談集》，《林語堂名著全集》16 卷，

山水的影響時含了極強烈的感情色彩，如用科學眼光看這是不恰切的，如有學者認為：「林語堂把山景的影響說成是促使他形成一種『山地人生觀』，當然是不科學的」。[35] 然而，也正因如此，才反映了家鄉山水對林語堂影響之深刻程度。它既是林語堂生命和人生的起點，又是他一生選擇、審美的標尺。如林語堂曾在女兒的陪伴下游觀香港，據林太乙說，「我問爸爸，阪仔的山是什麼樣子？青山、有樹木的山，他說，高山。香港的山好難看，許多都是光禿禿的」。「我們帶他到山頂，那裏有樹木，是青山，但那也不像他阪仔的山。從山頂望下四面是水。他說，環繞著阪仔的山是重重疊疊的，我們把阪仔叫著東湖。山中有水，不是水中有山」。[36] 我們很難說「山中有水」比「水中有山」好在哪裏，但林語堂就這麼看，其實在近於執拗的區分中反映的是對家鄉山水的崇拜之情。

如果再深一層，林語堂何以會對家鄉山水如此癡情？這不能不涉及他的「戀母情結」。林語堂曾談到對母親的眷戀，「沒有任何事像回到母親身邊那麼快樂」[37]。他進一步說：「我必須把新婚的前夜的情形說出來。新婚的前夜，我要我母親和我同睡。我和母親極為親密。那是我能與母親同睡的最後一夜。我有一個習慣玩母親的奶，一直玩到十歲。就因為有

第 457 頁。
[35] 萬平近：《林語堂論》，第 89 頁。
[36] 林太乙：《林語堂傳》，中國戲劇出版社 1994 年，第 238 頁。
[37] 林語堂：《從異教徒到基督徒》，《林語堂名著全集》10 卷，第 48頁。

那種無法言明的願望，我才願睡在她身邊。那時我還是個處男」。[38] 這種對母親的過於依戀在中國現代作家中是少有的，這是典型的「戀母情結」。值得注意的是，在這一戀母情結中主要包含了母子的愛戀之情。強調母親對兒子「根」的意義，強調母子間不可分離的血脈關聯與臍帶關係。有學者也指出，「戀母情結」主要是感情特性，不一定是「俄狄浦斯情結」，不一定與母親發生亂倫，不一定有「戀父情結」。這裏更多的是情感與愛的依賴。[39] 事實上，對母親的依戀與需要是每個人人生經驗的一部分。它對嬰兒的生存是絕對必要的條件，也是培養日後溫情與敏感的主要源泉。

　　林語堂的家鄉並不是沈從文筆下的湘西，而是現代文明發生較早也非常發達的漳州。它雖位於鄉村，座落在被高山環繞的東湖，但離城市不遠，最近是漳州，次之為廈門。與一般農民家庭不同，林語堂的父親是鄉村傳教士，「家父，沒有什麼政治關係，但是一心贊成主張維新的光緒皇帝和他的新政，這和當時在日本的中國那些領導人物如孫中山先生他們一樣」。[40] 他父親還知道上海的聖約翰大學，夢想讓林語堂將來進牛津和柏林大學讀書。對童年林語堂影響較大的還有在西溪傳教的外國傳教士范禮文博士（Warnshius），「他為人胸襟開闊，眼光遠大，通情達理，又多才多藝，實

---

[38] 林語堂：《八十自敘》，《林語堂名著全集》10 卷，第 276 頁。
[39] 參見趙有聲等《生死・享樂・自由 —— 道家及道教的人生理想》，第 40-45 頁。
[40] 林語堂：《八十自敘》，《林語堂名著全集》10 卷，第 262 頁。

遠超過當時一般的傳教士。……范禮文博士大約六英尺高。
使我們接受西洋學問的，就是這位牧師」。[41] 此時，林語堂
在這小村子還能看到《禮拜六晚報》、《通問報》，可見，
童年林語堂就有與外界與西洋文化接觸的機會，儘管這還是
初步的。與那些一直囿於偏鄉僻壤長大成人才走向都市的現
代作家不同，林語堂很小就離開阪仔到城市讀書，「他（林
語堂，筆者注）十歲，今天離別那四面重重疊疊皆是山陵的
阪仔，隨三哥到廈門鼓浪嶼去讀書」。[42] 「童年時，每年到
斜溪和鼓浪嶼去的情形，令人畢生難忘。在斜溪，另一條河
與這條河匯合，河水遂展寬，我們乃改乘正式家房船直到縣
中大城漳州。到漳州視野突然開闊，船蜿蜒前行，兩岸群山
或高或低。當時光景，至今猶在目前，與華北之童山濯濯，
大為不同。樹木蔥籠青翠，多果實。田園間農人牛畜耕作。
荔枝，龍眼，朱欒等果樹，處處可見。巨榕枝柯伸展，濃蔭
如蓋，正好供人在下乘涼之用。冬季，橘樹開花，山間朱紅
處處，爭鮮鬥豔」。[43] 「到漳州視野突然開闊」既是指地理
風光又指眼界心胸而言。從小村走進城市的林語堂年紀尚
幼，這對他城市觀念的形成非常重要。

　　中西文化的滋養是林語堂「田園式」都市文化理想形成
的第二個原因。如果說，生活經歷尤其是童年的家鄉記憶是
內在動因，那麼，中西文化則是形成其田園式都市觀的外在

---

[41] 林語堂：《八十自敘》，《林語堂名著全集》第 10 卷，第 263 頁。
[42] 林太乙：《林語堂傳》，中國戲劇出版社 1994 年，第 3 頁。
[43] 林語堂：《八十自敘》，《林語堂名著全集》10 卷，第 252 頁。

動力，換言之，正是中西文化關於都市和田園的思想點燃了
林語堂內心深處的童年記憶。

　　也許中西文化中談都市的作家和書籍不多，也許林語堂
不注重此方面的研究，所以，我們不易看到中西都市文化對
林語堂之影響。我們看到的主要還是關於北京文化的研究對
林語堂的影響。林語堂介紹北京時曾說，「我們沒有必要詳
盡介紹後宮，圖書館，古寺廟，元大都內設置的娛樂場所，
所有這些都在十四世紀陶宗儀的著作《輟耕錄》裏作了詳細
描寫」。清代學人朱彝尊寫了《日下舊聞》，林語堂認為，
此書「寫出了北京歷史上的變遷」，「甚為時人所重」。林
語堂還談到《元史》、《明史》對北京城歷史文化的記錄和
描寫。國外描繪北京的作家中，對林語堂影響最大的要算義
大利的馬克・波羅，他讚賞道，「馬克・波羅為我們留下了
一幅他所親歷過的輝煌壯麗的畫卷」。還有朱麗葉・布萊頓，
林語堂稱，「羅伯特・哈特爵士曾組建了中國的郵政系統。
朱麗葉・布萊頓是他的侄女，她懷著深厚的感情撰寫了關於
北京的文章，而且常常寫得很美。她所著的《北京》（Peking）
一書堪稱是關於這一古都的英語書籍中的典範作品」，「她
所寫的所有廟宇和景觀都是她懷著特殊的遊覽興趣做過實
地考查的」。[44]林語堂又提到幾位與北京歷史文化有關的外
國作者，如布萊契奈德（Bretshneider）、J・P・O・布蘭德、
柏克豪斯、懷辛德・彼楚林、奧斯伍爾德・喜仁龍、阿靈頓、

---

[44]　林語堂：《輝煌的北京》，《林語堂名著全集》25 卷，第 74、58、70、
　　　144 頁。

路易斯、茅里斯‧法博利等。雖然，林語堂對這些作者誤讀北京給以修正，但對他們的努力和功績還是給予充分肯定的，其中也反映了林語堂受他們的影響不淺。

林語堂真正關注的是中西鄉土田園文化這一豐富的內涵。眾所周知，大自然是人類生命的根本，人類從出生到死亡每個環節都離不開它。中國傳統文化主要建立在對自然和土地的依戀上，林語堂說：「中國人令人最先提及的特性便是對土地的依戀，北方人尤其如此。他們的簡樸、自然、樂天、溫情，雖歷經百代滄桑而不變易。這一特性的另一體現是他們信仰、情趣中某種程度的原始性和思想上的某種天真性。」[45] 因之，中國人一向重天人合一，與自然和諧相處。相對而言，西方更重與自然的對抗，尤其在工業文明得到極大發展後更是如此。為了克服這一異化現象，西方許多文化先驅、作家倡導回歸自然，與大自然保持友好。林語堂博覽中西文化，兼收並蓄，其中對自然田園文化尤為重視。

那麼，林語堂在田園文化上受中西文化的哪些影響呢？

一，關愛自然田園並與之諧和相處。中國文化最接近自然的是道家，或者說道家就是在感悟自然的基礎上建立自己的哲學體系的。林語堂深知此點，他說：「孔子學說的本質是都市哲學，而道家學說的本質為田野哲學。一個摩登的孔教徒大概將取飲城市給照的 A 字消毒牛奶，而道教徒則將自農夫乳桶內取飲鄉村鮮牛奶」。[46] 在此，林語堂將儒、道分

---

[45] 林語堂：《輝煌的北京》，《林語堂名著全集》25 卷，第 233 頁。
[46] 林語堂：《吾國與吾民》，《林語堂名著全集》20 卷，第 109 頁。

別與都市、田野相對應，這是林語堂「田園式」都市圖景的
內在依據。因為林語堂既喜愛儒家文化，更喜愛道家文化，
認為中國文化的精髓是儒道文化的互補。他又說：「自是道
家思想遂成為中國之浪漫思想，若放逸、若清高、若遁世、
若欣賞自然，皆浪漫主義之特色，入自然者愈深，則其惡禮
教愈甚。」[47] 林語堂還把道家思想當成衡量詩文優劣的標尺：
「所以，中國好的詩文，都是道家思想，都是敘田園林泉之
樂。」[48] 蘇軾頗得林語堂喜愛，林語堂認為蘇軾的作品深得
自然精神，「畫家創作不單純依賴其感覺，他要用心靈的眼
睛來觀察」，「他（蘇軾，筆者注）擔心的不是作品與自然
在形式上是否接近，而是它與自然在精神上是否疏遠」[49]。還
有《浮生六記》的作者沈復，他與妻子都是大自然的熱愛者，
林語堂對他們夫妻非常讚賞，認為「他倆以享受大自然為怡
情悅性中必不可少的事件」[50]。林語堂曾引錄沈復與芸在蘇
州過夏的田園之樂，這裏有老嫗所置所編的菜圃籬門；這裏
有池田花樹、紙窗竹榻；這裏有溫酒熟飯、蟬鳴鶯囀，「浴
罷，則涼鞋蕉扇，或坐或臥，聽鄰老談因果報應事。三鼓歸
臥，周身清涼，幾不知身居城市矣」[51]。林語堂在許多外國
作家那裏也看到了與自然諧和的特性，他說：「這山還印證
了《聖經》上的那句話：『這人的腳登山何等佳美』，我開

---

[47]　林語堂：《說浪漫》，《林語堂名著全集》18 卷，第 78 頁。

[48]　林語堂：《四談螺絲釘》，《林語堂名著全集》18 卷，第 195 頁。

[49]　林語堂：《輝煌的北京》，《林語堂名著全集》25 卷，第 193 頁。

[50]　林語堂：《生活的藝術》，《林語堂名著全集》21 卷，第 281 頁。

[51]　林語堂：《生活的藝術》，《林語堂名著全集》21 卷，第 283 頁。

始相信，一個人如果不能體會把腳趾放進濕草中的快感，他是無法真正認識上帝的。」[52] 這裏，林語堂指出《聖經》的自然關愛。自那個「伊甸園」喪失後，人類離大自然越來越遠，自然的本性日見污染。林語堂還指出美國文化中的田園性質，儘管美國文化是現代工業文明的車頭，但也不乏對自然田園理想的追求，只是在強大的物質和金錢崇拜下，這種理想極易凋落，他說：「我很有趣地指出新英格蘭文化之花是很接近中國的文化：惠特曼在他的神秘主義與他對血與肉的人道主義的愛，托魯（thoreau）在他的和平主義與他的鄉村理想，以及埃默生（Emorson）在那洞察與諷刺的智慧。那枝花不會再開花了，因為工業主義的精神已經摧殘了它。」[53] 另外，林語堂還看到勞倫斯等人對自然的熱愛。英國作家戴維·赫伯特·勞倫斯充分肯定：「每一大洲都有自己偉大的鄉土精神」。[54] 林語堂曾借朱柳二先生的話說：「勞倫斯此書是罵英人，罵工業社會，罵機械文明，罵黃金主義，罵理智的。他要人歸返自然的，藝術的，情感的生活。」[55] 林語堂引用倫敦博物院美術專家賓娘氏 LaWrence BinYon 的話說，「依我的意見，中國美術之可貴是他由生活 —— 由平民的生活直接開放出來」，「中國人的心靈悠遊於自然萬物

[52] 林語堂：《從異教徒到基督徒》，《林語堂名著全集》10 卷，第 45 頁。
[53] 林語堂：《拾遺集》（下），《林語堂名著全集》18 卷，第 360 頁。
[54] 勞倫斯：《鄉土精神》，《二十世紀文學評論》（上），上海譯文出版社 1987 年，第 230 頁。
[55] 林語堂：《談勞倫斯》，《林語堂名著全集》18 卷，第 83 頁。

之中；無論我們持什麼美術學說，都不能不承認，美術在中國成為普通人養性怡情之具，甚於任何其他民族。這美術是寓於人生之內，而非附於人生之外的」。[56] 當然，對林語堂自然崇拜觀念有影響的還有蒙田、莎士比亞、吉辛等作家，他們對自然田園的愛慕與林語堂的的田園觀念息息相通。林語堂稱「莎士比亞和大自然本自相似，這是我們對一位作家或思想家最大的讚頌」[57]。 有時，林語堂還能在中西文化名人身上找到他們與大自然的共同感受，他說，「我們已到了須瞭解老子為什麼要像羅素一樣宣傳復歸於自然」。[58] 本來，老子與羅素不可同日而語，但林語堂能夠超越時空超越歷史文化將二人聯繫起來，其紐帶即是「復歸於自然」的共同審美選擇。

　　二，讚美自然的人生態度。對田園生活的崇尚某種程度上說即是對簡樸自然生活方式的嚮往，雖然自然田園沒有都市豐富、舒適、方便的生活環境和條件，但它的自然、簡樸和純真卻不為花紅酒綠的都市所具備，這種生活情調注重精神的高尚，因之，很受文人雅士推崇。如林語堂稱陶淵明有最高的人格，似火炬照耀古今，就是因為「他的生活方式和風格是簡樸的，令人自然敬畏」。[59] 林語堂之所以把沈復《浮

---

[56] 林語堂：《藝術的帝國主義》，《林語堂名著全集》18 卷，第 234-235 頁。

[57] 林語堂：《生活的藝術》，《林語堂名著全集》21 卷，第 34 頁。

[58] 林語堂：《從異教徒到基督徒》，《林語堂名著全集》10 卷，第 136 頁。

[59] 林語堂：《生活的藝術》，《林語堂名著全集》21 卷，第 120 頁。

生六記》中的芸看成中國文學上最可愛的女人，不可多得，很重要的是她和丈夫愛美、愛真、知足常樂、恬淡自適的天性，「因為在他們之前，我們的心氣也謙和了，不是對偉大者，是對卑弱者，起謙恭畏敬，因為我相信淳樸恬適自甘的生活（如芸所說『布衣菜飯，可樂終身』的生活），是宇宙間最美的東西」[60]。林語堂還看到華滋華斯的簡樸生活追求，「華茲華斯高蹈簡樸與高尚思想，但他竟疏忽了精美食品，特別像新鮮竹筍和香蕈不失為簡樸鄉村生活的一樂事」[61]。在中西文化的比較中，林語堂更看重古希臘文化，認為它與英國文化可能最接近中國文化精神。在古希臘文化中林語堂非常注重其簡樸和諧的文化理想，認為「中國人心目中之幸福，所以非為施展各人之所長，像希臘人之思想，而為享樂此簡樸田野的生活而能和諧地與世無忤。」[62]

　　三，農民本位的平民思想。眾所周知，因為人的出身、職業、知識、智慧、財力和聲望不同，人也被分為不同等級，古今中外概莫例外。總體說來，有兩個階層最為顯明，一是英雄，一是農民。而對兩個層面的看法也大為不同。林語堂自稱「鄉下人」，從不以此為恥反而為榮。他曾談到母親說「不管什麼農夫，她都會請到家喝茶」。[63] 林語堂非常讚賞白克夫人，因為她在《福地》一書中說：中國民族之偉大，

---

[60] 林語堂：《〈浮生六記〉譯者序》，《林語堂名著全集》第 18 卷，第 144 頁。
[61] 林語堂：《吾國與吾民》，《林語堂名著全集》20 卷，第 326 頁。
[62] 林語堂：《吾國與吾民》，《林語堂名著全集》20 卷，第 114-115 頁。
[63] 林語堂：《八十自敘》，《林語堂名著全集》10 卷，第 257 頁。

正在高等華人所引以為恥的勤苦耐勞之農夫也，正在於愛國志士所急欲掩飾之「苦力」奶媽也。[64] 林語堂甚至贊同鄭板橋說的「農夫第一」，認為「農夫既不識字，而文人自己過耕樵漁獵的生活，能體會農民血汗之勞饑寒之迫者，寥寥少數」。[65] 他還說，「中國文人心中常是崇拜農夫」，而「真正躬耕南田的不可多得，而心羨農夫天性之純樸及田園之美景，如王維的《渭川集》者，不知凡幾」。[66] 顯然，林語堂既剖析農民又自剖，他對農民的純樸自然和默默耕耘的精神崇尚有加。

　　雖然一個人瞭解世界的方式多種多樣，但作為作家學者，林語堂瞭解中西文化的主要途徑還是書本。通過書本林語堂可以找到知音，並在這些知音的啟發和影響下建起「田園式」的都市文化理想。林語堂曾真誠表達了通過書本與知音相遇相知相融的欣慰之情，「世上常有古今異代相距千百年的學者，因思想和感覺的相同，竟會在書頁上會面時完全融洽和諧，如面對自己的肖像一般。在中國語文中，我們稱這種精神的融洽為『靈魂的轉世』」[67]。 以此看來，中西作家學者對林語堂「田園式」都市文化理想的形成有不可忽視的意義。還需強調的是，林語堂「田園式」都市文化理想並不是對中西作家學者文化思想的照搬照用，而是有繼承更有

---

[64] 林語堂：《白克夫人之偉大》，《林語堂名著全集》14 卷，第 104 頁。
[65] 林語堂：《無所不談合集》，《林語堂名著全集》16 卷，第 501 頁。
[66] 林語堂：《無所不談合集》，《林語堂名著全集》16 卷，第 511 頁。
[67] 林語堂：《生活的藝術》，《林語堂名著全集》21 卷，第 353 頁。

創新。如林語堂雖然非常讚賞陶淵明的田園生活，並將其視為中國文化尤其是中國文人相當重要的方面，但他對陶淵明的「世外桃源」卻不以為然，認為都市是人類不可迴避的，田園與都市的相互融合才有利於人類文明的健康發展。

影響林語堂「田園式」都市文化理想形成的第三個因素是他獨特的思維方式。

與有著偏執思維方式的作家不同，林語堂講究「中庸之道」，他說：「我像所有的中國人一樣，相信中庸之道。」[68] 所謂中庸，即取乎其中，就是中和。用林語堂的話說，中庸之道「這種學說，就是指一種介乎兩個極端之間的那一種有條不紊的生活 —— 酌乎其中的學說。這種中庸精神在動作和靜止之間找到一種完全的均衡」。[69] 林語堂的中庸之道表現在許多方面，在文化上倡導中西文化的融合，「兩腳踏東西文化，一心評宇宙文章」；在生活方式上主張「半半哲學」，「努力工作，盡情享受」；在宇宙觀、家庭觀和生命觀上力求「陰陽相合」；在宗教觀上尋求共存互通，取長補短。林語堂這一「中庸哲學」的形成原因很多，一是中國傳統文化導引下的結果，孔子、子思都是林語堂崇尚的代表人物。二是基督教文化的「和平主義理想」之影響，因為童年時的林語堂就「相信人人若不遵照耶穌指出的道路走，世界和平便不可獲致」[70]。三是家鄉高山的啟示。林語堂的中庸哲學童

[68] 林語堂：《論裸體》，《林語堂名著全集》15 卷，第 92 頁。
[69] 林語堂：《生活的藝術》，《林語堂名著全集》21 卷，第 117 頁。
[70] 林語堂：《八十自敘》，《林語堂名著全集》10 卷，第 258 頁。

年就已見端倪，從中反映了林語堂天性的某些「中庸」思想。
這種「中庸哲學」反映了林語堂多元完整的文化視野，對克
服偏見固執，由衝突對抗轉向包容對話都是有意義的。基於
此，面對日益嚴重的「鄉村－都市」文化衝突林語堂傾向「田
園式」都市的文化理想就不是無源之水、無本之木了。

影響林語堂「田園式」都市理想的另一思維方式是奇思
妙想。林語堂非常重視想像、夢想，喜愛奇思妙想，認為「我
們都有一種脫離舊轍的欲望，我們都希望變成另一種人物，
大家都有夢想」，「人類終是完全靠這種想像力而進步的」。
林語堂說，「我幼時的那些夢想並不是沒有實現的。這些夢
想常和我們終身共存著」。[71] 林語堂曾夢想成為安徒生，可
以寫出美人魚；林語堂曾夢想有了錢到太平洋島或非洲生
活；林語堂曾夢想讓女人領導這個世界；林語堂曾寫過《假
定我是土匪》一文；林語堂為實現發明中文打字機的夢想，
竟花去三年光陰和十二萬美元，幾近傾家蕩產；林語堂曾作
《個人的夢》一文，其中有「我願意找到一位替代編輯的人，
使我得一個月的頑閑，度一個月頑閑的生活。我登時可以放
下筆來，睡四十八小時的大覺。袁世凱、蔣介石來也不見。
醒來之後，世界電話斷絕，郵局封閉，司機罷工；我個人門
外貼一張『某人外出』字條，自己換上便服，帶一漁竿，攜
一本《醒世姻緣》，一本《七俠五義》，一本《海上花》，
此外行杖一枝，雪茄五盒，到一世外桃源，暫作葛天遺民，

---

[71] 林語堂：《生活的藝術》，《林語堂名著全集》21 卷，第 75-77 頁。

『領現在可行之樂，補生平未讀之書』」。[72] 這一「世外桃源」顯然不是林語堂的理想歸宿，而是暫時休養所，因為他還表示不願做遠離都市的山林隱者，而寧願做都市隱者。

三、「田園式」都市文化的意義與局限

在中國現代作家或傾心鄉村文化或熱衷都市文化時，林語堂確立了「田園式」都市的文化理想，這一文化選擇有何價值意義，它是一條理想的可行之路嗎？應該說，林語堂這一「田園式」都市文化理想是切中時弊的，也擊中了文學過多干預現實和文學性欠弱的不足，這對人類文化和文學的健康發展無疑具有啟發意義。

首先，它對現代工商業都市文化是一種反撥，有利於克服現代都市文明的異化現象，從而建立適合人類生存發展的都市文化景觀。眾所周知，現代工商業文明的發展帶來一種傾向，即都市文明的蓬勃發展和鄉村文明的日漸萎縮。人們紛紛從鄉村湧入城市，人們拚命追求時間、效率和金錢，在物質得到高度發展時，人的精神卻危機四伏。林語堂正是在這一情況下，把田園引入都市，希冀都市獲得真實與生命。那麼，自然田園對都市有何意義呢？一是改善城市的自然環境，克服污染與粗陋，使人們與大自然相近相親，保持生命的本色。隨著工商業的飛速發展，城市在物質的極大豐富時，又生產出大量的垃圾，這對自然環境是極大的破壞。加

---

[72] 林語堂：《披　集》，《林語堂名著全集》14 卷，第 254 頁。

之地面昂貴，水泥和鋼筋建成的樓群高聳入雲，離大地越來越遠。都市成了遠離土地，陽光不透的城堡。在金錢崇拜下，有的都市富人增多，但田園勝景卻少的可憐。林語堂批評說：「上海有幾萬個中國富翁，卻只有一二座中國式的園宅。此上海所以為中國最醜陋最銅臭是最俗不可耐之城。」[73]林語堂強調都市田園，是要給城市美好的自然風光，使城市空氣新鮮，陽光充足，雨水適度，色彩絢麗。更重要的是，林語堂認為，人是自然之子，與土地不可分離。他說，「或者也是中國文化發源於黃河流域之故，沒有到過黃河流域這些北省的人實不足與語『土』之為何物。他們絕不明白『土』與人生之重要，關係之密切，他們不知道我們是生於斯，長於斯，食於斯，寢於斯，呼吸於斯，思想感慨盡繫焉，誠有不可與須臾離之情景」，「記得小時在禮拜堂聽道，有一位教士給我們極妙的『人是土造的，死後返土的』憑據」。[74]的確，人與自然與土地息息相關，從出生到死亡都是如此。倘若一座城市一個人背離了自然，他的生活甚至生命都會枯萎。喬治·桑在《冬天之美》中說：「我們的富翁們所過的人為的、悖謬的生活，違背大自然的安排，結果毫無生氣。美國人比較明智，他們到鄉下別墅裏去過冬。」[75] 林語堂之所以讚賞西方一些都市如美國的紐約、義大利的可磨和斐尼

[73] 林語堂：《我怎樣買牙刷》，《林語堂名著全集》14 卷，第 42 頁。
[74] 林語堂：《論土氣》，《林語堂名著全集》13 卷，第 88 頁。
[75] 見傅德岷《中外散文名篇鑒賞辭典》，安徽文藝出版社 1989 年，第 681 頁。

斯、瑞士的盧干，很重要的原因是它們有田園風光。正是自
然使都市有了生命的韻味。二是純化世道人心，克服都市文
明的假、醜、惡。由於現代工商業都市追求的是物與利，人
們變得虛假、貪婪、醜惡，沈從文曾描寫城裏人，「至於怕
事，偷懶，不結實，缺乏相當主見，凡事投機取巧媚世悅俗
的人呢，我不習慣同這種人要好，……這種『城裏人』仿佛
細膩，其實庸俗；仿佛和平，其實陰險；仿佛清高，其實鬼
祟」。[76] 沈從文進一步指出現代文明給都市和都市人造成的
異化，「城市中人生活太匆忙，太雜亂，耳朵眼睛技能聲音
光色過分疲勞，……雖儼然事事神經異常尖銳敏感，其實除
了色欲意識和個人得失以外，別的感覺官能都有點麻木不
仁。這並非你們的過失，只是你們的不幸。造成你們不幸的
是這一個現代社會」。[77] 不論沈從文對都市判斷的準確程度
如何，但都市尤其是現代工商業都市的嚴重異化確實存在。
林語堂也做如是觀，認為「上古之世，遊牧時代，人以角逐
勝，耳目諸官，作用極靈敏。……文明愈進，人事愈繁，由
遊牧轉入耕墾，又由耕墾轉入工商。……全年不出汗者，去
自然生活甚遠，而失天賦人權矣。」[78] 林語堂還說：「工業
時代的人們的精神是醜惡的，而中國人廢棄一切優美的社會
遺傳法式，瘋狂樣的醉心於歐化，卻是沒有歐美遺傳本質，

[76] 沈從文：《〈籬下集〉題記》，《沈從文文集》11 卷，第 33 頁。
[77] 沈從文：《從文小說習作選》代序，1936 年版。
[78] 林語堂：《大暑養生》，《林語堂名著全集》14 卷，第 94 頁。

那是更見醜惡。」⁷⁹而大自然正可治癒這些痼疾。林語堂將大自然看成都市人生的潤滑劑，沒有自然田園，都市人不知要變異到何種地步。他說：「中國人生活苦悶，得以不至神經變態，全靠此一點遊樂雅趣。西人之評中國文化，最稱讚奇異者，即在不堪其憂之中，窮人仍然識得安樂，小市民在傍晚持鳥籠在街上談天，江北車夫在茅屋之外，種些金花草。蓋中國人無宗教，其所以得性靈之慰安者，專在自然之欣賞。」⁸⁰ 因此，林語堂非常讚賞榮格所說的都市女人病症治療之法，不是讓她們不斷地看醫生，而是讓她們結婚、生子、勞作、到田園裏種植蔬菜和瓜果，與自然和諧相處，而不是與大自然背離。在林語堂看來，既然大自然生就女子，要她們有生育功能，一旦違背這一規律，要做到健康快樂是不可能的。林語堂曾描繪與大自然接近的歡樂與幸福感：「在靜遠的環境中，口含煙斗，手拿釣竿，滌盡煩瑣，與自然景色相對。此種環境，可以發人深省，追究人生意味，恍然人世之熙熙，是是非非，捨本逐末，輕重顛倒，未嘗可了。」⁸¹ 站在這一基點，林語堂認為，現代都市是缺乏生命源泉的，它生命的延續必須靠鄉下人補充與強化，自然之子才是健康，也是有生命力的。他說：「優秀分子皆出於農村，非出於城市知識階級家庭也。種族之強皆賴農村子弟時時入了城市，以健全血統代替城市衰敗種子。城市種子第二代尚

---

79 林語堂：《吾國與吾民》，《林語堂名著全集》20 卷，第 311 頁。
80 林語堂：《論玩物不能喪志》，《林語堂名著全集》18 卷，第 26 頁。
81 林語堂：《記紐約釣魚》，《林語堂名著全集》16 卷，第 437 頁。

可，第三代便不大行」，「夫中國城市社會昏者、瞶者、癡者、聾者、懦者、弱者、癆病者、神經者、性狂者、陽萎者、依賴者多矣！何若多繁殖此種子孫而稱之為國家之福乎？」[82] 另外，林語堂認為，真、善、美和愛是與大自然聯繫在一起的，否則，在都市中天長日久它們就會變質。比如對愛，他說：「這愛必須是絕對自然的，對於人類應該像鳥鼓翼那樣地自然。這愛必須是一種直覺，由一個健全的接近大自然的靈魂產生出來。一個真愛樹木的人，決不會虐待任何動物。在十分健全的精神當中，當一個人，對人生與同類都具有一種信念時，當他們對大自然具有深切的認識時，仁愛也就是自然的產物了。」[83] 建立在與自然和諧的關係上，人就不能盲目與自然對抗，更不能無視它的法則任意妄為。林語堂說，「跟自然鬥是愚蠢的。甚至大炮也不能跟自然鬥爭」。[84] 應該說，中國現代文化文學先驅在與自然的鬥爭中取得不少成績，他們已不總是屈從大自然的威力與粗暴，而是漸漸地認識、駕馭和改造了自然。但另一面，他們有時過於看中和誇大人的力量，把自然作為工具甚至敵人看待。這就產生了所謂「與自然鬥其樂無窮」和「人有多大膽地有多大產」等觀念。自然是人類賴以生存的樓所，人類只是它的組成部分，人對自然只能認識和運用而不能無限地攫取與破壞。人應以自然為家，與自然保持諧和友善的關係，在自然中休養

---

[82] 林語堂：《節育問題常識》，《林語堂名著全集》18 卷，第 246 頁。
[83] 林語堂：《生活的藝術》，《林語堂名著全集》21 卷，第 128 頁。
[84] 林語堂：《中國人與日本人》，《林語堂名著全集》15 卷，第 27 頁。

生息，從自然中獲取安寧、平和、自由、生命與美感。而現代都市又多麼需要大自然的滲透與清洗。林語堂城鄉文化的意義即在如是。

其次，「田園式」都市文化有利於改變被異化的文學藝術。林語堂認為，文壇存在的問題有三：一是道學氣方巾氣嚴重。二是無病呻吟哼哼唧唧之聲充斥文壇。三是枯燥無味味同嚼蠟之作品較多。因為文學畢竟不能等同於現實，即使有戰爭有大炮，人們也不能沒有公園，沒有休閒和戀愛的歌聲，所以，從這一角度說，林語堂對當時的文學批評不無道理。那麼，怎樣才能克服文學的異化現象呢？林語堂認為對大自然的參照與感悟非常重要。第一，大自然本色真實，毫無造作之態，它本身就是一件偉大的藝術品，而人工的藝術必以自然為師，以自然為楷模，追求天然本色。布封曾說：「天然要比人工更美麗些。」[85] 對此，林語堂與布封的見解較為接近，他說，「赤足是天賦的，革履是人工的，人工可與造物媲美？赤足之快活靈便，童年時的快樂自由，大家忘記了吧！步伐輕快，跳動自如，怎樣好的輕軟皮鞋都辦不到，比不上。至於無聲無臭，更不必說。虎之爪，馬之蹄，皆有極好處在」。[86] 所以，林語堂崇尚大自然，更崇尚大自然的本色之美，他說，「吾深信此本色之美。蓋做作之美最高不過工品，妙品，而本色之美，佳者便是神品，化品，與

---

[85] 布封：《馬》，《動物素描》，見傅德岷《中外散文名篇鑒賞辭典》，第 641 頁。
[86] 林語堂：《論赤足之美》，《林語堂名著全集》16 卷，第 16 頁。

天地爭衡，絕無斧鑿痕迹」。[87] 在林語堂看來，文學藝術最重要的不是華飾，而是天然本色，在本色中寓存真善美。第二，大自然以「自然」為本，表面看來，它雖豐富多彩、無奇不有，但其內裏卻有完美的結構和秩序。林語堂非常讚賞蘇東坡的文章當行則行，當止則止，完全任其自然，並進一步發揮說，「故學為文者，須使題生於文，不可使生於題。……有佳意要說，順其自然如落花流水寫去」[88]。 這裏強調的是，依自然肌理脈絡進行文學與藝術創造，去盡人工雕飾。林語堂還讚賞林黛玉「作文主清淡自然，主暢所欲言，不復計較字句之文野，即崇奉孟子辭達而已為正宗」。[89]第三，大自然是博大也是自由的，這也為文學藝術的自由提供了很好的參照。這裏主要強調作家自由放鬆的心態，排除各種外在的干預，抒發真情實感，獨寫己見性靈，從容閒適，寧靜致遠。面對現代文化與文學日益遠離大自然，日益處於緊張衝突的狀況，有作家指出大自然的本根性和忠實土地的重要性，認為「挽救文學的方法，挽救我們自己的方法，是我們要放鬆自己，忠實土地，找準自己的根性」。[90] 林語堂非常注重大自然對作家心態的影響，認為中國人與文學藝術之所以歷數千載而不墮，不能不說與自然田園有關，自然田園使中國人與文學藝術得享知足常樂和雍容不迫的趣味，而真正的優秀

---

[87] 林語堂：《拾遺集》（下），《林語堂名著全集》18 卷，第 388 頁。
[88] 林語堂：《煙屑》（二），《林語堂名著全集》14 卷，第 157 頁。
[89] 林語堂：《藝術的帝國主義》，《林語堂名著全集》18 卷，第 139 頁。
[90] 張煒：《創作隨筆三題》，《當代作家評論》1995 年第 5 期。

之作又都是在身手俱閑時創出的。林語堂說：「中國人獨好山水花鳥。山水花鳥，即中國之所謂玩。」[91] 他又說，「要做中國人文章，必先有中國人心地」，「故行文首須養生，飼鵝種菊，觀雲賞月，心地輕鬆，然後自我觀之」。[92] 雖然林語堂閒適的文學觀有其局限，但從文學創作要求作家心態放鬆的角度說還是很有意義的。中國新文學藝術的功績在於對現實的積極參與和矛盾衝突的心態，從而使文學藝術充分發揮了宣傳教育之功；但另一面，因為文學藝術離現實離政治離意識形態過近，作家的功利性太強，其文學性受到某些限制，顯得相對薄弱。時代的印痕過於明顯，觀念形態過於強烈，創作時間過於匆促，人工痕迹過於顯目，也因此，許多作品隨著時間的流水漸被沖淡了。事實上，無論時代如何變化，作家的思想觀念怎樣不同，作為人類情感與靈魂的代表，作家都不能無視大自然這一真實存在，因為它不僅是人類賴以生存的環境，更是人類的精神家園。時代、世事與人類代有更替，但大自然卻是長久的。可以毫不誇張地說，離開或背叛了自然，文學藝術甚至人類的生命力就會枯萎。

再次，「田園式」都市文化亦可避免過於依戀自然田野的保守主義傾向。在中國現代文學中有一種明顯的傾向，即對都市文明的拒斥與批判，而對鄉村文明的倡導與迷戀，這當然對克服現代工商業文化的弊端是有意義的。問題是這一傾向存在著極大的局限，即以「管窺」的方式看待都市文化。

---

[91] 林語堂：《拾遺集》（下），《林語堂名著全集》18 卷，第 26 頁。
[92] 林語堂：《國文講話》，《林語堂名著全集》14 卷，第 206 頁。

這些作家看來，現代都市文化令人生厭，而窮鄉僻壤的風情民俗卻令人神往，他們往往用懷舊之筆抒寫故鄉的自然風光和世態人情，營造著自己「桃源式」的理想天地。這種「桃源式」文化理想顯然與現代文明與人類文化的發展相悖，因為人類文明不可能復歸到遠古的農業文明。對那種完全依戀自然崇尚遠古蠻荒生活方式的文化觀，波特萊爾曾批評說，「一切美與一切美的根基、來源與原型都存在於自然」的觀念是錯誤的。他認為：「純粹的自然人的行為和欲望是觸目驚心，令人駭然的。而任何一件美好高貴的東西絕對地來自合理的自省。」[93] 因為人類是自然更是社會的理性的，他需要反省與設計。林語堂不是簡單以「鄉下人」的眼光審視人類文化，而是在充分肯定「田園式」文化理想時，始終不放棄都市文化理想。就是說，林語堂將自然與都市看成相輔相承不斷發展變化的兩個方面，換言之，人類的理想文化既不是遠離都市陶淵明式的自然理想，也不是背離自然的上海式現代工商業城市，而是適合人類健康發展的「田園式」都市文化。對都市文化林語堂常給予肯定。如他看到中國物質生活水準低下，沒有豐富的物質生活就很難有豐盈的精神生活。他說：「我們須明白，今日中國，必有物質文明，然後才能講到精神文明，然後才有餘閑及財力來保存國粹。」[94] 他又說，「美國豐衣足食，諸事安全；美國真有和平。總之美國物質方面，足使人們快樂一生」，「機械之進步便使生產

---

[93] 威姆塞特與布魯克斯：《Literary Criticism: A Short History》，P.483。
[94] 林語堂：《機械與精神》，《林語堂名著全集》13 卷，第 131 頁。

愈加過剩，人類生活愈加悠閒」，「『閒暇』必成為各種文
明的中心問題。可見，機械文明並無多大的錯處，而美國就
站在這個文明的最前頭」。[95] 林語堂還借柳夫人的話說，「外
國電燈、自來水、汽車好」。[96] 這與許多中國現代作家一味
反對西方的物質文明而不加分析地肯定中國傳統文明是不
同的。當然，對西方尤其是美國的物質發達林語堂也有具體
分析：「我居紐約先後三十年，飽嘗西方的物質文明。嘗細
思之，方便與舒服不同，個中有個分別。居美國，方便則有，
舒服仍不見得。遠東文明，舒服則有之，方便且未見得。」
[97] 這種分析客觀又令人信服。還值提及的是，林語堂肯定西
方文化的科學、民主和法律，認為這些方面中國都不如西
方。概言之，20 世紀一直爭論不休的問題有三，它們是中
西文化、城鄉文化和傳統現代文化，直到今天這些問題也未
能解決。就城鄉文化的選擇而言，近年仍有人呼籲「逃離都
市，回歸自然，甚至要回歸到原始的自然狀態中去」，認為
只有這樣人類才能擺脫工商業文化帶給人類的困境，才能尋
回人類的純真和童年。其實，這種自然與土地的守望是以遠
離人類整體的發展與文明為前提的，原始的自然的人類生活
是貧窮、封閉、落後和保守的，也是不自由的，甚至是無知
與野蠻的，人類無論如何不能退回原點。可以說，對城鄉文

---

[95] 林語堂：《抵美印象》，《林語堂名著全集》18 卷，第 276 頁。
[96] 林語堂：《三談螺絲釘》，《林語堂名著全集》18 卷，第 187 頁。
[97] 林語堂：《說紐約的飲食起居》，《林語堂名著全集》16 卷，第 432
頁。

化的選擇，半個多世紀以來林語堂一直在進行探求，並找到了一條具有獨特性的融合之路，這在中國現代文化史文學史上值得重視。

林語堂對中西文化採取融合的態度而不是捨此取彼做單向的取捨，這可能是他對世界文化最大的貢獻之一。真正有利於人類健康幸福的現代文化應是多元的，它既是大自然田園的一部分，又是人類文明文化發展的產物；它既應繼承中國傳統文化的優秀遺產，又應吸收世界各國文化的精華。世界各國文化從根本上說沒有進步與落後之分，只有優劣好壞之別。美好的人類文化理想應該是：世界各國文化以平等、和平、對話、融會、磨合的方式參與其中，並在共律、互滲、互利、幸福的原則下取長補短、共同發展。

第五章　心靈的對語

── 林語堂的文體模式

　　每個優秀的作家都有獨特的個性，這既取決於他的思想觀念，又與他的文體特徵不可分割。顯然，作家研究既不能無視其思想內涵和觀念形態，又不能忽視其文體特性。林語堂研究也是如此，前面主要探討了林語堂的思想觀念，展示了他對宇宙、世界、社會、家庭、人生的看法；那麼，林語堂的文體模式怎樣？作為多產作家，作為各種體裁如小說、散文、詩歌兼備的作家，林語堂有沒有較為統一的文體？如果有，這一文體是什麼，有何特點？這一文體的產生與確立受到中西文化哪些因素的影響？它對文學的健康發展有何意義？它是否也有自身的局限性呢？這些些問題都需要作出回答。

一、偏愛「閒談體」

　　就中國現代作家而言，若要從思想觀念角度對其進行區分比較困難，至少比較複雜；但從文體入手要容易得多。因為文體較思想觀念往往更具概括力更穩固，就如一個容器，其形體較容納物更直觀更穩定也更簡單。何謂文體？人們的

說法不一。有人把文體等同於文學體裁，有人認為文體包涵體裁（樣式）與體性（風格），有人認為文體是語言加主題加風格。這些說法雖各有道理，但缺乏確定性和明晰性。我們認為，文體主要看作者的「敘述」方式和傾向，換言之，文體主要表現在作者與讀者的關係結構上。

　　基於對作家與讀者關係之考察，中國現代作家的文體主要有三類：一是教導式，或稱啟蒙式；二是懺悔式，或稱自語式；三是對話式，或稱娓語體、閒談體。所謂教導式文體，是指作者以先驅者的身份出現，他們洞悉歷史和未來，了知世界和人生，知識豐富，智慧過人，以國家民族的拯救和發展為己任，向讀者、聽者講解和啟蒙。而聽眾則是受啟者，他們往往以保守、麻木、愚蠢、無知者的身分現身。在作者與讀者的關係中，一個在上，一個在下；一在高處，一在低處；一是言說者，一是聽講者。這很像老師授課，學生聽講，也很像牧師佈道，教徒受啟。因為中國現代新文化新文學的主要價值取向是學習西方而對中國文化則採取批判的態度，所以啟國人之蒙、改造國民劣根性就成為先驅們的立足點和出發點。中國現代作家多採用啟蒙式文體教導國人走出黑暗和愚昧走向光明和文明的，魯迅、胡適、茅盾、曹禺等都屬此類。所謂自語式文體，是指作者往往不太考慮讀者的存在與意見，更重視自我的表白與渲泄。此類文體的作者往往內心有無法言狀的痛苦、徬徨與苦悶，其創作動機也像魚鯁在喉不吐不快。他們與啟蒙式作家偏於理性思辯不同的是偏重情感的表白，其作品往往帶有較強的自敘傳，郭沫若、巴金、郁達夫、蕭紅等當屬此例。需要說明的是，這兩類作

家並不是絕緣的，有時在同一作家身上表現出兩種文體特徵。如郭沫若《女神》更多是自語式的，而《甲申三百年祭》則是啟蒙式的；再如巴金《家》三部曲更多的是啟蒙式，而《隨想錄》則偏於自我剖白。可以說，中國現代文學基本上充滿這兩種聲音。所謂對話式或說娓語體，是指作者與讀者如朋友談心、雙向交流，他們無所謂高下之分，也沒有智愚之別，雙方均敞開心肺，無介蒂掛礙，彼此溝通學習。林語堂當屬此類。

在中國現代作家中，從理論倡導和實踐運用「對話體」者當然並非林語堂一人，但對此體涉足最早，喜愛最甚，用力最勤，追求最自覺，影響最大，恐怕無人能出林語堂右者。對這一文體如何稱謂，林語堂不能確定，甚至認為名稱並不必死定，只知道這樣一種筆調即可。他說：「小品文筆調，言情筆調，言志筆調，閒適筆調，娓語筆調，名詞上都不必爭執，但確有此種筆調，正實明暢為主，首尾相顧，脈絡分明，即有個人論斷，亦多以客觀事實為主。言情者以抒懷為主，意思常纏綿，筆鋒帶情感，亦無所謂起合排比，只循思想自然之序，曲折回環，自成佳境而已。換句話說，說理文如奉旨出巡，聲勢煊赫，言情文如野老散遊，即景行樂，時或不免惹了野花閑草，逢場作戲。」[1] 當然，在這一文體中，林語堂看中的是其內質，即作者與讀者的關係。他說：「先要講我們要明白這種文字的特格，是由於作者對讀者的態

---

[1] 林語堂：《小品文之遺緒》，《林語堂名著全集》18卷，第93頁。

度，認為大家是老友，關起門來，作密室談的態度。」[2] 還
在《語絲》時代，林語堂就開始重視這種風格，並認為一個
作家最要緊的是說自己的話，尤其說自己的心裏話，他說：
「我們最重要的是說自己的話，而『不說別人說的話』。此
種風格深得我心。我們不見得是自由主義者，卻將《語絲》
看成我們『心語』的園地。」[3] 後來，林語堂辦刊就將這一
文體確立為自己的辦刊宗旨，力求選取有個性、有談話風
度、肯對讀者說心裏話的名篇佳作。他表示：「《人間世》
提倡小品文筆調，以談話腔調入文，而能為此筆調者尚少。
愚見以為西文所謂談話（娓語）筆調可以發展而未發展之前
途甚為遠大，並且相信，將來總有一天中國文體必比今日通
行文較近談話意味，以此筆調可以寫傳記，述軼事，撰社論，
作自傳，此則專在當代散文家有此眼光者之勢力。」[4] 很明
顯，林語堂對這種對語式的閒談體情有獨鍾，在文學理論上
給予了足夠重視和倡導。

　　不僅如此，林語堂在文學創作上也堅持這種文學觀，不
論是散文、小說、翻譯都是如此。林語堂甚至不無自豪地說：
「我創出一個風格。這種風格的秘訣就是把讀者引為知己，
向他說真心話，就猶如對老朋友暢所欲言毫不避諱什麼一
樣。所有我寫的書都有這個特點，自有其魔力。」[5] 這裏，

[2] 林語堂：《再談姚穎與小品文》，《林語堂名著全集》16 卷，第 298
　　頁。
[3] 林語堂：《八十自敘》，第 114 頁。
[4] 林語堂：《拾遺集》（下），《林語堂名著全集》18 卷，第 390 頁。
[5] 林語堂：《八十自敘》，《林語堂名著全集》10 卷，第 303 頁。

林語堂強調三點：一是這一文體風格是自己創出來的；二是這一文體把讀者當朋友，與讀者暢所欲言，盡敘心曲；三是這一文體不僅表現有散文中，還表現在小說等。有學者曾指出林語堂《生活的藝術》在西方引起反響的原因時說：「《生活的藝術》所以能膾炙人口，除了內容上對症下藥，符合西方讀者的口味之外，也借助於那種把讀者當作知心朋友的吐露肺腑之言的筆調，使讀者親切地感到：『林語堂在對我講他的真心話』。這種形式很適應西方讀者的閱讀心理。」[6] 這一說法是對的。問題是這種文體不僅在《生活的藝術》，在別的作品中也有表現；不僅適合西方讀者也適合中國讀者的心理。如林語堂創辦《論語》時就極受歡迎，他說：「聽說《論語》銷路很好，已達二萬（不折不扣），而且二萬本之《論語》，大約有六萬讀者。」[7] 試想，在中國風雨飄搖的年月，一份純文學刊物能擁有眾多讀者其文體之功績自不待言。

林語堂在文學創作上是怎樣使用「閒談體」的？換言之，「閒談體」給林語堂的文學作品帶來哪些特點？

首先，林語堂善用「談」、「說」、「論」、「記」、「答」和「閒話」等字眼命題作品，這些與「閒談體」關係密切的字詞一開始就給作品打上特殊文體的烙印，因為這些字眼中就隱含著一個讀者一個知心朋友在。作者仿佛與讀者對面而坐、促膝談心，一種心平氣和的情調油然而生。其

---

[6] 施建偉：《林語堂出國以後》，第 128 頁。
[7] 林語堂：《二十二年之幽默》，《林語堂名著全集》14 卷，第 175 頁。

次，林語堂在作品中大量使用對話、書信、和日記的方式表情達意。對話與書信都有聽者和讀者，而日記則是將自己當成讀者，與另一個自我暢談。這種方式是把「閒談體」直接引入作品，作品人物就可代表作者說話，從而有著強烈的藝術效果。比如在《京華煙雲》中，林語堂寫木蘭與弟弟阿非及弟弟女友紅玉的談話，「木蘭問他們：『你們還吵架不？』阿非說：『我每次都聽她的話。怎麼還會吵架？』紅玉說：『好沒羞！』然後向木蘭說：『每次吵嘴我若不讓著他，他會更凶。他自己還不知道呢！』阿非說：『天哪！每次爭吵她都占上風，還說讓著人家！』紅玉說：『我跟你說過什麼難聽的話沒有？』阿非承認說：『妹妹，你沒說過』。木蘭說：『好了，我但願你們永遠在一塊兒幸福快樂，那就好了』」。[8] 這是一段關於男女情愛的對話，本來，在他人筆下，這很可能是一場劍拔弩張的爭執，但是在林語堂筆下卻是閒談娓語，婉轉動人，少男少女間的愛怨，爭讓，言止都躍然紙上。到後來，性情如黛玉的紅玉自殺身亡，阿非另有新愛，再回頭看此對話，不覺人事皆空，一股莫名愁緒自心底升起。這一對語，載著作者的一份幽情一腔密意送給讀者，讓你久久回味，有不絕如縷之感。還是此書，作者寫木蘭與立夫這對「有情人未成眷屬」的朋友登臨泰山，他們有這樣一段對話：「木蘭說：『立夫，你看見那個沒有？』一邊手指著西方的雲彩。立夫回答說：『我看見了』。……木

---

[8] 林語堂：《京華煙雲》（下），《林語堂名著全集》2 卷，第 118 頁。

蘭走近石碑，那時立夫還在近前站著，仔細看那苔蘚封蔽的石頭，不覺看得出神。她伸手把一些蘚苔揭下來，立夫說：『不要』！木蘭說：『這個石頭好大。』這時一陣子寂靜。木蘭說：『還這麼老！』又是一陣寂靜。……最後，立夫開言，才打破一陣子沈寂。他說：『這個沒字的碑文，已經說出了無限的話。』……立夫說：『你記得秦始皇怕死，派五百童男童女到東海求長生不死之藥嗎？而今物在人亡。』木蘭說出謎一樣的話：『因為石頭無情』。」[9] 木蘭與立夫深深愛慕，此時立夫又是木蘭的妹夫，二人泰山對談就有了豐富的內容，看似平淡，實則二人心中卻巨浪滔天。當然這種激情沒有信馬由繮，而是被很好地約束了。所以，書中說五分鐘前木蘭還激動不已，但很快卻歸於平靜。值得一提的是，林語堂在《京華煙雲》中還寫過王府花園裏常常舉行的閒談，這是一個優雅舒適的所在，有山有水有魚有樹有花有草，簡直是人間仙境。北京的名流如辜鴻銘常來此與姚家、陳家聊天。談話中還會有外國朋友，大家暢談文化、家庭與人生，共度良辰美景。每至於此，辜鴻銘總興趣盎然，侃侃而談，妙語連珠；而聽者呢，或偶插數言，或提出疑問，或靜聽細想。這樣的談話極得閒談真義，也使作品籠罩著閒適平和的氣氛。總之，林語堂作品的「對語」和「閒談」片斷對其「閒談文體」有著不可忽視的作用，它不僅是一些對話、談論，更是一種氛圍，一次心靈的感應與交流。值注意的是，

---

[9] 林語堂：《京華煙雲》（下），《林語堂名著全集》2卷，第 128-129頁。

林語堂的作品有許多採用對話、閒談的方式結構全篇，就是說，「閒談」自始至終貫穿作品，整個作品就是一篇談話集錄。如長篇小說《奇島》，它除了有大量的對話外，也是用「閒談」結構作品的。雖然此書不似許多散文那樣自始至終都在閒談，但「閒談」一直貫穿整個作品。在這個島上，會集著哲學家、人類學家、冒險家、詩人、音樂家、美食家及宇航員，他們常常設宴暢談，有時通宵達旦。他們在一起縱談文學、哲學、藝術和美食，閒談人生、人性與自然，常常樂此不疲。可以說，《奇島》不是一般意義上以故事和典型人物塑造為勝的小說，而是由文化名人的宴會閒談組成的散文體小說。如果站在傳統小說觀念角度看，《奇島》無疑不是一部好小說，它雜亂鬆散甚至有點拖泥帶水，一般人讀之必然生厭，當然也難以讀下去。然而，如果站在「閒談體」的角度，站在作者與讀者關係的角度，站在散文體小說的視域，用文化的眼光來體味，我們又分明感到它與眾不同的魅力。它談及的文化問題處處閃耀著動人的光輝，往往給人以解頤之妙。當然，《奇島》中的閒談還給人一種自由感，給人以奇思妙想，此時的人就如同插了翅膀在天宇中飛翔。最後，林語堂作品的敘說方式具有對話性，屬於閑語體。表面看來，有的作品既無對話，也無書信，更沒有閒談結構，但作品的敘述口吻、方式及氣氛具有對語的特性，就好似作者在與一位潛在讀者進行交流一樣。如林語堂的作品常出現的語句有：「你」、「你們」、「諸位」、「我」、「鄙人」、「我想」、「我覺得」、「你們都明白」、「也許」、「不妨」、「眾所周知」、「誰也知道」、「何以故？」、「且

說」、「話說」，等等。這些用詞遣句一是有「作者」和「讀者」在，二是作者態度自謙，無狂傲之氣，對讀者尊重、客氣、友善。作者這種「心裏時時有讀者在」的寫作方式在林語堂各類體裁的作品中都存在著。

還需要說明的是，林語堂的對語方式往往不是單一的，也並非僅在作者與讀者間展開。事實上，「作者」與「讀者」只是籠統的說法，其中有多層含義。如作品人物的「對語」，作者與潛在讀者的「對語」。除此之外，還有作者與自我、作者與自然的「對語」。像《秋天的況味》不僅有作者與讀者的潛在交談，還有作者與自己與自然與人生靜靜的推心相知、傾心相談，因為在彌漫的香煙雲氣和初秋的意味中，林語堂既有無限的滿足，又有說不盡的傷感。在與自我與自然面對的過程中，作者與讀者一道在同另一個「對象」敘說和傾談。還有《輝煌的北京》中那些寫北京四季，寫北京自然田園的文字都是如此。讀這些作者與大自然與自我融為一體的文字，我們分明感到作者那顆獨特之心。可以說，林語堂「閒談體」中的「作者」只有一個，而「讀者」有多個，這是一種立體的文體結構方式。

二、「閒談體」的特徵

總體說來，「閒談體」是一種比較隨便的文體，它沒有明確的概念界定，也沒有非常確定的內質規範，但不管怎麼說，它總應有較相對的限定。就是說，與別的文體相比，「閒談體」有哪些特徵？怎樣才能領會「閒談體」的精髓和要旨

呢？

　　一般人認為，所謂「閒談」，不外乎隨便談談，拉拉扯扯而已。如此創作的文學豈不成了不嚴肅、不認真，缺乏思想意義的胡言亂語？這種理解顯然是比較表面膚淺的。林語堂所倡導和遵循的「閒談體」必然有其內在要求和規定，雖然這些要求和規定遠非金科玉律，以至不可動移一字一句。那麼，林語堂所理解的「閒談體」有哪些特徵呢？

　　第一是包容的心態。與其他文體嚴格的選擇和規定不同，「閒談體」視野開闊，心態廣大，在題材、主題、人物和敘述等方面都比較包容，換言之，就是比較隨便。比如選題，一般的啟蒙文體都是從政治、經濟、思想和文化視角選擇那些較為重大神聖至少有相當意義的題目，或革命，或殺頭，或瘋狂，或破產，或戰爭，或疾病，或戀愛，或失戀，或剝削，或壓迫，或失業，或逃亡，或醉生，或夢死，………，不一而足。林語堂並不是不寫這些問題，而是並不把視野限於此，在他看來，「宇宙之大蒼蠅之微均可入題」，關鍵看其是否反映真情、真性、真意。大海固然廣大浩瀚，透過它可以了知世道滄桑，但一滴水同樣可以小中見大，管窺全豹。而且因為細小之事來自生活、伴於身邊，目所見、耳所聞、腦所思、心所感，最易見出真情實意，與那些遠離人生、虛無空浮的思想、觀念、邏輯給人的感受相比真有天壤之別。林語堂曾表示作家應將目光轉向日常生活瑣事，反對不分青紅皂白一味選擇闊大題目的做法。在談《人間世》宗旨時他說，本刊「或談現代人生，在東西文化接觸，中國思想劇變之時，對於種種人生心靈上問題，加以研究，即是牛毛

細一樣的題目，亦必究其究竟，不使放過。非小品文刊物所棄而不談者，我必談之，或正經文章而廓大虛空題目，我反不談。場面似不如大品文章好看，而入人處反深」。[10]他又說：「今之所謂小品文者，惡朝貴氣與古人筆記相同，而小品之範圍，卻已放大許多」，「此種小品文可以說理，可以抒情，可以描繪人物，可以評論時事。凡方寸中一種心境，一點佳意，一股牢騷，一把幽情，皆可聽其由筆端流露出來，是之謂現代散文之技巧。」[11]在這一觀念指導下，林語堂文學創作選題廣泛，幾乎無所不包。只要看一下林語堂文章選題之寬即可領略一二。林語堂的包容心還表現在對偏見的看法上，人人都反對偏見，而林語堂卻說：「世界上本沒有『公論』這樣東西，凡是誠意的思想，只要是自己的，都是偏論，『偏見』。若怕講偏見的人我們可以決定那人的思想沒有可研究的價值；沒有『偏見』的人也就根本沒有同我們談話的資格。」[12]在林語堂看來，談話者可隨意表達己見，錯並不可怕，怕就怕在人云亦云。因為這份寬容，閒談體才能包羅萬象，達到百川歸海之效。

　　第二是閒適從容的格調。閒談與爭吵不同，它往往講究雍容和平的氣氛，舒緩從容的節奏，人在其中有賓至如歸之感。談話首要者是周遭的氛圍。房間、花園、密室均好，但要安靜，要自在，要舒適；時間可早可晚，以時間優裕為妙；

[10] 林語堂：《論小品文之筆調》，《林語堂名著全集》18 卷，第 23 頁。
[11] 林語堂：《論小品文之筆調》，《林語堂名著全集》18 卷，第 22 頁。
[12] 林語堂：《論語絲的文體》，《林語堂名著全集》13 卷，第 49 頁。

季節則以夏日樹下清涼和冬天大雪暖爐為佳；至於周圍裝飾
以自然風光和文化感為要，或書香彌漫，或鳥語花香。就閒
談者的心態言之，人們最好無雜事纏身，無煩惱擾心，無忌
諱分神，眼前如明鏡般透徹，胸中似洞火樣明亮，精神像秋
水樣清爽。還有閒談者最好是朋友，知情知意知心，無礙無
慮，人間世相、芸芸眾生、甚至雞毛蒜皮都可隨心所欲、暢
所欲言。林語堂筆下的閒談都具有這種氣氛。北京的王府花
園，奇島的宴會，新加坡的房間，杭州的寺院，都是閒談的
「人間仙境」。像《談勞倫斯》中朱、柳先生的談話氣氛就
是如此。文章寫道：「朱柳兩位老人正在黯淡的燈下閒談，
因為此時雖是民國卅五年，蘇州城外居戶大半還未有電燈。
在廿八年曾經因為滬寧公路通行，蘇州的馬路上屢次發現汽
車，後經吳門人士一體反對，報上也曾有過一次劇烈的辯
論，才把汽車禁絕了。柳先生飯後無事，過來找朱先生攀談，
在這黯淡的燈光之下，看得最清楚的就是朱先生的一枝旱
煙，下垂著一個煙袋，一捲煙雲繚繞而上。」[13]另外，談話
者與聽眾在林語堂筆下也具有相當的隨意性，他們姿勢不必
講究，可坐可臥，可將沙發坐墊放在地板盤膝而坐，也可將
腿放在桌上，以自己舒服為准。他們可以隨時插話，隨時提
問，當然也可緘口不言、附首靜聽，甚至也可不聽、打嗑睡
或睡覺。一切聽其自然。如《談中西文化》中，柳先生與夫
人正談得起勁，喉嚨都乾了。作品寫道，「柳夫人立起，倒

---

13 林語堂：《談勞倫斯》，《林語堂名著全集》18 卷，第 81 頁。

一碗茶給柳先生喝。又倒一碗給朱先生，卻見朱先生已經鼾鼾入夢了。他們舉頭一看，明月剛又步出雲頭。柳夫人輕輕的拿一條洋氈把朱先生露在椅上的腳腿蓋上」。[14] 還有《四談螺絲釘》一文，當柳先生見夫人談得起勁，談得美妙時，「俯首吻她而不答。……等他們吻完了，柳夫人忽然抬頭看朱先生，怕難為情。柳夫人：老朱怎麼不見了？朱先生已悄悄走到大門口。第二天得老朱來一短箚如下：『珠娘老柳：昨夜歲月走訪，賢伉儷一會兒吵，一會兒好，發呼辯而止乎吻，豈所謂得人情之正者歟？徘徊月下思之，皆因多長一張口耳。然兩道兩儒一法互吻，其勢不能不平。所以不辭而退者以此。弟將騎青牛去也。螺絲釘白。』」由此觀之，林語堂筆下的談話者真是自由之子，行當行止當止，全在順其自然。林語堂曾說，「談話和小品文最雷同之點是在其格調之閒適」。「真正談話的必要條件是：我們能夠在一個房間裏悠閒而親切的空氣中表示我們的意見，身邊只有幾個好友，沒有礙目之人」。他還把好的文學藝術看成是這種閒適之下的產物，「凡是藝術，都是心手俱閑時慢慢產生出來的」。[15] 然而，隨著工商業文明的侵入，這種談話氛圍漸漸失去，這是最令人遺憾的。林語堂說：「人們今日在歎惜爐邊或木桶上談話藝術已經失掉了，因為目前商業生活的速度太高了。我相信這種速度頗有關係，可是我同時也相信把家庭變成一個沒有壁爐的公寓，便無異在開始破壞談話的藝術，此

---

[14] 林語堂：《論中國文化》，《林語堂名著全集》18 卷，第 114 頁。
[15] 《林語堂名著全集》18 卷，第 198-199、3、298 頁。

外，汽車之影響更把這種藝術破壞無遺。那種速度是完全不
對的，因為談話只有在一個浸染著悠閒的精神的社會中才能
存在。」[16] 最後，閒適從容的格調還表現在談話節奏上。這
節奏是鏗鏘和連綿不斷的，如一串自遠而近的燈火，又似一
串金線珍珠。林語堂說：「娓語筆調，盡可拉拉扯扯，不分
段縱筆直談。談得越有勁，段落越長。」[17] 林語堂尤其讚賞
閒談中高雅之士連綿有節奏的談吐，認為聽其談吐真是人間
一樂！在林語堂筆下，這種談話仿佛是神仙妙語，令人著
迷，不可多得。為使談話更為閒散，林語堂還指出瑣碎材料
和佐料的作用，它是談話的潤滑劑和調節器，它既使談話生
活化又使談話輕鬆自然。林語堂認為有女子參加的談話具有
普遍性，他說：「無論在哪個國家，不論在哪個時代，凡是
具有注意於瞭解生活藝術的文化者，同時都一致發展歡迎女
子加入以為點綴的習尚。雅典在派里克列斯的時代即是如
此，十八世紀法國沙龍時代也是如此。就是和中國男女之間
雖禁止交際，但歷代文士都渴欲女子加入他們的談天一樣。
在晉宋明三朝之中，當清談藝術最為流行的時候，都有許多
才女如謝道蘊、朝雲、柳如是等參於中間。」[18] 對女子作為
瑣碎佐料之作用，林語堂說：「在風雅的談話中，我們需要
女人供給一些必要的瑣碎材料，因為瑣碎的材料是談話的靈

---

[16] 林語堂：《論談話》，《林語堂名著全集》18 卷，第 1 頁。
[17] 林語堂：《拾遺集》（下），《林語堂名著全集》18 卷，第 207 頁。
[18] 林語堂：《生活的藝術》，越裔漢譯，《林語堂名著全集》21 卷，第
221 頁。

魂。如果沒有瑣碎的輕鬆成分，談話一定立刻變得滯重乏
味。」[19] 綜而觀之，林語堂筆下精彩的閒談往往少不了女性
參加，木蘭、芸、柳夫人、尤瑞黛、艾瑪·艾瑪等都是閒談
的積極參與者，因為他們的加入使得談話有聲有色。

　　第三是靈光閃現的心靈。林語堂理想的閒談並不是無病
呻吟，更不是低級趣味的胡說瞎扯，因為這種談話對人對文
學都無益處。林語堂強調閒談者需是朋友，並且是有知識、
智慧、見解、趣味而又善談的朋友。他曾提到一位長醉不醒
的好談者，每當有善談朋友至他總是談興濃、精神旺、通宵
達旦長談而精神仍然清明健爽。然而無好談之人他卻或醉或
眠，長睡不起，形同死人。有了好談朋友還不一定有好的閒
談，真正入神的閒談必須在合適的氛圍中各抒己見，獨發性
靈，所言是至論，所道為至聲，當大家都有真知卓見、妙語
連珠時談話才更有魅力，令人有擊節之讚歎。而且，當談話
者相談和諧融洽時，其共鳴碰撞有聲有光，更生魅力。某種
程度上說，談話不是單獨的行動，而是一種相互撞擊、互為
啟發、相互攀升的過程，正是在這一過程中見解越來越清
明、新穎、深刻。好的談話更是如此。可見，「性靈」在林
語堂「閒談體」中具有舉足輕重的地位。何謂「性靈」？「性
靈」與「個性」的關係怎樣？林語堂認為二者一而二、二而
一，只是角度不同而已。他說：「神感乃一時之境地，而性
靈賴素時之培養。一人有一人之個性，以此個性 Personality

無拘無礙自由自在表之文學，便是性靈」。「凡所謂個性，包括一人之體格、神經、理智、情感、學問、見解、經驗、閱歷、好惡、癖嗜，極其錯綜複雜。大概得之先天者半，得之後天者半。」[20] 林語堂談到《論語》選文標準時說：「大概有性靈，有骨氣，有見解，有閒適氣味者必錄之；萎靡、疲軟、寒酸，血虧者必棄之。其景況適如風雨之夕，好友幾人，密室閒談，全無道學氣味，而所談未嘗有不涉及天地間至理，全無油腔滑調，然亦未嘗不嬉笑怒罵，而斤斤以陶情笑謔為戒也。」[21] 其實，性靈與卓見是「閒談體」的精髓，有了它，就如山有水、樹有花、鳥有聲、眼有神一樣。林語堂曾寫了《蘇東坡傳》，他自認為這是自己的佳作之一。書中寫過蘇東坡與僧人佛印的一席談，林語堂稱之為是「譏諷妙語的對話」。茲錄於此。「蘇東坡問：『這兩尊佛，哪一個重要？』佛印回答：『當然是拳頭大的那個。』到了內殿，他倆看見觀音像，手持一串念珠。蘇東坡問：『觀音自己是佛，還數手裏那些念珠何用？』佛印回答：『噢，她也是像普通人一樣禱告求佛呀。』蘇東坡又問：『她向誰禱告？』『向她自己禱告。』」東坡又問：『這是何故？她是觀音菩薩，為什麼向自己禱告？』佛印說：『你知道，求人難，求人不如求己呀！』」蘇東坡想開佛印的玩笑，說，「古代詩人常將『僧』與『鳥』在詩中相對。舉例說吧：『時聞啄木鳥，疑是叩門僧。』還有：『鳥宿池邊樹，僧敲月下門。』

---

[20] 林語堂：《論性靈》，《林語堂名著全集》18 卷，第 238 頁。
[21] 林語堂：《與陶亢德書》，《林語堂名著全集》17 卷，第 167 頁。

我佩服古人以『僧』對『鳥』的聰明。」佛印說：「這就是
我為何以用『僧』的身分與汝相對而坐的理由了」。[22] 這是
一篇鬥智的談話，且又不是劍拔弩張、橫眉冷對、面紅耳赤，
而是在從容閒適中娓娓道來，不怒、不威、不露、不卑，即
使取笑和諷刺也溫溫可感，意善有加。其智慧的鋒芒如綿裏
藏針。閒談的性靈還表現在其談話的「意味」。如果說「見
解」主要是談話的骨骼，那麼這「意味」主要是談話的血肉，
如果這「見解」是金子，那麼這「意味」則是滋潤金子的水。
有「意味」談話則生，無「意味」談話則死。不論閒談體的
筆調如何，凡佳作均需有韻味。林語堂概括說：「至於筆調，
或平淡，或奇峭，或清新，或放傲，亦依性靈天賦，不必勉
強。惟看各篇能談出味道來，便是佳作。味愈醇，文愈熟，
愈可貴。但倘有酸辣如里老罵座者，亦在不棄之列。」[23]當
然，「見解」與「意味」不是絕緣分開的，某種意義上說，
新奇的令人解頤的「見解」中也包含著「意味」。不過意味
最主要的還應是「幽默」，是蕩漾於閒談中的「會心的微笑」。
林語堂說：「其所以別於中國之遊戲文字，就是幽默並非一
味荒唐，既沒有道學氣味，也沒有小丑氣味。是莊諧並出，
自自然然暢談社會與人生，讀之不覺其矯揉造作，故亦不
厭」。「因為幽默只是一種人生態度，一種人生觀，在寫慣
幽默的人，只成一種格調，無論何種題目，有相當的心境，

[22] 林語堂：《蘇東坡傳》，張振玉譯，《林語堂名著全集》11 卷，第 151-152
頁。
[23] 林語堂：《論小品文之筆調》，《林語堂名著全集》18 卷，第 23 頁。

都可以落筆成趣了。」[24] 至於這一韻味到底是指什麼，就難以一言以蔽之。換言之，只可意會不可言傳。其實，有了性靈閃現的心靈世界，也就有了閒談中的創造主體。分而看來，每個閒談者都是富有「個性」的個體；總而觀之，則每個閒談者又都是閒談「群體」中的個體。就個體而言，他具有相對的獨立性與封閉性，但一旦個體加入這個閒談群體，那麼，其中的每個個體又會煥發個體單獨難以發揮的作用和威力，並且其合力要遠遠大於每個個體的力量之和。

　　第四是靈健雅致的語言。為使「閒談體」充分發揮優勢，也使其更加動人，林語堂非常注重「閒談體」的語言。一，林語堂認為閒談體的語言要簡易，做到人人能懂。如果「閒談體」的語言生僻、古怪、板滯，或是道學氣氛濃重、學究氣十足，那麼它就不會有廣泛的讀者。林語堂說：「凡寫文章都要人人能懂，做文章不是給古人看的，或是專給少數文人看的。所以報上的文章必日趨簡易。」[25] 二，林語堂強調「閒談體」的語言要通俗易懂，成為大眾語，其目的就是讓一般人讓大夥兒都能理解。林語堂說：「吾意大眾語必無聲無臭的歸還白話，真正大夥兒的話，文人必學不來，但能從此學會寫明白的白話，而矯正今日白話洋八股之弊，是亦一大佳事。」[26] 某種程度上說，大眾語是活潑的，簡潔明快的，

---

[24] 林語堂《論幽默》，《林語堂名著全集》14 卷，第 17 頁。
[25] 林語堂：《論有閒階級與文學》，《林語堂名著全集》16 卷，第 259 頁。
[26] 林語堂《怎樣洗煉白話入文》，《林語堂名著全集》18 卷，第 62 頁。

極富表現力，很適合交談。我們如果注意街談巷議就會發現它較接近「閒談體」，它的語言具有靈健生動的特點。三，林語堂認為「閒談體」的語言還要文雅精致。大眾語並不是林語堂「閒談體」的理想語言，因為它的不足是太直率，有時有些粗魯，缺乏文化感。為彌補這種不足，林語堂主張吸收古文的文雅。就是說，將古文之文雅與土語白話之靈健融為一爐，就可創出真正適合閒談的「雅健」語言。林語堂說：「國語要雅健，也必須有白話、文言二源。凡為文體必先雅順自然」。「而文好的，自然而然加入文言。文言作家肯大家注意這一點，文言中的精華，自今流入現代國語。也不必故意排斥文言成分，否則白話文永遠不會養成文雅與勁健俱到的豐富的國語」。[27] 這樣，通過將文言與白話融會起來，互為取長補短的辦法，即可創造一種全新的語言。這種語言既通俗易懂普及性強，又有高雅的格調。

　　林語堂的「閒談體」最要者還是性靈和筆調兩項，用林語堂的話說就是，「特以自我為中心，以閒適為筆調」。[28] 如果再進一步概括林語堂的「文體特徵」，仍可用他自己的話說是「清順自然」。他說：「關於文體我想提出四個字，叫『清順自然』」。「關於文體方面，我想可以兩句包括，『平淡不流於鄙俗，典雅不涉於古僻』。」[29] 這是一種既要求通

---

[27] 林語堂：《釋雅健》，《林語堂名著全集》16卷，第227頁。
[28] 林語堂：《發刊〈人世間意見書〉》，《林語堂名著全集》17卷，第180頁。
[29] 林語堂：《國語的將來》，《林語堂名著全集》16卷，第198頁。

俗，又需要境界的文體，換言之，在雅俗共賞、深入淺出中顯出真的見解、雅的趣味和高的品位。

三、「閒談體」的價值意義

　　中國現代文學一個重大貢獻就是打破「文以載道」的舊的文化傳統，倡導個性、自由、科學和民主，從而使中國文學出現新機。此時，新的主題、思想、人物和藝術手法都應運而生。但不可否認，中國新文學還屬開創期，還未能達到完美的高度，還存有不少局限。其中，最突出的是文學的獨立性時時受到干預制約，某種程度上影響了文學的發展。林語堂正是從此意義上倡導「閒談體」，其目的是為了確立文學的獨立性。

　　在林語堂看來，我們的文學離政治太近而離文化人生太遠，如果過分強調政治對文學的決定作用，勢必扼殺文學。他說：「我以為文學的作用，便是使我們帶了一種更真的瞭解與更大的同情把人生看得更清楚，更正確一點」。「把文學放在政治的僕從地位這種看法，必然因為限制了人類心智的自由創作，而把文學殺害了的」。「文學最要緊是必須要打動人心，只要它把生活描寫得真實。」[30] 總之，林語堂反對誇大文學的作用，認為文學並不似有人所言，可以興邦亡國。一個國家的興亡最主要不取決於文學家。文學的作用只是潛在地作用於世道人心。因此，林語堂認為，清淡玩物不

---

[30] 林語堂：《諷頌集》，《林語堂名著全集》15 卷，第 74 頁。

會亡國，統治者把國家搞得一團糟，一個手無縛雞之力的文人發幾句牢騷、玩一玩於亡國有何干係？林語堂說：「吾素最反對清淡亡晉之論，晉之亡不在阮籍倡狂，而在昏君暴主殺人如麻使阮籍不得不倡狂之環境。向來中國無民權」，「夫飲酒倡狂，或沈寂無聞，亦不過潔身自好耳。」[31] 林語堂又說：「西洋舞臺跳舞，如草裙舞，妖邪比中國何只百倍，但是未聞西方思想家抨擊，而實際上西人也並未因看草裙舞而遂忘了愛國，中國人卻不能容忍草裙舞，板起道學面孔，詈為人心大變天下大亂之徵。然而，中國人也並不因生活之嚴肅而道德高尚國家富強起來。」[32] 很顯然，林語堂不贊同將文學與政治等同起來，認為文學要有其自身的特性，而不應成為宣傳工具。

　　強調文學的獨立品格還表現在解除文學的精神束縛。應該說，政治對文學的過分干預雖然對文學的健康成長有不良後果，但它遠不如精神對文學的束縛來得嚴酷、長久和深入，一者是有形，一者是無形的；一者是短期，一者是長期的；一者是表面，一者是內在的。這裏所說的「精神」，林語堂稱之為「道統」、「理學」、「道學」或「方巾氣」。中國新文學雖在許多方面都超越了傳統文學，但數千年的封建專制思想卻非常頑固，它時不時如水中之球冒出水面。在談到中國現代散文的弊端時，林語堂說：「今日散文形體解放而精神拘束，名詞改易而暗中仍在摹仿，去國外之精神自

---

[31] 林語堂：《周作人詩讀法》，《林語堂名著全集》14 卷，第 177 頁。
[32] 林語堂：《方巾氣研究》，《林語堂名著全集》14 卷，第 172 頁。

由尚遠。性靈二字雖是舊詞，卻能指出此解放之路，故以重性靈為一切解放基本之論。有人反對這種解放，那是道統未除，流毒未盡。性靈也好，幽默也好，都是叫人在舉筆行文之際較近情而已。兩者在西洋文學都是老生常談，極尋常道理。今日提倡之難，三十年後人見之，當可引為奇談。但我們仍相信此為中國散文溶化必經之路。」[33] 對中國整個新文學林語堂也批評道：「二千年來方巾氣仍舊把二十世紀的白話文人壓得不能喘氣。結果文學上也只聽見嗡嗡而已。」[34]值得注意的是，封建文人的虛假與做作也未得到根本清除，嚴重影響文學的健康成長。周作人曾批評說，「我對於韓退之整個的覺得不喜歡，器識文章都無可取，他可以算是古今讀書人的模型，而中國的事情有許多卻就壞在這班讀書人手裏。他們只會做文章，談道統，虛驕頑固，而又鄙陋勢利，雖然不能成大奸雄鬧大亂子，而營營擾擾最是害事」。[35] 魯迅也曾剖析文人獻媚的醜態，有的可憐蟲竟因拍馬屁獻章未成反被殺頭的慘事，這就是魯迅稱之為欲做奴隸而不得者。林語堂對道學文人也多有批評，有時表現得非常憤激，他說：「惟有矯情君子理學餘孽，必誅無赦。我們誓以此刊物與新舊道學作戰。若有新舊八股先生戴方巾闊步高談而來，必先以冷豬肉招而誘之，而後痛打之。」[36] 林語堂還說：「理

---

[33] 林語堂：《臨別贈言》，《林語堂名著全集》18 卷，第 272 頁。
[34] 林語堂：《方巾氣研究》，《林語堂名著全集》14 卷，第 172 頁。
[35] 周作人：《廠甸之二》，《苦茶隨筆》，嶽麓書社 1987 年，第 27 頁。
[36] 林語堂：《且說本刊》，《林語堂名著全集》18 卷，第 148 頁。

學腐儒，惺惺作態，非子才適情哲學不足以正之，非子才嘻笑怒罵之刀筆不足以誅之。評子才者，須先識得其所痛恨反對之當時理學。」[37] 林語堂認為，束縛中國新文學的因素還有過於嚴肅苦悶，未得浪漫精神的熏陶，當然也就難以產生性靈健康的文學。他說：「在中國新文化雖經提倡，卻未經過幾十年浪漫潮流的陶煉。人之心靈仍是苦悶，人之思想仍是乾燥。一有危險大家轟轟然一陳花炮，五分鐘後就如曇花一現而消滅。因為人之心靈根本不健全，樂與苦失了調劑。」[38] 心靈不健全當然就失了定力，對事情就難有信心耐心。他還說：「過於嚴肅，便多虛偽，精神上不得調劑，鬱結不伸，只好罵人出氣，謾罵之風又來了，我想這是不足取的，說來也是舊社會文人好相輕的習慣。」[39] 具有諷刺意味的是，林語堂也自嘲自己說，他辦《論語》，「以我們自己而論，本來不想負什麼移風易俗之責，不過說說笑笑而已。但是做起文章來。還脫離不了滿身的道學氣。是的，中國做文章的人，都是有形無形衛道的」。[40] 道學對文學之深刻影響可見一斑！中國新文學還有另一局限，即語言怪僻，行文生硬，或受中國文言的束縛放不開手腳，或歐化過甚，不明不白，實際上這也是道學毒素在作怪。林語堂說現代白話有的不近人

[37] 林語堂：《評袁枚〈答楊笠湖〉》，《林語堂名著全集》18 卷，第 156 頁。

[38] 林語堂：《方巾氣研究》，《林語堂名著全集》14 卷，第 171 頁。

[39] 林語堂：《論做好一個人》，《林語堂名著全集》16 卷，第 71 頁。

[40] 林語堂：《〈笨拙〉記者受封》，《林語堂名著全集》14 卷，第 163 頁。

情:「一人行文,不肯平淡,不肯通俗,徒以搬弄詞藻為能事,以炫其實,與做艱深古文者何別?故今日雜誌雖多,而近情可讀文章極少。所談既皆乏味,文體尤為艱澀。」「即以通行文體而論,也是不近人情,故也是非現代的。時行白話做勢裝腔甚於文言。」[41]這在新文學初期尤為明顯。作家張煒說過:「我覺得政治、經濟有中心,文化也有中心,但文學藝術很難講一個中心。如果一個作家不斷地嚮往中心尋找中心,那麼就是失敗的開始。」[42]由此,我們就容易理解林語堂倡導與實踐的「閒談體」對文學個性和獨立性確立之重要意義。

　　遵從文學的創作規律,注重作品的文學性,這是林語堂「閒談式文體」價值意義的第二個表現方面。總體說來,中國現代作家比較注重如何將自己的思想、感情用文學的形式轉化成文學作品,至此,文學創作似乎就宣告完成了,而對作品的銷量及影響不太重視關心。其實,這與文學創作的全過程和規律性相背。因為按照接受美學的說法,一部作品如果只創作出來而未被讀者接受,它仍是一部未完成品。因為沒有讀者參與,作家的目的仍未達到,作品仍被懸置。從此意義上說,魯迅、周作人兄弟翻譯的《域外小說集》數年才售幾十本,那時就不能說他們的作品真正完成了。其實,中國現代作家對讀者的忽略是個普遍問題,即使有的重視讀者也多從營利角度一味應和讀者的低級趣味。而林語堂則不

---

[41] 林語堂:《且說本刊》,《林語堂名著全集》18 卷,第 147 頁。
[42] 張煒:《創作隨筆三題》,《當代作家評論》1995 年第 5 期。

然，他既重視讀者又有著高尚的境界和審美趣味，這是非常難得的。林語堂不僅重視作品本身，而且在創作過程中讓讀者參與其中，創作出令讀者喜愛令讀者境界提升的作品。他說他創出的娓語體，「這種風格能使讀者跟自己接近」[43]。在林語堂的「閒談體」作品中，讀者已成為不可分割的部分，換言之，林語堂作品的魅力與讀者的再創造分不開。

林語堂的「閒談體」把讀者當朋友和知己。心中千言、胸中萬語、一腔熱愛、萬般幽情都毫不保留和盤托出。林語堂的目的就是要與讀者貼心貼肺，肝膽相照，相投相知。如此胸襟、境界和見識能不得讀者信賴和喜愛？在林語堂方面固然用作品表情達意，將一己見解告訴讀者，但讀者並非一無所知和不明事理，他們有能力有對話資格的。如果不是如此，主因或是作者學說過於高深，或是時機未到，或是作者未能深入淺出，或是作者本身沒有見地、趣味和魅力。林語堂說：「敬重讀者 —— 文字有作者與讀者雙方關係，讀者固然要敬重作者，作者亦應當敬重讀者，誰也不可看不起誰，不然使雙方感覺無聊，讀者掩卷而去了。……不要說陳言，不要說爛話，不要說天經地義童叟皆知的話，人人說過的話，讀者早已知道你要說的話，及一概不必你說的話」。「這種文人所以討厭，就因為他們太看不起讀者，太不敬重讀者。誰高興讓人當小學生看待？」「蕭伯納說過『平常婦人與貴婦之別，不在於他的行為風度，是在於你如何對待她』，

---

[43] 林語堂：《八十自敘》，《林語堂名著全集》10 卷，第 139 頁。

『凡讀者都要人家當他很有學問，猶如婦人都要人當她貴婦』。」[44] 與板起面孔訓人式的文章或只知自言自語不顧讀者式的文章不同，林語堂「閒談體」作品更重與讀者交流，這就要求作家談與人們息息相關的事情，談大家視而不見、知而不詳、言所未言、言所難言的問題或道理；這也要求作家一片真心，合乎情，合於理，知無不言，言無不盡，知之為知之，不知之為不知之，不賣弄，不誇飾，不做作，不板滯，而是自自然然，清順明白，有活力，有趣味，講真，重善，求美。

　　林語堂這種「閒談體」之所以能深得人心，主要有如下原因。一是性靈。因為性靈即個性，所以它可有感而發，啟人智慧，三言兩語，擊中要害，如此成文必真實無欺、奪人眼目。林語堂說：「小品文筆調與此派不同。吾最喜此種筆調，因讀來如至友對談，推誠相與，易見衷曲；當其坐談，亦無過瞎扯而已，及至談得精彩。鋒芒煥發，亦多入神入意之作。或剖析至理，參透妙諦，或評論人世，談言微中，三句半話，把一人個性形容得維妙維肖，或把一時政局形容得恰到好處。大家相視莫逆，意會神遊，此種境界，又非說理文所能達到。」[45] 當然，這種靈性並非隨意而得，它需要長期的磨礪培養，這樣才能衝口而出，看似平淡無奇，實則生活的千種滋味和萬般甘苦盡在其中。　二是親切。閒談的雙方之所以親切無間，這既是因為相對而坐，目可視、手可觸、

---

[44]　林語堂：《行素集》，《林語堂名著全集》14 卷，第 67-68 頁。
[45]　林語堂：《小品文之遺緒》，《林語堂名著全集》18 卷，第 94-95 頁。

聲可聽、言可傳、意可達，可感可覺，了無障礙；又因為促
膝而談，對也好，錯也罷，都可立即或贊同或否定，或續談
或中止或修正。甚至喜可和，不喜則不和，爭執與塞耳都無
妨。林語堂說：「娓語筆調之難，難在作者把讀者當知友，
親切自在談去。娓語筆調之魔力，亦正在親切二字。被作者
當知友，這在讀者是多麼輕鬆愉快。」「讀好的娓語筆調文
章，如聆名人高論，如聞其聲，如見其人。要談的有勁，須
學力足，閱歷富，見解透」。「閒適筆調便是娓語筆調，著
重筆調之親切自在。」[46] 林語堂又說，「蓋此種文字，認讀
者為『親熱的』（familiar）故交，作文時略如良朋話舊，私
房娓語。此種筆調，筆墨上極輕鬆，真情易於吐露，或者談
得暢快忘形，出辭乖戾，達到如西文所謂『衣不紐扣之心境』
（unbuttonedmoods）。」[47] 這種「衣不紐扣之心境」極得親
切之意。因為親切就容易使人理解，親切也是真實的流露，
過於嚴肅不僅使人有隔膜之感，有時也給人以虛假印象。三
是綿密。因為「閒談」筆調正可拉拉扯扯隨意談去，只要有
話可說，妙語連珠，談話甚至可通宵達旦。所以，「閒談文
體」的魅力之一即是其綿密的風格。林語堂將這種長段文體
與「肉丁」短段文體相比較，認為短段「肉丁」不過癮，遠
沒有長段文章來得綿密悠長。就如同悠揚的琴聲遠比短促的
鑼聲來得更有意味一樣。他說：「娓語筆調，盡可拉拉扯扯，

[46] 林語堂：《煙屑》（五），《林語堂名著全集》18 卷，第 207 頁。
[47] 林語堂：《論小品文之筆調》，《林語堂名著全集》18 卷，第 20-21
頁。

不分段縱筆直談。談得越起勁，段落越長」。「英人態度從容，故主長段。美人只求時間經濟，故報章文字每由編輯截成短段，以便讀者。這種文字讀下去，如吃肉丁，不能過癮。」[48] 基於此，林語堂表示：「總之，我所要搜集的理想散文，乃得語言自然節奏之散文，如在風雨之夕圍爐談天，善拉扯，帶感情，亦莊亦諧，深入淺出，如與高僧談禪，如與名士談心，似連貫而未嘗有痕迹，似散漫而未嘗無伏線，欲罷不能，欲刪不得。」[49] 遺憾的是，中國現代以來，由於我們的文化主要以西方文化為座標，加上中國一直面臨內憂外患、救亡圖存的現實，閒談的氣氛越來越成為不可能，當然這種綿密的文章就難以得到進一步發展。

　　安裝於車輪和電腦上的文化需要「閒適文體」的調節，因為過於緊張和追求速度的世界人生離不開閒適，否則，人不緊張、不粗陋、不生病、不變態才怪呢！任何事物都必須有張弛、有進退、有攻守，這樣方不至於違反自然和人性。林語堂坦言：「我忙人也，忙人只好用閒適筆調優遊自在，用野老談天方法做文章，不然便急死了」。[50] 對於克服現代工商業文明的弊端，林語堂的「閒談體」顯然有積極作用。

---

[48] 林語堂：《煙屑》（五），《林語堂名著全集》18 卷，第 207 頁。
[49] 林語堂：《小品文之遺緒》，《林語堂名著全集》18 卷，第 96 頁。
[50] 林語堂：《關於〈吾國與吾民〉》，《林語堂名著全集》18 卷，第 299 頁。

四、中西文化的雙重影響

　　林語堂的「閒談體」如何產生的？在這個過程中它受到那些方面的影響？這當然是相當複雜的問題。如林語堂從容平和的性格、豐富細膩的感情、和諧美好的理想、喜好閒談的天性與其「閒談文體」之形成關係甚大。又如林語堂曾回憶童年家鄉的雲霧時說：「阪仔村之南，極目遙望，但見遠山綿亙，無論晴雨，皆掩映於雲霧之間。」[51] 以往很少有人關注「無論晴雨，皆掩映於雲霧之間」一句，我們認為此句甚為重要，它與林語堂的「閒談文體」之形成密切相關。試想，80 歲的林語堂對童年的「意象」還記憶猶新，可見受其影響程度之深。還有，林語堂以後多次寫過「雲、煙、霧」，在《秋天的況味》中他曾細緻描繪吸煙時煙霧繚繞升騰，自我陶醉的感受，這與他童年心中的「雲霧」意象不可分割。是否可以這樣說，「雲霧」作為中國文化的一個原型意象，在童年時曾以「家鄉景觀之一」浸潤過林語堂的心靈，這是他後來「閒談文體」形成的一個前提。當然，對林語堂「文體模式」影響最突出者莫過於中西文化，這也是最值得探討的部分。

　　中國文化有著相當豐富的內蘊，它像乳汁滋潤著每一個中國人，林語堂也不例外。儘管他旅居美國數十年，但一直沒有放棄對中國文化的研究，一直沒有間斷向西方介紹中國文化。林語堂的許多思想觀念都直接來源於中國文化，包括

---

[51] 林語堂：《八十自敘》，《林語堂名著全集》10 卷，第 252 頁。

他的「閒談文體」。林語堂曾指出老莊、孔子與談話的關係。他說：「在《莊子》這本書裏，孔子以不同的會談方式出現了有四五十次之多，其中還包括孔子的弟子 —— 顏回和子貢 —— 與道家聖者邂逅的趣聞。」[52] 林語堂尤其讚賞孔子與弟子間親密無間自由自在的交談，他說：「嗚呼！世人豈知孔門師徒之中燕居閒談雍容論道之樂乎？吾恨不曾為孔門弟子而與之談天說地耳。」以不得做孔子弟子與之閒談為憾，可見林語堂對孔子師徒閒談之羨慕！林語堂還對孔子談話常用詞給以高度評價，認為極得閒談親切之意，他說：「夫子固常作『有是哉！』之呼聲。夫『有是哉』何，今日美國語之『Oh, youh?』也，其意親，其色和，最得閒談應有之神情，古人智足以筆錄之，今人智不足以領會之。」[53] 讀林語堂的「閒談體」，我們總感到有孔子的和顏悅色、面目可親之神韻，沒有書呆子的愚腐氣，更沒有道學家的陰冷氣。對孟子，林語堂也看到其性靈之氣，認為「孟子在文字上，是性靈派中人，能發前人所未發，倒不在乎什麼呼應，章法」[54]。 林語堂的閒談體正是以性靈、個性為中心的。林語堂還注意到中國富有之家及學者間的談話，他說：「齊國之孟嘗君有食客三千人，穿著『珠履』，住在他的家裏吃飯。在這些家裏，我們可以料得到談話是多麼嘈雜熱鬧的。我們由《列子》、《淮南子》、《戰國策》和《呂覽》這些書裏，可以

---

[52]　林語堂：《老子的智慧》，《林語堂名著全集》24 卷，第 283 頁。
[53]　林語堂：《思孔子》，《林語堂名著全集》17 卷，第 262、264 頁。
[54]　林語堂：《有閒階級與文學》，《林語堂名著全集》16 卷，第 264 頁。

曉得當時學者的談話內容。」[55] 孟嘗君家的食客談話是熱鬧的，你一言我一語，可提問可插話可爭執，這在林語堂的閒談風格中亦可略見一斑。至於中國古代典籍中關於學者的談話怎樣，林語堂未做進一步說明，但想來不是熱鬧的，可能與林語堂筆下的朱先生、柳先生和柳夫人的談話相近，也可能與奇島勞思等人的談話較近，或與辜鴻銘等人在王府花園的談話相類。反正學者之間注重的是文化氛圍，講究的是閒雅從容。

　　林語堂也談到晉宋明三代的談話之發達。這幾個朝代的談話既有相同相似處，亦各有特點。林語堂閒談體的各個特點似乎都可在中國古代找到例證。首先，對生活瑣事的關注。林語堂說：「笠翁喜用個人筆調，<u>敘述日常瑣碎</u>，寄發感慨，尤長於體會人情，觀察毫細，正是現代散文之特徵。如果文言散文有所謂現代的，笠翁定可當之無愧了。」[56] 顯然，林語堂看到了李笠翁與高談政治，處處講道德，時時言救國者不同，人們都不以為然的「蒼蠅之微」也可進入寫作範圍。其次，閒適的格調。林語堂認為，中國古代並不缺乏「閒適」的筆調，這在許多作家那裏隨處可見。他說：「吾嘗稱讚其偽託貫華堂本《水滸傳序》為一篇絕好模範小品，現在在此再來說說。此篇好處何在？全在『閒散自在』四字，即所謂小品文閒適筆調。……大概此文寫來如說話，雖有文

---

[55] 林語堂：《論談話》，《林語堂名著全集》18 卷，第 5 頁。

[56] 林語堂：《再談小品文之遺緒》，《林語堂名著全集》18 卷，第 103 頁。

言，卻是全然閒談筆調。」他又說：「我讀白香山日記，喜
其文筆閒散」，「議論文屬陽性，抒情文屬陰性，在日記中，
我仍喜歡小品抒懷自由自在之文，故全書推『喜夜談』文為
第一。因其小品風調最純熟也。」[57] 又次，朋友間的交談。
林語堂說:「《水滸傳序》雖未必出自施手，然其喜朋友過
談之樂，實在太好了。」「施耐庵的偉大作品都是在這種格
調和情感之下產生出來的，而這種格調和情感乃是有閑的生
活所造成的。」[58] 他又說：「《浮生六記》的作者沈復與他
的朋友，在蕭爽樓中就是最合風雅的人。……這些朋友們都
耽於詩賦、繪畫、飲酒，但不行之過度，並且喜歡交遊談話。」
[59] 再次，女性作為談話的佐料。林語堂說：「在晉宋明三朝
中，談話的藝術很發達，談話成為一種風氣，於是也就有了
才女，如謝道韞、朝雲、柳如是諸人。」[60] 還有個人筆調。
林語堂認為，由於中國傳統文化「文以載道」思想根深蒂固，
道統盛行，作家要跳出束縛，不言人之言而說自己的話，這
是相當困難的。然而，即使在嚴密的道學網路中也還有「性
靈中人」，他們獨立特行，多說自己想說的話，這是中國文
學文化之所以未能死滅的原因。林語堂說，「文主心境正是
小品之本來面目」，「公安派舉出『信口信腕，皆成法度』
八字，及主『文貴見真』、『文貴己出』、『反對模仿』諸

---

[57] 林語堂：《拾遺集》（下），《林語堂名著全集》18 卷，第 104-106、
256 頁。
[58] 林語堂：《論談話》，《林語堂名著全集》18 卷，第 7-8 頁。
[59] 林語堂：《清算月亮》，《林語堂名著全集》18 卷，第 90 頁。
[60] 林語堂：《論談話》，《林語堂名著全集》18 卷，第 9 頁。

說，已在文學理論上建起現代散文之基礎」。「李笠翁有『文貴機趣』之說，袁子才有『文章無法』之論」，金聖歎「能打破一般俗儒鄙視稗官小說之論，遠繼中郎重視民歌、文長批評西廂之遺緒」。「這些多種傾向，對於古文迂腐見解，都會有解放作用，打倒桎梏，排斥格套，善出機杼，不守成法，雖然被『以時文論古文』之輩所深惡痛絕，也是極自然之事。然而自我們現代眼光看來，無論作品，或是文學見解，都還是這幾位可以說有點價值，與現代人性靈有點接觸」。[61] 最後，雅健的語言。林語堂認為元曲的語言比較接近大眾，又顯得典雅，很適合談話。他說：「元曲白話之成功，已甚顯然，而在淺顯之間，仍然不俗，且亦甚得文言白話之調和。」「戲曲、傳奇、小說皆中國之平民文學，雖或有專供文人案頭閱讀者，而多係要在臺上演唱與平民理會。是戲曲小說文學，乃真正大夥兒的話，今人所謂『大眾語』也。」[62]

總之，林語堂的「閒談體」是在吸收中國傳統文化精華的基礎上建立起來的，只是它並不一味照搬套用，而是各取所需，為自己的「閒談體」服務。如對公安竟陵派，林語堂批評說，其文章雖「有骨氣、有神彩」，但「覺得如放足」，不能盡顯其妙。林語堂倡導「清順自然」，其目的主要是為

---

[61] 林語堂：《再談小品文之遺緒》，《林語堂名著全集》18 卷，第 103 頁。

[62] 林語堂：《怎樣洗煉白話入文》，《林語堂名著全集》18 卷，第 68-69 頁。

了更好地表達「個性」，成為人們都喜聞樂見的文體。

　　西方文化對林語堂「閒談體」之形成也起到不可忽視的作用。首先是古希臘文化和文學對林語堂的重大影響。古希臘文明與中國古代文明一樣也是人類文明的源頭，在林語堂看來，它也是談話非常發達的時期，就如中國的春秋戰國一樣。而其優秀的文學就是在這樣閒適的談話氣氛中產生的。林語堂說：「希臘散文也是在這種有閑的社會背景下勃興的。希臘人思想那麼細膩，文章那樣明暢，都是得力於有閑的談話。柏拉圖之書名《對話錄》（dialogue）可為明證。《宴席》（Banquet）一篇所寫的全是談話，全篇充滿了席上文士、歌姬、舞女和酒菜的味道。這種人因為善談，所以文章非常可愛，思想非常的清順，絕無現代廊廟文學的華麗萎靡之弊。這些希臘人顯然知道怎樣運用哲學的題目，比如'Phaedrus'g 一開題便描寫希臘哲學家的可愛的談話環境。他們的好談，及他們對暢談和選擇談話環境的重視，這使我們明白希臘散文勃興的情形。」[63] 顯然，林語堂受益於古希臘閒談最多也最內在，林語堂的「閒談體」格調與古希臘閒談較近。奇島上的精神領袖勞思就是希臘哲學家，以他為中心的閒談就很有點像古希臘《對話錄》、《共和國》等的談話。其次是英國文學對林語堂的影響。英國文學對林語堂「閒談體」之影響主要表現在三方面。一是性靈。林語堂認為喬索是英國文學個人筆調的開山祖，他對英國現代文學影響很

---

[63] 林語堂：《論談話》，《林語堂名著全集》18 卷，第 9-10 頁。

大。林語堂說：「綜觀西洋散文與中國古文之別，實只西洋文清新，古文乾枯一點而已。實因英文散文係繼喬索個人筆調之遺緒，若黎利之英文四六駢儷，不十載已為英人所唾棄。」[64]二是閒適。林語堂舉例說伍爾芙的作品很重閒談筆調，他說：「Virginia Woolf 在《自己的房間》一書開頭用一個『但是，你說』，極得閒談自然筆調（《有不為齋叢書序》曾偷來用）。」[65]這裏，林語堂直言不諱自己受伍爾芙之影響。三是語言。林語堂非常重視「閒談文體」的語言要靈健，既吸收文言之典雅簡潔，又吸收白話土語的平白通俗，最後做到將二者融為一爐。而林語堂認為英國文學語言完全符合閒談語言的標準。林語堂說：「吾理想之文字乃英國之文字。英國文字，所謂最正派者（in the best tradition），乃極多土語成語之文，非書本氣味之文。英國散文大家，綏夫脫也（《小人國》作者），第否也（《魯濱遜》作者），萊姆也。試讀諸子之作，何嘗有絲毫書本氣？」「英人得此種正確傳統，乃有極靈健之文字，而有極好之白話。」[66]另外，美國文化也有閒談筆調的雜誌和作家，林語堂也曾提及此點。他說：「最好的例子，便是紐約的《泰晤周刊》（Time Magazine 非《泰晤士日報》）。此刊數年前為大學畢業青年所創辦，即以純粹口語及閒談筆調敘述國家大事及時

---

[64] 林語堂：《說個人筆調》，《林語堂名著全集》18 卷，第 272 頁。
[65] 林語堂：《拾遺集》（下），《林語堂名著全集》18 卷，第 97 頁。
[66] 林語堂：《怎樣洗煉白話入文》，《林語堂名著全集》18 卷，第 63 頁。

間」。[67]

　　總之，林語堂的特殊性在於他往往不是僅以中國傳統文化為依據，他還借助於西方文化建立自己的文體模式。在他的文化選擇中，「中」也好，「西」也罷，它們都是被選擇的文化方面。林語堂的「閒談體」也不例外。因此，林語堂常把中西文化聯繫起來觀照，並從中找到某些相通處。如他談到法國作家蒙田：「『尼奚穀』即尼采，我少時所好，猶不能為所籠絡。『孟丹』即法國 Montaigne，以小品論文勝。此人似王仲任」。「大概文主性靈之作家皆係如此，即『制條齧籠』還我自由之意。」[68] 林語堂又談到中英兩國的文學：「中國有兩三本叫做《一夕談》或《山中一夕談》，和英國的《周末雜文集》（Weekend Omnibus）相同。這種和朋友夜談的無上的快樂，自然是很難得的。」林語堂還談到中國與希臘兩國散文：「我相信一國最精煉的散文是在談話成為高尚藝術的時候才生出來的。在中國和希臘的散文的發展史上，這一點最為明顯。」[69] 林語堂也談到中西散文：「在提供小品文筆調時，不應專談西洋散文，也須尋出中國祖宗來，此文體才會生根，雖然挨罵，亦不足介意。其搜集標準，亦不盡以古時所謂小品為標準（如柳宗元之諷喻小品《三戒》等），而當純以文筆之閒散自在，有閒談意味為準。最好如

---

[67]　林語堂：《拾遺集》（下），《林語堂名著全集》18 卷，第 391 頁。
[68]　林語堂：《〈四十自敘詩〉序》，《林語堂名著全集》16 卷，第 500 頁。
[69]　林語堂：《論談話》，《林語堂名著全集》18 卷，第 1、4 頁。

屠隆《冥寥子遊》一類，與十八世紀之 Sterne 相同。」[70] 不
管這種比較是否過於簡單和準確，有一點是肯定的，即林語
堂的「閒談體」不是哪個民族的專利，而是人類共同的遺產，
簡單地否定是不對的。

　　林語堂是個浪漫派作家，他反對過分追求理性、邏輯與
形而上意義，重視直抒胸臆，講求直覺、想像、體悟與感性
經驗，雖然其浪漫遠不是一泄無餘的渲泄。這就決定了其理
論的感悟性特點。林語堂的「閒談文體」也是這樣，它缺乏
系統的理論建構與嚴密闡述，從而有著隨感性的特點。這也
是林語堂所堅持的一貫風格。

---

[70] 林語堂：《拾遺集》（下），《林語堂名著全集》第 18 卷，第 96 頁。

結語　林語堂文化現象的思考

　　選擇林語堂作為我的研究題目，我非常高興快樂，這首先因為林語堂的人品、人性感動過我。他更多的是勤勉、善良、正直、大度、雍容與溫厚；更多的是瀟灑、天然、微笑與自嘲；他既理性地面對世界人生，又感情豐富如海洋，想像神奇如夢境；他有過痛不欲生的感情失敗，有過被主流文化誤解與拋棄的失落，但他又能逍遙自適，笑看世間萬象；他既有歡聲笑語，又有內心深處的孤獨寂寞。另外，作為作家、文化人的林語堂又是一個極富魅力的「本文」，這表現在如下幾個方面：

　　一是豐厚性。林語堂學貫中西，對東西文化都有真切的感受與理解，他的人生經歷和著述是一本深厚的「大書」，可供人們學習和思考。

　　二是理性。這主要表現在林語堂在東西方文化選擇上的態度。與那些「國粹派」與「歐化派」的盲目性不同，林語堂以明知、理性的眼光來看取東西方文化，尤其他久居海外後更是如此。林語堂以鳥瞰的方式站在世界文化多元化的角度選取了東西方文化中在他看來具有生命力的部分，並望在東西互補互用的基礎上建立一種更趨合理更趨文明的現代新文化。如果說中國現代作家多是對中國傳統文化進行理性的批判揚棄而感性地保留的話，那麼林語堂則是對中國傳統

文化進行理性的選擇（當然情感上的偏依是明顯的，也在所難免，從中可見其愛國拳拳之心）；如果說中國現代作家中不少人對西方文化的借鑒明顯有盲目崇拜的性質，尤其他們中有許多人是以「隔著玻璃看天」的方式看取西方文化，那麼林語堂則深得西方文化「三昧」，在看取其優秀成分的同時也看到了諸多與人性、人情相背離的部分。

　　三是現代眼光。林語堂自己說他對待東西方文化採取不偏不倚的態度，「兩腳踏東西文化，一心評宇宙文章」，這自評還是中肯的。林語堂在看取東西文化時，更多不是以陳舊的、腐朽的，更不是時髦的、激烈態度來選擇，而是具有現代的意識。他的立足點不是「物」而是「人」；不是人的「鬥爭」、「衝突」，而人的「和平」、「從容」；不是人的「思想」與「邏輯」，而是人的「生活」與「感性」；不是人的「玄虛」與「乾癟」，而是人的「充實」與「飽滿」；不是人的精力的盡力揮霍，而是人的精力的「充分的保存」。因之，與一般意義上的西方「現代」思想不同，林語堂倡導一種「一切為了人」，「一切為了人性的健全」，「一切為了人的快樂幸福」為目標的現代觀念，反對人被「物化」，被「奴化」的生存狀態。

　　四是真實性。讀林語堂的作品我們感到非常輕靈灑脫，其作品屬於不定行影，難覓蹤迹的一類。但另一方面，我們又感到其作品中有著非常實在、真實的部分。這可能表現在兩方面，其一，林語堂的立足點是「日常生活」中的人和事；其二，林語堂以與讀者進行「朋友、知己談心」的方式寫作。從而帶來林語堂作品的平易近人，感同身受，如臨其境的特

點。

　　五是文學性。林語堂主要不是從政治、時代、階級的角度，而是從「文學」的角度來衡定文學作品的價值，所以，林語堂的創作也是注重作品的藝術感染力，尤其注重作品的長久生命力。林語堂說他的作品是寫給十年後的人看的，「我說，凡事只論是非，不論時宜，我寫文章，是為十年後人讀的，本是不合時宜，你說寫與十年後人讀，卻正中下懷。」

　　深透把握林語堂這一博大精深的「文化現象」，這部論文還不能達到目的。我只想達到這樣的目的：林語堂在幾個較突出較重要的文化方面是如何把握的，他的獨特性和價值意義何在？從文化的視角看，林語堂為什麼能成為林語堂？以往人們對他的認識、評價公允嗎？這個長期被冷落、忽視的文化「本文」不應總是一個遠離塵世的「奇島」，而應是一個讓人們留足、散步、賞心悅目的綠洲，人們應該把林語堂看成中國現代文學、文化史上一個大家來研究，而不是一個可有可無的末流文人來玩味、欣賞。

　　概括起來，這一研究領域還有幾個問題值得重視：一是林語堂的政治觀念。一般說來，讀者普遍認為林語堂在政治上保守的，甚至是反動的，從某種意義上說這是對的。但也應該承認，林語堂在政治上並非一無是處，這既表現在他對國民黨的批評，也表現在他對共產黨批評的某些合理性，因為長期以來他對國民黨一直採取不合作的態度，他對大陸文化大革命的一些批評也不是說一點沒有道理。是否可以這樣說，林語堂往往用「自由」、「平等」、「人性」的尺子去衡量政治，雖然也有某些合理性和值得借鑒的地方，但他是

以籠統的甚至帶有偏激的情緒來評說共產黨和它領導的新中國。二是林語堂在文化選擇上的一些問題,還需要深入研究。在我的論文中對林語堂的心態、縱向的思想與文化發展變化脈絡未能給以足夠的關注,對林語堂的文學「語言」也探討得也遠遠不夠。其實這些領域都是非常重要的。比如,林語堂的文化心態有怎樣的內在結構性,其特徵如何;林語堂前後兩個時期東西文化的選擇有何變化?這一變化意味著什麼?林語堂為什麼倡導「文言」與「白話」的融合,倡導「語錄體」,這意味著什麼?其意義何在?等等。

　　經過近一個世紀的曲折之後,我們再回首審視中國新文化和新文學,確實感到有的作家被長久湮埋了,林語堂就是其中最突出者。林語堂一生不管走到哪裏,他心中總是揣著自己的祖國和人民;面對各種人哪怕是達官顯貴,他從來不卑不亢,自信達觀;他不管何時,都堅持自己的文學主張。與此形成較大反差的是,在國內長期以來林語堂不為人知,即使知道也多作表面化理解。在新的世紀,我們有責任以更寬容、更貼近人生、人性的態度,以更實事求是的眼光,也以更豐厚精深的知識結構來審視林語堂這一文化現象。從而將林語堂研究推到一個新的高度。

參考書目

1.　林語堂：《林語堂名著全集》（30 卷），東北師範大學出版社 1995 年版。

2.　林語堂：《生活的藝術》，北方文藝出版社 1987 年版。

3.　林語堂：《中國人》，浙江人民出版社 1988 年版，郝志東、沈益洪譯。

4.　林語堂：《林語堂小說集》，上海書店 1991 年版。

5.　林語堂：My Country and My People(吾國與吾民), New York : Reynal & Hitchcock, Inc., (A John Day Book), 1935.

6.　林語堂：The Importance of Living (生活的藝術), Reynal & Hitchcock, Inc., (A John Day Book), 1935.

7.　林語堂：The Wisdom of Confucium (孔夫子的智慧), Random House, The Modern Library, 1938.

8.　林語堂：Moment in Peking (京華煙雲), The John Day Company, 1939.

9.　林語堂：The Wisdom of Laotse (老子的智慧), Random House, 1948.

10.　林語堂：On the Wisdom of America (美國的智慧), The John Day, 1950.

11.　林語堂：Looking Beyond (遠景), Prentice Hall, 1955.

12. 萬平近：《林語堂論》，陝西人民出版社 1987 年版。

13. 陳平原：《林語堂與東西文化》，《在東西文化碰撞中》，浙江文藝出版社 1987 年版。

14. 施建偉：《林語堂在大陸》，北京十月文藝出版社 1991 年版。

15. 施建偉：《林語堂在海外》，百花文藝出版社 1992 年版。

16. 劉志學編：《林語堂自傳》，河北人民出版社 1991 年版。

17. 林太乙：《林語堂傳》，中國戲劇出版社 1994 年版。

18. 林太乙：《林家次女》，西苑出版社 1997 年版。

19. 劉炎生：《林語堂評傳》，百花洲文藝出版社 1994 年版。

20. 徐訏：《追思林語堂先生》，台灣《傳記文學》第 31 卷，第 6 期。

21. 馬星野：《回憶林語堂先生》，台灣《傳記文學》第 31 卷，第 6 期。

22. 魯迅：《魯迅全集》，人民文學出版社 1982 年版。

23. 周作人：《周作人散文》（4 卷），中國廣播電視出版社 1992 年版。

24. 梁實秋：《雅舍小品》，上海人民出版社 1993 年版。

25. 沈從文：《沈從文文集》，花城出版社 1992 年版。

26. 豐子愷：《豐子愷文集》，浙江文藝出版社、浙江教育出版社 1990 年版。

27. 《新青年》

28. 《語絲》

29. 《論語》

30. 《人間世》

31. 《宇宙風》

32. 《史記》、《漢書》、《晉書》、《魏書》，中華書局點校本。

33. 《諸子集成》，上海書店 1986 年版。

34. 陶淵明：《陶淵明集》，人民文學出版社 1993 年版。

35. 王維：《王維集校注》，中華書局 1997 年版。

36. 白居易：《白居易集》，中華書局 1979 年版。

37. 蘇軾：《蘇東坡全集》，中國書店 1986 年版。

38. （明）張岱：《陶庵夢憶》，作家出版社 1995 年版。

39. （明）李漁：《閑情偶記》，作家出版社 1995 年版。

40. （明）袁宏道：《袁中郎全集》，世界書局印行 1936 年版。

41. （清）沈復：《浮生六記》，作家出版社 1995 年版。

42. （清）袁枚：《袁枚文選》，作家出版社 1995 年版。

43. （清）袁枚：《隨園詩話》，人民出版社 1982 年版。

44. （清）曹雪芹：《紅樓夢》，人民文學出版社 1985 年版。

45. （清）金聖嘆：《金聖嘆文集》，巴蜀書店 1997 年版。

46. （清）鄭板橋：《鄭板橋文集》，巴蜀書店 1997 年版。

47. 嚴家炎：《中國現代小說流派史》，人民文學出版社 1995 年版。

48. 林非：《魯迅與中國文化》，學苑出版社 1994 年版。

49. 宗白華：《美學散步》，上海人民出版社 1998 年版。

50. 楊義：《中國現代小說史》（3 卷），人民文學出版社 1993 年版。

51. 舒蕪編《女性的發現》，文化藝術出版社 1990 年版。

52. 張京媛：《當代女性主義文學批評》，北京大學出版社 1992 年版。

53. 王岳川：《後現代主義文化研究》，北京大學出版社 1992 年版。

54. 劉慧英：《走出男權傳統的藩籬 — 文學中男權意識的批判》，三聯書店 1995 年版。

55. 趙有聲、劉明華等：《生死·享樂·自由 — 道家及道教的人生理想》，國際文化出版公司 1988 年版。

56. 張法：《中國文化與悲劇意識》，中國人民大學出版社 1989 年版。

57. 杜芳琴：《女性觀念的衍變》，河南人民出版社 1988 年版。

58. （日）濱田正秀：《藝術概論》，中國戲劇出版社 1985 年版。

59. （美）W.C. 布斯《小說修辭學》，北京大學出版社 1989 年版，華明等譯。

60. 《馬克思恩格斯選集》，人民出版社 1975 年版。

61. 伍蠡甫、胡經之主編《西方文藝理論名著選編》，北京大學出版社 1989 年版。

62. （古希臘）亞里士多德：《詩學》，商務印書館 1996 年版，陳中梅注。

63. （德）馬克斯·韋伯：《儒教與道教》，江蘇人民出版社 1995 年版，洪天富譯。

64. （法）西蒙·波娃：《第二性 ── 女人》，湖南文藝出版社 1986 年版，桑竹影等譯。

65. （美）珍尼特·希伯雷·海登，B. G. 羅森伯格：《婦女心理學》，雲南人民出版社 1986 年，范志強譯。

66. （俄）列夫·托爾斯泰：《列夫·托爾斯泰論創作》，漓江出版社 1982 年版。

67. （英）霍布豪斯：《自由主義》，商務印書館 1996 年版，朱曾汶譯。

68. （英）約翰·密爾：《論自由》，商務印書館 1996 年版，程崇華譯。

69. （美）W.考夫曼：《存在主義》，商務印書館 1995 年版，陳鼓應等譯。

70. （法）薩特：《存在與虛無》，三聯書店 1997 年版。

71. （德）海德格爾：《存在與時間》，三聯書店 1987 年版。

72. （英）羅素：《我的信仰》，東方出版社 1989 年版，靳建國譯

73. （英）羅素：《幸福之路》，文化藝術出版社 1998 年版，曹榮湘等譯。

74. 高健編譯：《英美散文六十家》，山西人民出版社 1983 年版。

75. （古希臘）柏拉圖：《文藝對話錄》，人民出版社 1997 年版，朱光潛譯。

76. （德）尼采：《悲劇的誕生》，三聯書店 1992 年版，周國平譯。

77. （英）查爾斯・蘭姆：《伊利亞隨筆選》，三聯書店 1992 年版，劉炳善等譯。

78. （法）蒙田：《蒙田隨筆全集》，譯林出版社 1996 年版。

79. （英）喬治・吉辛：《四季隨筆》，湖南人民出版社 1987 年版，鄭翼棠譯。

80. （英）羅素夫人：《女子與知識》，上海北新書局 1929 年版。

81. （美）惠特曼：《草葉集》，人民文學出版社 1994 年版，楚圖南、李野光譯。

82. （瑞士）榮格：《讓我們重返精神的家園》，《榮格文集》，改革出版社 1997 年版。

後　記

　　如果說博士三年有什麼可留作紀念，那麼，最直觀、最濃縮、最有意義，也是最長久的恐怕就是這部博士論文了。它記載了我清苦的生活，讀書的歡樂，同學的友情和導師的教誨。

　　我 1993 年來中國社會科學院研究生院攻讀博士學位，我的導師是林非研究員。博士三年，林先生賜我很多，我體會最深者有以下幾點。一是認真；二是細膩；三是寬容；四是大度；五是善良；六是博覽。比如，林先生給我授課，總是認認真真，從不苟且，一個作家，一部作品，一種風格，林先生總是細緻入微分析其獨特之處，力求讓我們理解得準確。批改作業也是如此，一個錯字，一個失誤的標點，先生都從不放過，每次都令我感動。又如，在林先生門下，有一種自由感，他的目光、姿勢、微笑；他聽人說話時微微的點頭；他對學生的關心愛護，都令我如在自己家中一樣。再如，林先生的境界高，他對名、對利、對錢看得比人都淡，他重真知卓見、重情、重義。林先生對學生的影響像水，慢慢地滲透，讓人不知不覺中解悟。還有蕭鳳老師，她與林老師一起治學育人，林老師的學生也就是她的學生。可以說，我這三年的成績主要應歸功於精心栽培我的林老師與蕭老師。

　　山東師範大學朱德發教授是我的碩士導師，他是我學術和人生道路上第一位啟蒙老師。朱先生學品人品都深深感染

著我，他的拚搏精神、堅定意志與拙樸性格最令我敬服。博士論文出版之際，對栽培我多年，一直關心我成長的朱老師表示謝意！

感謝嚴家炎教授、郭志剛教授、袁良駿研究員和楊義研究員，他們在百忙中參加我的論文答辯，並提出不少寶貴意見。也感謝楊占升教授和吳軍教授為我的論文所付出的辛苦勞動。

感謝秀威資訊科技股份有限公司的宋政坤、李坤城先生，是他們的努力使本書得以出版，同時感謝宋如珊老師對本書的認真校審，願本書記下他們對學術的貢獻和對我的友誼。

還要感謝我的岳父母，自 1982 年至今，多少個春秋，他們待我如親生兒子，在經濟、精神與感情上都無私地幫助我，我能安心讀博士，完成博士論文，他們功不可沒。點滴之恩，當報湧泉，況這海水般深情？

再提一下我的親人。母親在我十一歲時去逝，姐姐親我如母。血濃於水，我能讀高中、大學沒有親人省吃儉用供我讀書，那是不可能的。願母親在地下長眠安息，祝我的親人在家鄉諸事順心如意！

需要說明的是，這部書稿是我在博士論文的基礎上補充修正而成，在題目上也做了修改。我原來的博士論文題目為，《感應天啟　省悟人間：林語堂的文化選擇》。

1996 年 5 月 2 日記於中國社會科學院研究生院
1996 年 8 月 10 日改於《中國社會科學》雜誌社
2004 年 5 月 4 日又改於北京海淀區皂君廟沐石齋

國家圖書館出版品預行編目

林語堂的文化選擇 / 王兆勝作. – 一版. –
臺北市：秀威資訊科技, 2004[民 93]
面；　　公分. -- （大陸學者叢書；CG0003）
參考書目：　面
ISBN 978-986-7614-65-0（平裝）

1. 林語堂 – 學術思想

112.8　　　　　　　　　　　93020326

林語堂的文化選擇

作　　者 / 王兆勝
發 行 人 / 宋政坤
執行主編 / 宋如珊
執行編輯 / 李坤城
圖文排版 / 張家禎
封面設計 / 莊芯媚
數位轉譯 / 徐真玉　沈裕閔
圖書銷售 / 林怡君
網路服務 / 徐國晉
出版印製 / 秀威資訊科技股份有限公司
　　　　　　台北市內湖區瑞光路 583 巷 25 號 1 樓
　　　　　　電話：02-2657-9211　　　傳真：02-2657-9106
　　　　　　E-mail：service@showwe.com.tw
經 銷 商 / 紅螞蟻圖書有限公司
　　　　　　台北市內湖區舊宗路二段 121 巷 28、32 號 4 樓
　　　　　　電話：02-2795-3656　　　傳真：02-2795-4100
　　　　　　http://www.e-redant.com

2006 年 7 月　BOD 再刷
定價：330 元

讀　者　回　函　卡

感謝您購買本書，為提升服務品質，煩請填寫以下問卷，收到您的寶貴意見後，我們會仔細收藏記錄並回贈紀念品，謝謝！

1.您購買的書名：_____

2.您從何得知本書的消息？

　　□網路書店　　□部落格　　□資料庫搜尋　　□書訊　　□電子報　　□書店
　　□平面媒體　　□ 朋友推薦　　□網站推薦　　□其他_____

3.您對本書的評價：(請填代號　1.非常滿意 2.滿意 3.尚可 4.再改進)

　　封面設計____　版面編排____　內容____　文/譯筆____　價格____

4.讀完書後您覺得：

　　□很有收獲　　□有收獲　　□收獲不多　　□沒收獲

5.您會推薦本書給朋友嗎？

　　□會　　□不會，為什麼？_____

6.其他寶貴的意見：_____

_____

_____

_____

讀者基本資料

姓名：_____　年齡：_____　性別：□女 □男

聯絡電話：_____　E-mail：_____

地址：_____

學歷：□高中(含)以下　　□高中　　□專科學校　　□大學
　　　□研究所(含)以上 □其他_____

職業：□製造業 □金融業 □資訊業 □軍警 □傳播業 □自由業
　　　□服務業 □公務員 □教職　□學生 □其他_____

To：114

台北市內湖區瑞光路 583 巷 25 號 1 樓

秀威資訊科技股份有限公司　　　　收

寄件人姓名：

寄件人地址：□□□

- -

(請沿線對摺寄回,謝謝!)

秀威與 BOD

BOD（Books On Demand）是數位出版的大趨勢，秀威資訊率先運用 POD 數位印刷設備來生產書籍，並提供作者全程數位出版服務，致使書籍產銷零庫存，知識傳承不絕版，目前已開闢以下書系：

一、BOD 學術著作—專業論述的閱讀延伸
二、BOD 個人著作—分享生命的心路歷程
三、BOD 旅遊著作—個人深度旅遊文學創作
四、BOD 大陸學者—大陸專業學者學術出版
五、POD 獨家經銷—數位產製的代發行書籍

BOD 秀威網路書店：www.showwe.com.tw
政府出版品網路書店：www.govbooks.com.tw

永不絕版的故事・自己寫・永不休止的音符・自己唱